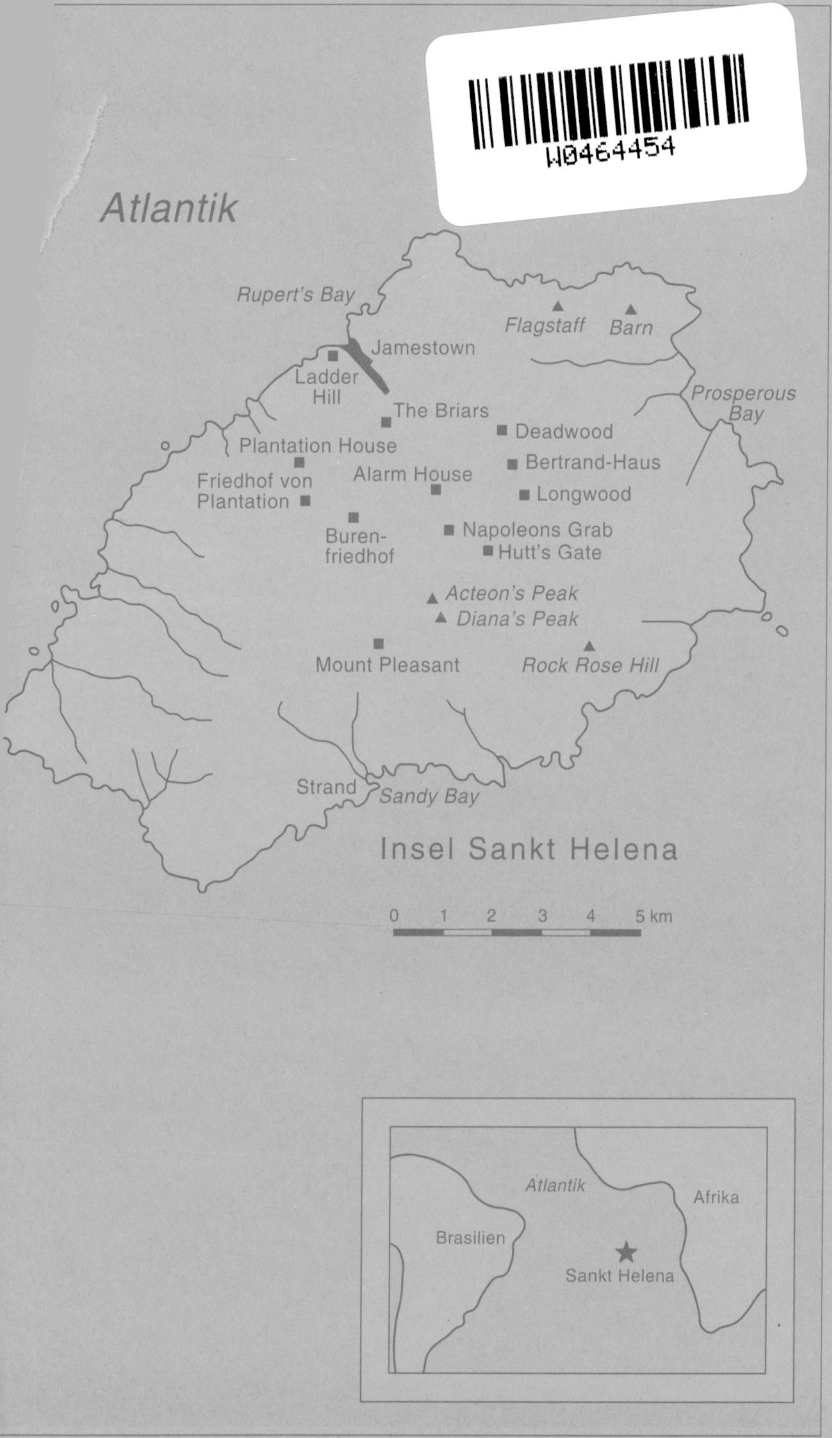
Atlantik
Rupert's Bay
Jamestown
Flagstaff
Barn
Ladder Hill
The Briars
Prosperous Bay
Deadwood
Plantation House
Bertrand-Haus
Friedhof von Plantation
Alarm House
Longwood
Buren-friedhof
Napoleons Grab
Hutt's Gate
Acteon's Peak
Diana's Peak
Mount Pleasant
Rock Rose Hill
Strand
Sandy Bay
Insel Sankt Helena
0 1 2 3 4 5 km
Atlantik
Afrika
Brasilien
Sankt Helena

Z

at. Fr–

Jean-Paul Kauffmann

Die dunkle Kammer von Longwood

Meine Reise nach Sankt Helena

Aus dem Französischen von
Rolf und Hedda Soellner

Paul Zsolnay Verlag

Die Originalausgabe erschien unter dem Titel
La chambre noire de Longwood. Le voyage à Sainte-Hélène.
1997 bei La Table Ronde in Paris.

Übersetzung gefördert durch die Europäische Gemeinschaft
im Rahmen des Programms Ariane 1998.

Mit Unterstützung der Maison de sciences de l'homme, Paris.

1 2 3 4 5 03 02 01 00 99

ISBN 3-552-04916-9

Satz: Satz für Satz. Barbara Reischmann, Leutkirch
Druck und Bindung: Franz Spiegel Buch GmbH, Ulm
Printed in Germany

Für Odette und Marcel

»Es war wie ein dramatischer Rebus ...«
Gaston Leroux, *Das Geheimnis des gelben Zimmers*

Vorwort

Napoleon habe ich nie gemocht. Gelegentlich finde ich die Faszination, die er auf manche meiner Zeitgenossen ausübt, sogar suspekt. In der Trivialität der Gegenwart erscheint ihnen die Napoleonische Ära in einem strahlenden Licht. Michelet behauptete, der Kaiser sei das Idol der ungebildeten Klassen.

Ich gestehe, ein Faible für Bonaparte zu haben. In meiner kindlichen Phantasie reihten sich unglaubliche Metamorphosen in rascher Folge aneinander. Wie war es zu erklären, daß im Verlauf eines einzigen Tages, des Tages seiner Krönung, aus dem hohlwangigen jungen General der Italienarmee diese feiste Gottheit mit dem schütteren Haar werden konnte? Daß er als Despot herrschen würde, kümmerte mich, den Heranwachsenden, einen Pfifferling. Mich schockierte etwas anderes: Er war nicht mehr der »Mann des Aufbruchs«, als den ich ihn im ersten Satz der *Kartause von Parma* kennengelernt hatte: »Am 15. Mai 1796 zog General Bonaparte an der Spitze dieser jungen Armee, die soeben die Brücke von Lodi überschritten und die Welt gelehrt hatte, daß nach so vielen Jahrhunderten Caesar und Alexander ein Nachfolger erstanden war, in Mailand ein.« Seiner Ankunft in Ägypten fehlte es nicht an Großartigkeit. War er nicht bei Tagesanbruch vor der Pompejussäule gelandet?

Das Ende des Kaisers hat mich schon immer gefesselt. An Biographien interessieren mich nur der Anfang und der Schluß. Was dazwischen liegt, die Schilderung des Ruhms, langweilt mich. Alle Zeugen haben bestätigt, daß Napoleon nach seinem Tod aufs Erstaunlichste dem Ersten Konsul glich. Die Totenmaske, die man im Armeemuseum besichtigen kann, zeigt wieder die Züge des Siegers von Lodi, die eingefallenen Wangen, die vorspringenden Backenknochen, die Adlernase.

Wie viele Franzosen habe ich die Insel Sankt Helena lange Zeit vergeblich auf einer Landkarte gesucht. Ich wußte damals nicht, daß die Reise dorhin so umständlich ist, so schwierig. Die RMS* *St. Helena*, 105 Meter lang, Heimathafen Cardiff, Wales, ist das einzige Schiff, das Sankt Helena anfährt, wo es keinen Flugplatz gibt. Die Überfahrt dauert vierzehn Tage. Man kann die Reise verkürzen, wenn man erst in Teneriffa auf den Kanarischen Inseln zusteigt. Ich habe mich auf Sankt Helena nur eine einzige Woche aufgehalten, gerade so lang, wie das Schiff brauchte, um seine Ladung zu löschen und eine andere britische Besitzung anzulaufen, die 1700 km von Sankt Helena entfernte Insel Ascension.

An Bord hatte ich Muße, alle Zeugnisse über Napoleons Gefangenschaft zu lesen. Je weiter ich mit meiner Lektüre vorankam, um so mehr konnte ich ermessen, wie schwierig, wie unbegreiflich die letzten sechs Lebensjahre des Kaisers in Longwood gewesen waren. Es fehlte ein entscheidendes Indiz. Dieses Zeichen, diese Spur, diese Erklärung, nach denen ich suchte, ich habe sie erst in Longwood gefunden. Der Anblick von Napoleons Unterkunft hat mich bestürzt. Es ist unmöglich, das seltsame Klima seiner Gefangenschaft zu begreifen, ohne die Gerüche dieses Ortes einzuatmen. Ich würde nie so überheblich sein, zu behaupten, ein Blick auf Longwood genüge, um das Geheimnis dieser Gefangenschaft zu lüften. Allenfalls läßt sich ihre Tristesse erahnen. Die tiefere Ursache von Napoleons Tod war die Melancholie.

* Royal Mail Service

Sankt Helena birgt ein Rätsel. Napoleon hat alles über sein früheres Leben gesagt, aber nichts wirklich über sein Leiden als Gefangener enthüllt. »Er verbrachte den größten Teil des Tages in seiner Schlafkammer, blätterte dort in einigen Büchern und tat praktisch gar nichts (...). Es war ersichtlich, daß er sich nicht mehr um die Zukunft sorgte, nicht mehr über die Vergangenheit meditierte, sich nicht mehr um die Gegenwart kümmerte.« Bemerkungen dieser Art, die Las Cases im Juli 1816 niederschrieb, finden sich fast auf jeder Seite der Aufzeichnungen seiner übrigen Gefährten, bei Gourgaud, Bertrand und dem Leibarzt O'Meara.

Welche Gedanken bewegten den Kaiser in seinem nur siebzehn Quadratmeter großen Schlafzimmer? Ich habe Stunden, ja ganze Nachmittage in der dunklen Kammer von Longwood zugebracht. Ich habe dem Wind gelauscht, der an den Schiebefenstern rüttelte. Um die Gründe für meine Emotion, meine Verwirrung zu erforschen, habe ich dieses Buch geschrieben. Es handelt sich nicht um eine historische Untersuchung. Es wäre anmaßend, der Unzahl von Werken über Sankt Helena ein weiteres hinzuzufügen. Man weiß praktisch alles über das Tun und Treiben des gestürzten Monarchen, vom 15. Oktober 1815, dem Tag seiner Ankunft auf der Insel, bis zum 5. Mai 1821, seinem Todestag. Es fehlt nichts. Mit vielleicht einer Ausnahme: dem Geruch von Longwood.

Dieses Buch wurde in dem Augenblick geboren, als ich Longwood betrat. Die Dimension der helenianischen Zeit erschloß sich mir, als ich die feuchte Kellerluft einatmete, in die sich ein seltsamer tropischer Duft mischte, jene schwere und ein wenig pfeffrige Ausdünstung, wie sie einem in die Nase steigt, wenn man eine Zigarrenkiste öffnet. Es spielt keine Rolle, daß der exotische Duft den Dielen aus afrikanischem Holz entströmt – der Originalboden wurde längst von den Termiten zerstört. Geblieben ist ein Schimmelgestank, der durch das Kreosot, diesen Rußgeruch, den alte Kamine verbreiten, ein wenig gemildert wird.

Die Gefangenschaft ist vor allem ein Geruch. Napoleon besaß einen sehr empfindlichen Geruchssinn. »Ich habe gesehen, wie er mehr als einen Bediensteten von sich fernhielt, der nicht ahnte, womit er sich diese Ungnade zugezogen hatte«, notierte Baron Fain, ab 1813 Privatsekretär des Kaisers.

Napoleon hat den Moder, die Feuchtigkeit eingeatmet, die von den Wänden und Kaminen in Longwood ausgehen. Es gibt nichts Erschütternderes als diese Baracke hoch über Sankt Helena auf einem windgepeitschten Plateau. Sie ist das Haus der wiedergefundenen Zeit. Die Illusion ist so intensiv, daß man glauben könnte, der Kaiser und seine Gefährten hätten sich nur für einen Moment entfernt und würden sogleich durch die Verandatür wieder eintreten. Longwood ist ein Spukhaus. Ich kenne nur einen einzigen Ort, der einem mit solcher Macht das Bild seiner Vergangenheit aufzwingt: Hauteville House auf Guernsey, ebenfalls eine Stätte des Exils und der Einsamkeit. Noch heute sind Zimmer und Korridore von Irrgeist und Wahn besessen. Victor Hugo ist so präsent, daß man das Gefühl hat, wie ein Dieb in die düstere Welt der *Betrachtungen* eingebrochen zu sein.

Die isolierte Lage von Sankt Helena bewirkt, daß man mühelos ans andere Ufer der Zeit springt. Die Abgeschiedenheit hat Longwood gerettet. Sie hat es vor dem Kult der Götzendiener bewahrt. Die Intimität der Wohnstatt hat nicht durch den Tourismus gelitten. Longwood ist eine Insel auf der Insel. Im Herzen von Sankt Helena hat die französische Enklave ihr eigenes Leben, ihre Bewohner – zwei, der französische Konsul und sein Vater – und vor allem ihr eigenes Klima, das sich sehr von dem der übrigen Insel unterscheidet. Man darf Sankt Helena nicht mit Longwood gleichsetzen. Wie zur Zeit von Napoleons Gefangenschaft sind es zwei einander völlig fremde Welten.

»Napoleon hat den guten Willen der Franzosen mißbraucht, ihre Opferbereitschaft ausgenutzt, Europa mit Gräbern, Ruinen und Tränen bedeckt; dennoch hielten gerade jene, denen er die meisten Leiden zumutete, die Soldaten, ihm die Treue, und noch heute, nach so langer Zeit, nach allen Wechselfällen der Gefühle und soviel neuer Trauer, eilen Menschen aus aller Herren Länder herbei, um sein Andenken zu ehren und sich an seinem Sarkophag dem Schauder der Größe hinzugeben.« Vermutlich bin auch ich diesem Widerspruch erlegen, den General de Gaulle in Worte gefaßt hat.

Auf Sankt Helena erweckt der Besiegte und Kranke unser Mitgefühl. Wie jeder Gefangene hat Napoleon gegen die Zersetzung seiner Persönlichkeit gekämpft. Die Verheerungen der Phantasie haben die Vergangenheit zermalmt, zu Staub gemacht. In der Fäulnis der Tropen war er damit beschäftigt, ihre Bruchstücke zu sammeln. Longwood ist die Geschichte einer langsamen Auflösung. Freiheitsentzug ist eine Erosion. Der Gefangene zermartert sich das Gehirn, um zu verstehen, warum er ausgestoßen wurde. Das Vergessensein, die Gleichgültigkeit, die Einsamkeit verzehren die Energie und brechen schließlich den Lebenswillen.

Die Gefangenschaft macht aus Napoleon einen nackten, verwundbaren Menschen. Gestützt auf seinen Ruhm hat er sich gewehrt, indem er seine Siege und Niederlagen gleichermaßen ausgestaltete. Aber er hat sich erschöpft bei dem Versuch, neue Glut aus der Asche zu entfachen. Für einen Gefangenen gibt es nichts Schmerzlicheres als die Erinnerung an früheres Glück.

Prolog

Im Invalidendom befindet sich in der Nähe des Porphyrsarkophags, in dem Napoleon ruht, ein Raum, der von den Besuchern des Armeemuseums meist übersehen wird. Inmitten der Wachsfiguren der Restaurationszeit stellt dieser Alkoven eine Anomalie dar. Er ist hinter einem grauen Vorhang verborgen, den man hochheben muß, wie auf Jahrmärkten, auf denen im Halbdunkel irgendeine Mißgeburt ausgestellt wird. Was man sieht, ist nicht erschreckend, aber überraschend ausgefallen. Die Schlafkammer von Longwood, in welcher der Kaiser gestorben ist, wurde mit einer Detailbesessenheit nachgebildet, die im Betrachter ein Gefühl des Unbehagens auslöst. In ihrer erstarrten und ein wenig anstößigen Intimität wirkt sie wie ein Tableau aus dem Musée Grévin. Man ist zwar in dem Bemühen um Genauigkeit nicht so weit gegangen, Napoleons Gesicht in Wachs nachzubilden, aber man hat intime Kleidungsstücke auf obszöne Weise zur Schau gestellt. Auf einem der beiden Feldbetten liegen seine Unterhosen, seine Hausschuhe, seine Nachtmütze. Und vor allem ein Paar schwarze Strümpfe, so kunstvoll arrangiert, daß sie wie zwei bestrumpfte, in halber Oberschenkelhöhe abgeschnittene Beine wirken. Aber wieso zwei Betten? Man könnte sie für zwei unglaublich schmale Kinderbetten halten, zwei armselige Liegen, wären da nicht die Baldachine, die sie als etwas Besonderes ausweisen. »Napoleon hat die beiden Feldbetten benutzt und ist in einem der beiden gestorben«, steht auf einem Schild. Ist diese Weigerung, sich für eines der beiden zu entscheiden, nicht seltsam? Die Auseinandersetzungen um Reliquien sind mir immer lächerlich vorgekommen. Der Napoleonkult besteht auch aus Streitereien um die Haare des Helden, den Hut und um die Herbergen, in denen er geschlafen hat.

Lange hat sich für mich das Leben Napoleons auf Betten beschränkt. Überall hat man mir welche gezeigt: in der Champagne, in Deutschland, der Tschechoslowakei, in Rußland. Als hätte dieser hyperaktive Mensch seine Zeit im Schlaf verbracht. In Eylau – heute in der russischen Enklave Kaliningrad – habe ich in einem baufälligen Haus ein Himmelbett entdeckt. Der Führer, der mich begleitete, hatte die Frechheit zu behaupten, der Kaiser habe sich darin am Abend der Schlacht ausgeruht. Ich gab zu bedenken, daß Napoleon mindestens hundert Jahre alt hätte werden müssen, um in allen Betten zu schlafen, die man ihm zuschreibt.

Auf der Insel Aix vor der Küste von Rochefort, wo der Besiegte von Waterloo seine letzten drei Tage auf französischem Boden verbrachte, bevor er sich den Engländern auslieferte, wird sein Bett in einem von Vorhängen abgeschirmten Alkoven ausgestellt. Warum üben die Betten berühmter Persönlichkeiten eine derartige Faszination aus? Vielleicht weil sie auf einen verwundbaren Menschen verweisen, der leidet, der liebt – und der uns gleicht. Einen Menschen, der endlich der Rüstung seiner Legende entkleidet ist.

Das rührendste Exponat des Museums La Pagerie in Les Trois-Îlets auf Martinique, wo Joséphine zur Welt kam, ist eine Bettstelle. Darin ruhte als junges Mädchen die Kaiserin. Das Möbel aus Edelholz ist wahrscheinlich eine Fälschung. Wenn schon. Man kann sich vorstellen, wie die schöne Kreolin sich darin räkelte. Dieses Lager erweckt, besser als jedes Gemälde, das Bild des Mädchens Yéyette zu neuem Leben, von der Napoleon später sagen wird: »Sie legte sich mit Grazie ins Bett.«

Was mich in Longwood am meisten bewegte, war die Entdeckung dieses hilflosen Mannes inmitten eines unwandelbaren Dekors. Longwood ist ein lebendiger Ort. Die Phantome der Gefangenschaft treten aus den Mauern und bevölkern aufs neue dieses verwinkelte Haus mit seinen Korridoren und Kammern. Warum wirkt diese sonderbare Konstruktion, die man dem Verfall überließ, so *echt*, obwohl das von den Termiten zerfressene Holzwerk, einschließlich Fußboden, mehrmals erneuert wurde? Weil es der Vorstellung entspricht, die man sich von der Langeweile, vom Exil und vom Tod macht. Die Vergangenheit ist dort nicht aufgehoben. Man fühlt sie, mit ihren fixen Ideen, ihren Manien. Der Irrsinn geistert durch diese absurde Kulisse. Das Auftauchen der alten Zeiten hat etwas Erschreckendes. Die Geschichte hat sich abgesetzt wie ein Schwebestoff. Dieser *Niederschlag*, ein bekanntes chemisches Phänomen, ist in jedem Raum bemerkbar. Ein Geheimnis verbirgt sich wie ein unauflöslicher Körper in der Feuchtigkeit von Longwood. Die Wände bergen das Mysterium unserer Verbindung mit der Vergangenheit.

Diese vollendete, versunkene Zeit habe ich berührt. Es war keine Täuschung. In der trüben Luft des Hauses habe ich manchmal das Gefühl gehabt, mich an einer anderen Welt zu stoßen. Weder Schatten noch Gespenster, höchstens eine vage Präsenz, tückisch, kriechend, wie in Wohnstätten, die für immer das unsichtbare und doch unauslöschliche Stigma einer Blutschuld tragen. In Longwood ist kein Mord geschehen. Dennoch ist die Spur der Tragödie nicht verschwunden. Die Partikel des Dramas schweben vor allem in der kleinen Schlafkammer des Gefangenen. Plötzlich ballen sie sich aus unerfindlichen Gründen wie eine Flockung von Erinnerungen. Versuchen sie, mit der Welt der Lebenden in Verbindung zu treten?

In Longwood stehen in den Gemächern des Kaisers zwei

Betten. Eins in der Schlafkammer, eins im Arbeitskabinett. Die gleichen Betten wie im Armeemuseum. Man wird zugeben, daß ich diese Sache klären mußte, selbst auf die Gefahr hin, meinerseits dem Fetischismus und dem Kult des großen Korsen zu erliegen.

Erster Tag

Ankunft auf Sankt Helena – Auftritt des Verwalters der französischen Domänen – Die Teufelsinsel – Das Marineblau von Jamestown – Atlantische Melancholie – Typologie des Helenianers – Das Besucherbuch des Schlosses – Das Klima, ein heikles Problem – Napoleon Street – Supremum Vale – Der Aufseher von *The Briars* – Napoleons Akzent – »Er war leichenblaß« – Das Rätsel seines Gesichts – »Sire, wir werden von der Vergangenheit leben« – Die Gefährten des Kaisers – Saturn im *Exiles Club* – Eine Dornenkrone – Die Urteilskraft und die Fähigkeit, die Dinge auseinanderzuhalten – Napoleon spielt den Clown – Der Termitenfraß – Die helenianische Folter.

I

Zuweilen fahre ich durch Sainte-Hélène. Ich habe dort jedoch nie haltgemacht. Es ist ein leeres, in seine Einsamkeit versunkenes Nest. Die Häuser stehen direkt auf dem Gras, wie in Afrika. Unsägliche Läden, eine verschlossene Kirche, eine leblose Straßenkreuzung. Bei jeder Durchfahrt kommt mir der Ort noch ein wenig verlassener und melancholischer vor. Und doch entdecke ich in dieser tristen Kargheit einen Hauch von Größe. Eine unauffällige Majestät, die ich nicht begründen kann. Sainte-Hélène, ein kleines, schmuckloses Dorf inmitten der Wälder der Gironde. Aber der emphatische und trübselige Klang des Namens beeindruckt mich, sooft ich das Ortsschild sehe.

An mein südfranzösisches Sainte-Hélène denke ich an diesem Novembermorgen.

Auf dem Vorderdeck meines Schiffes warte ich, daß die Morgenröte die Insel Sankt Helena erleuchte, und wenn ich auch darauf gefaßt bin, so erschreckt mich doch der Anblick der monumentalen Zitadelle, die aus dem Ozean aufragt. »Ein Katafalk aus Felsgestein«. Chateaubriand, der niemals einen Fuß auf die Insel gesetzt hatte, traf ins Schwarze. Etwas Drohendes, Unheimliches geht von den dreihundert Meter hohen schwarzen Klippen aus, die senkrecht ins Meer abfallen. Eindruck einer verwüsteten Festung. Sankt Helena stellt seine Legende zur Schau. Unverhohlen, brutal sagt es, was es ist: ein Seegefängnis. Es ist 5 Uhr 40. Das aschfarbene Frühlicht lastet auf dem nahen Land. Der anbrechende Tag hat nichts von einer Verheißung, verrät vielmehr die Erschöpfung eines endenden Tages. Einem einzigen Lichtstrahl der aufgehenden Sonne gelingt es, durch die schwarzen Wolken zu stoßen, einen Fleck der Küste zu erhellen wie durch eine Kerkerluke. Er schneidet die Basalttürme und die zerklüftete Architektur der Insel aus dem Himmel wie Schattenrisse.

Ich mustere die Gesichter der Passagiere. Alle haben sich, genau wie ich, beeilt, vor Tagesanbruch an Deck zu sein, um die Küste zu erspähen. In den Mienen der in ihre Heimat zurückkehrenden Sankt Helenianer – kurz »Saints« genannt – spiegelt sich keine Überraschung. Nach zwei Wochen Seefahrt verrät ihr Gesichtsausdruck eine Erleichterung, die sich, je mehr das Schiff sich der Insel nähert, in eine fast blasierte Zufriedenheit verwandelt. Ich bemerke die bestürzten Mienen der übrigen Passagiere. Die Gemütsbewegung, die sich ihrer bemächtigt hat, ist eine Mischung aus Ungläubigkeit, Furcht, vielleicht Mitleid. Auch in mir mischen sich in diesem Moment all diese Gefühle. Der trostlose Fels erscheint mir seinem Ruf allzu gerecht zu werden, und dennoch traue ich meinen Augen nicht. Küste und Gipfel starren von Geschützen. Überall Wehrmauern und Schießscharten, als wolle man zeigen, daß nichts sich seit dem 14. Oktober 1815 verändert habe.

An jenem Tag war die *Northumberland*, mit dem entthronten Kaiser an Bord, nach siebzig Tagen auf See in der Bucht von Jamestown vor Anker gegangen. »Kein einziger Spalt in dieser kahlen Fassade, in dem nicht eine Kanone installiert wäre: Es war, als habe man den Gefangenen mit einem seinem Genie gemäßen Ehrensalut empfangen wollen«, um nochmals Chateaubriand zu zitieren.

Trutzig, wuchtig, feindselig gegen alles, was sich vom Meer her nähert. Die Wolkendecke, die über der Insel verharrt, betont noch diese Unbewegtheit und stumpfe Plumpheit. Der bleigraue, tiefe Himmel lastet wie giftiger Dunst über der Inselfestung.

Die Reaktion des Besiegten von Waterloo, als er zum ersten Mal sein Gefängnis – das auch sein Grab sein wird – erblickt, ist überraschend. Auf dem Deck lauern Engländer und Franzosen, während er sein Fernrohr auf die Küste richtet, auf den Moment, da er sich zu dem, was er sieht, äußern wird. Er betrachtet die Steilhänge, mustert die Verteidigungsanlagen der furchterregenden vulkanischen Festung. Und schweigt. Vielleicht hat dieser Mann des blitzschnellen Urteils, der Stratege, der dank seines raschen Auges so viele Schlachten gewann, der Adler, der mit einem einzigen Blick das Gelände erfaßt, bereits begriffen. Wortlos kehrt er in seine Kabine zurück.

Erst am nächsten Tag vermeldet General Gourgaud den ersten Kommentar des Verbannten: »Dies ist kein sehr angenehmer Aufenthaltsort, ich hätte besser daran getan, in Ägypten zu bleiben. Dann wäre ich jetzt Kaiser des ganzen Orients.« Dieser Satz ist einer näheren Betrachtung wert: eine schmollende, fast infantile Äußerung. Als zähle das Kaiserreich, das er begründet hatte, überhaupt nicht, als wünschte der Besiegte sich ausschließlich an eine Epoche zu erinnern, in der noch nicht alles festgelegt war und in geregelten Bahnen verlief. Eine pathetische Reflexion, die das ganze Ausmaß des Dramas erahnen läßt, das der Verbannte auf Sankt Helena inszenieren wird: statt der Erinnerungsarbeit die Wiederholung des immer Gleichen, statt einer kritischen Überprüfung der Vergangenheit ein endloses schwafelndes Wiederkäuen.

Was er vom Deck der *Northumberland* aus gesehen hat, dürfte sich bis heute kaum verändert haben: ein paar weißgekalkte Häuser, der viereckige Kirchturm, Bäume ... Diese Sprödigkeit bewahrt Jamestown noch in unseren Tagen vor der Banalität. Alle Reisenden haben stets über die Lage dieses Ortes gestaunt: er ist zwischen zwei Bergen eingeklemmt, wie zwischen aufgerissenen Kiefern, die drauf und dran sind, die Hauptstraße, eine schmale von etlichen Häusern gesäumte Gasse, zu durchbeißen.

Wie schon 1815 müssen die Schiffe vor der Küste ankern. Passagiere und Waren werden in Booten oder über Pontons an Land gebracht. Sankt Helena hat noch immer keinen Hafen. Alles kommt aus England: von der Orangenmarmelade bis zu den Videofilmen, nach denen die Einheimischen gierig sind – auf Sankt Helena gibt es kein Fernsehen.

Der französische Konsul auf Sankt Helena, Michel Martineau, erleichtert mir die üblichen Formalitäten. Ein Koloß von einem Mann, mit breiter Stirn, durchdringenden, tief in den Höhlen liegenden Augen, der sich vorerst äußerster Zurückhaltung befleißigt. Er ist seinem Vater, Gilbert Martineau, im Amt nachgefolgt. Beide Männer wohnen in Longwood House, das seit 1858, zusammen mit dem »Tal des Grabes«, zur französischen Enklave gehört. Damals war nach langwierigen Verhandlungen zwischen dem britischen Kabinett und Napoleon III. die Domäne für die Summe von 178 565 Franc an Frankreich verkauft worden. Michel Martineau ist zugleich Honorarkonsul und oberster Verwalter der französischen Domänen von Sankt Helena. Wir haben mehrere Briefe gewechselt. Die seinen tragen den Briefkopf MICHEL MARTINEAU LONGWOOD HOUSE; ÎLE DE SAINTE-HELENE; ATLANTIQUE SUD, was mir sehr imponiert, besonders das ATLANTIQUE SUD. Dieser siebente Kontinent, jenes grenzenlose ozeanische Reich, dessen französischer Repräsentant er ist und wo er über unsere Interessen wacht, macht mir großen Eindruck.

Noch heute muß man, wie zu Napoleons Zeiten, ein Tau im Flug erhaschen, um auf den Kai zu springen. »Sainte-Hélène, eine kleine Insel ...«, hatte Bonaparte in ein Heft notiert, als er Leutnant in Auxonne war. Weiter nichts. Über die drei Pünktchen ist später viel spekuliert worden. Sie stammen nicht aus seiner Feder. Sie wurden hinzugefügt, um die Unterbrechung der Aussage zu betonen. Dennoch: Gibt es auf der ganzen Welt drei vielsagendere Pünktchen? Sankt Helena, eine kleine Insel ... Das Attribut stimmt noch immer. Ich bin überrascht von der schäbigen Enge von Jamestown, einem armseligen, liliputanischen und rückständigen Nest. Sankt Helena ... Diese Erdkrume mitten im Ozean ist ein Unfall, ein Pickel auf der Haut Neptuns. »Der Teufel hat es gesch..., als er von einer Welt in eine andere flog«, wird die Frau des Generals Bertrand sagen.

Die Atlantikwogen, die gegen die Mole von Jamestown donnern, säumen den schwarzen Stein mit einer langen silbernen Borte, die an ein Bahrtuch gemahnt. Doch wenn bei der Ankunft alle Gedanken um Verbannung, Einsamkeit und Erniedrigung kreisen, so tun alsbald einige Details ihr möglichstes, dem makabren ersten Eindruck Widerpart zu halten. Kaum habe ich die kleine Landungstreppe erklommen, als sich mir das Bild eines Operettenkleinstaats darbietet. Man passiert die Zollstation, einen Schuppen, wie man sie in Afrika vorfindet, jedoch ohne das dort übliche Chaos, etwas Hybrides, eine Mischung aus majestätischer britisch eingefärbter Beamtenhöflichkeit und einem typisch tropischen Sinn für Improvisation. Der Reisende wird aufgefordert, sein Gepäck zu öffnen und alles vorzuzeigen. Das genügt, eine richtige Inspektion findet nicht statt. Sankt Helena ist wie Gibraltar oder die Falkland-Inseln britisches Hoheitsgebiet. Es zählt zwar nur sechstausend Einwohner, hat aber seine eigene Polizei, seine Währung, seine Verfassung, seine Justiz. Und sein Gefängnis. Sobald man das schöne Stadttor durchschritten hat, sieht man nur noch dieses Gebäude mit seiner eleganten marineblauen, sehr gepflegten Fassade. Es wurde 1827 errichtet, sechs Jahre nach dem Tod Napoleons.

Ein Paradoxon dieser Haft: Der Kaiser war zwar Gefangener, aber nicht eingekerkert. Sein Gefängnis hatte keine

Mauern und eine Ausdehnung von 22 Quadratkilometern, die Fläche der Insel. Jenseits dieses Gebiets lag der grenzenlose Ozean. Sankt Helena, die Zwingburg, die in schwindelnde Höhen aufragt, mit Blick auf die Weite, die Leere, die Unendlichkeit. Der Gefangene konnte sich zwar frei bewegen, doch was zählt die Geräumigkeit des Kerkers, wenn die Bewacher den Häftling keinen Moment aus den Augen lassen. Die Idee, Sankt Helena als Verbannungsort zu wählen, stammt von Wellington, dem Sieger von Waterloo. Er hatte im Jahr 1805 auf der Rückreise von Indien dort Station gemacht.

Das gründlichste Werk über die Gefangenschaft, *Napoleon, The Last Phase*, wurde von Lord Rosebery verfaßt, Premierminister unter Queen Victoria. »War es nötig, den gestürzten Kaiser nach Sankt Helena zu deportieren?« fragt er. Als Napoleon sich am 15. Juli 1815 seinen Feinden ergab, rechnete er damit, den Rest seiner Tage in irgendeinem englischen Herrenhaus zu verbringen. Zwei Wochen später erfuhr er, daß man seine Deportation auf die Insel Sankt Helena beschlossen hatte. »Das Klima und die geographische Lage ermöglichen es, dem Gefangenen eine mildere Behandlung angedeihen zu lassen als an irgendeinem anderen Ort«, lautete die Begründung der Briten. Worauf Napoleon erwiderte, er habe sich »aus freien Stücken« ergeben. Man habe ihn getäuscht. »Man gab sich den Anschein, dem Gegner eine gastfreie Hand zu reichen, und sobald er sich guten Glaubens ausgeliefert hatte, stieß man ihn auf die Opferbank«, beklagte er sich. Lord Rosebery, der sich als »intelligenten Bewunderer« des Kaisers bezeichnet, analysiert das Vorgehen der Sieger und die Hoffnungen des Besiegten. Hätte dieser denn nicht in der Tat das Leben eines »Landedelmannes« führen können? »Die Idee war, wir müssen es zu unserem Bedauern sagen, undurchführbar«, erklärt er und fügt hinzu, die Nähe eines solchen Mannes, der in Europa »den Geist des Umsturzes« verkörperte, wäre zu gefährlich gewesen.

Ein Geheimnis dieser Kapitulation bleibt ungelöst. Napoleon, der sich nach Waterloo in das Schloß Malmaison zurückgezogen hatte, signalisiert ganz deutlich seine Absicht, in den Vereinigten Staaten Zuflucht zu suchen. Er hat zahlreiche Werke über Amerika mitgenommen. Auf der Insel Aix vor der Küste von Rochefort ändert er seine Pläne und beschließt, sich den Engländern zu ergeben. Was ihn zu diesem Sinneswandel bewog, bleibt im dunkeln. Vielleicht hat er die Großmut der Sieger überschätzt.

2

Am Abend des 17. Oktober betreten Napoleon und sein Gefolge endlich Jamestown. Drei Tage mußten sie auf dem Schiff ausharren, ehe die Engländer ein Haus für den Gefangenen ausfindig gemacht hatten. Weiße und Schwarze säumen den Weg, um schweigend den Einzug des Besiegten von Waterloo zu beobachten. Man kann sich ihre Verblüffung vorstellen: Sie erfahren erst jetzt, daß Napoleon von der Insel Elba geflohen sei, um Frankreich zurückzuerobern, daß er bei Waterloo vernichtend geschlagen wurde und sich den Engländern ergeben habe und daß diese beschlossen hatten, ihn auf ihre kleine Insel zu verbannen. Nun zieht er im Schein der Laternen durch die Hauptstraße.

Am Eingang der Ortschaft dürfte er wohl linker Hand die Festung erblickt haben. Der von Termiten zerfressene Bau ist 1860 restauriert worden. Die Zitadelle, in der heute die Verwaltung untergebracht ist, muß damals noch furchteinflößender ausgesehen haben: Sie trägt alle äußeren Zeichen einer Zwingburg zur Schau: Gräben, Wälle, Geschütze. Einer Zwingburg zum Schießen: Die Kanonenrohre sind vollgestopft mit leeren Bierdosen.

Jamestown scheint aus einem jener amerikanischen Comics entsprungen, in denen, durch naive Symbole dargestellt, eine Stadt aus dem Polizeirevier, der Kirche, dem Gefängnis, dem Postamt besteht. Der Stadtplatz nennt sich übrigens »Große Parade«. Er ist weder groß noch besonders für Paraden geeignet. Seine geringe Ausdehnung erklärt sich auch hier wieder aus seiner Lage zwischen den Gebirgsstöcken, zwei gewaltigen Mühlsteinen, die den Ort zerquetschen bis auf einen schmalen Streifen: die Hauptstraße. Dort stand das Porteus-Haus, das heute verschwunden ist. In diesem Haus wird Napoleon seine einzige Nacht in Jamestown verbringen. Heute steht dort ein Kino, das von den Einwohnern kaum noch besucht wird. Die Helenianer schauen sich lieber die Videofilme an, die in jedem Kramladen zu kaufen sind.

Weiße und marineblaue Häuser, eiserne Kolonnaden und Veranden: alles in allem ein mehr portugiesisches als britisches Ambiente, mit jener atlantischen Melancholie, jener Schlaffheit und Leblosigkeit, wie sie in weltabgeschiedenen Ländern anzutreffen sind. *Abgeschieden* ist der Zustand, der die kleine Hauptstadt Sankt Helenas kennzeichnet. Als würde hier, auf diesem Stückchen Erde, das Leben nicht weitergehen. Die Autos, die wenigen Läden weisen weder Zeichen von Modernität noch Merkmale der in Afrika üblichen Flickschusterei auf. Eine doppeldeutige Unbeweglichkeit. Die Weigerung, sich zu entscheiden. Die helenianische Rasse ist undefinierbar, eine Mischung aus schwarzen Sklaven, chinesischen Kulis, Malaien und Weißen, mit olivfarbener oder schokoladenbrauner Haut, grünen Augen, Schlitzaugen, jettschwarzem Haar, wie es in Indien vorherrscht.

Die Zeit ist nicht stehengeblieben, sie läßt sich nur Zeit, trödelt in den sechziger Jahren herum, nach den Geschäften mit den Holzböden und der Bauart der alten Fords zu urteilen, die liebevoll gepflegt und immer wieder frisch lackiert werden.

Das Leben ist nicht so sehr von der Langsamkeit geprägt als vielmehr von einer Schwerfälligkeit, die das allzu klischeehafte Bild von der Indolenz der Tropen zurechtrückt. Einer Schwerfälligkeit, die durch die anomale Mischung disparater Elemente erzeugt wird. Alles ist veraltet, ohne abgenutzt, überholt, ohne in irgendeiner Weise verkommen zu sein. Ein Gefühl der Leere. Die Hauptstraße erinnert an die Potemkinschen Dörfer: eine Leinwandkulisse und nichts dahinter. Fassaden im Trompe-l'œil-Stil. Durch die beiden Berge um ihre Existenz gebracht.

Jamestown besitzt alle Attribute einer Stadt: eine öffentliche Bibliothek, einen Park, zwei Hotels, ein Restaurant, einen Markt … Alles im Kleinformat. Enge und Schäbigkeit bestimmen auch die Gefangenschaft Napoleons. Der Kammerdiener Marchand, der den Kaiser begleitete, beklagt sich über das Porteus-Haus, das »wegen seiner Winzigkeit und seiner Lage höchst unbequem ist«.

Noch heute gelingt es Jamestown nicht, diese bedrückende Atmosphäre abzuschütteln, die so schwer auf den Bewohnern und der ganzen Gegend lastet. Der teerfarbene Basaltfels und der tiefhängende Himmel kalfatern das Städtchen wie einen Schiffsrumpf. Kein Ausweg? Ganz nahe beim Gefängnis fällt der Blick auf eine Fluchtlinie, die sich wie ein Zebrastreifen den Berg hochzieht. Die Jakobsleiter, in die Felswand eingeschnitten, ist die einzige Sehenswürdigkeit Jamestowns. Eine Treppe aus sechshundertneunundneunzig Stufen, so steil, daß das Geländer in der Perspektive durchzuhängen scheint wie ein schlecht gespanntes Seil. Diese 1828 angelegte und zweihundertsiebzig Meter lange schiefe Ebene diente zur Beförderung von Lebensmitteln und Munition hinauf zur Zitadelle auf dem Gipfel.

»Versäumen Sie nicht, dem Gouverneur Ihre Ankunft zu melden«, ermahnt mich der Konsul.

»Ist das so wichtig?«

»Es ist so der Brauch«, drängt Michel Martineau. »Es ist üblich, daß sich Besucher, vor allem Journalisten, in das Register im Schloß eintragen. Außerdem müssen Sie während Ihres Aufenthaltes um eine Audienz beim Gouverneur nachsuchen.«

Wir betreten den gepflasterten Hof. Das Schloß, erbaut anno 1710, beherbergt heute Büros. Es ist auch der Sitz des Inselrats. Der Gouverneur hat dort nur seine Amtsräume. Wie Hudson Lowe, der Kerkermeister Napoleons, wohnt er in dem drei Kilometer entfernten Plantation House.

Gebohnertes Parkett, Wandverkleidungen aus tropischen Hölzern, alte Kupferstiche, behagliche Klubatmosphäre: die durchdachte Ausstattung verleiht dem Ganzen den Anstrich von Gediegenheit, ohne jedoch den Eindruck einer gewissen Morbidezza völlig zu verdrängen. Nur die Eisentreppe, die unter unseren Füßen hallt, verleiht dem Haus eine gewisse Festigkeit. Vielleicht weil Holz, das hier stets durch die Termiten gefährdet ist, als Material wenig dauerhaft sein dürfte. Ich trage mich in das in Pergament gebundene Register ein. Meine engen, steilen französischen Buchstaben heben sich deutlich von den weiten, gerundeten der Engländer ab.

3

Nach seiner einzigen Nacht in Jamestown wird Napoleon aufgefordert, Longwood aufzusuchen, das noch nicht umgebaut und eingerichtet ist.

An jenem Vormittag des Jahres 1815 tut er etwas Seltsames: Während die Engländer ihn erwarten, um ihm das ehemalige Gehöft zu zeigen, nimmt der Kaiser Reißaus. Er springt auf sein Pferd, gibt ihm die Sporen und galoppiert die Hauptstraße entlang, die sich auch heute noch am oberen Ende gabelt. Er weiß nicht, welche Abzweigung er wählen soll. Der Weg, in den er einbiegt, heißt jetzt Napoleon Street, die einzige Anspielung auf den Monarchen im heutigen Jamestown. Man darf dieser Eskapade gewiß keine übermäßige Bedeutung beimessen. Der Gefangene hat keineswegs zu fliehen versucht, er wollte lediglich seinen Bewachern eins auswischen, ihnen zeigen, daß er immer noch einen gewissen Spielraum besaß. Man darf nie seine fast kindliche Neigung zu Schabernack vergessen. Den Gegner foppen, reizen, mystifizieren, um ihn aus der Deckung zu locken. Das war immer seine Lust und seine Taktik gewesen.

Es gibt keinen Souvenir-Handel. Keine Andenkenbude, nicht die Spur eines Napoleonkults, einzig eine grob gemalte Karte der Insel, auf der Longwood und das Grab des Kaisers eingezeichnet sind.

Während der Überfahrt fiel mir auf, daß die Helenianer sich nicht so sehr schämen, als vielmehr sich scheuen, des Mannes Erwähnung zu tun, der ihrer Insel zu Berühmtheit verholfen hat. Ich habe mir ein boshaftes Vergnügen daraus gemacht, auf dem Schiff Hinweise, wenn schon nicht auf Widersprüche, so doch auf eine gewisse Verlegenheit aufzuspüren. In einem der Gänge der RMS *St. Helena* hängt ein englischer Kupferstich, der Napoleon auf dem Deck der *Northumberland* darstellt. Der Kaiser sieht aus wie ein schmollendes Baby. Die Personen seines Gefolges sind allesamt in lässiger Pose angeordnet: Sie ähneln mit ihren durchgedrückten Waden eher einer Schar von Gecken als von hohen Militärs. Die Bildunterschrift besagt, daß der Sturz Napoleons »den todbringenden Verirrungen des Kaisers ein Ende gesetzt« habe. Der schönste Platz auf dem Schiff ist dennoch Davids berühmtem Krönungsbild vorbehalten. Eine recht gute Reproduktion des Gemäldes hängt im Salon. Die Bordbibliothek enthält nur etwa zehn Werke in französischer Sprache, alle über die Napoleonische Ära, alle vom ehemaligen Konsul auf Sankt Helena, Gilbert Martineau, verfaßt.

Die Napoleon Street, eine steile Gasse mit buntgetünchten Häusern, führt zu einem sehr schmalen Weg, dem Sidepath, der in den Fels gehauen ist und in Longwood endet. Der Verkehr ist bis heute einspurig geblieben. Der abwärts fahrende Wagen muß dem aufwärts fahrenden die Vorfahrt lassen, indem er sich in die am Wegrand angelegten Ausweichbuchten stellt. Die langen Stengel der Aloen und die Kakteen vermögen den kohlschwarzen Boden nicht aufzuhellen. Etwas Düsteres entstellt die Landschaft, trübt den Glanz der tropischen Vegetation. Ein »Scheißland«, befand auch der Kaiser, der sich ebensowenig wie seine Begleitung an die extreme Wechselhaftigkeit des Klimas zu gewöhnen vermochte. Dieser Instabilität verdankt sich die Vielfalt von Landschaften, die teils am Mittelmeer liegen könnten, teils in Schottland und sogar auf dem Mond, wenn man nach den aschfarbenen Steinhaufen urteilt, die an jenem Morgen vom Schiff aus zu sehen waren. Diese Launen des Klimas und die Schwierigkeit, sich in einer unbeständigen Natur zurechtzufinden, schlagen bald aufs Gemüt. Gilbert Martineau bemerkt in einem seiner Bücher: »Das Klima auf Sankt Helena ist ein äußerst heikles Problem.«

4

Zwei Kilometer von Jamestown entfernt, auf der Straße, die nach Longwood führt, macht der Konsul mich auf ein kleines, von Bäumen gesäumtes Tal aufmerksam. Die Lieblichkeit dieses Ortes steht im Gegensatz zu der ihn umgebenden kargen Landschaft, ein Detail, das dem Kaiser nicht entging. Er bemerkte die Oase mit dem Cottage und dem chinesischen Pavillon. Das Anwesen *The Briars* gehörte einem gewissen Mister Balcombe, einem Beamten der Ostindischen Kompanie. Auf dem Rückweg nach Jamestown am Spätnachmittag äußert Napoleon den Wunsch, in *The Briars* Station zu machen. Er inspiziert den Pavillon, der Balcombes Kindern als Spielhaus dient, und schlägt den Engländern vor, man solle ihn bis zum Abschluß der Arbeiten in Longwood hier unterbringen.

Heute steht nur noch dieser Pavillon, den der Kaiser bewohnt hat. Eine Kupfertafel am Eingang erinnert daran, daß das Häuschen 1959 von einer Nachfahrin der Balcombes an Frankreich überschrieben wurde. Vor diesem Datum hatte eine Inschrift in englischer Sprache besagt, daß Wellington sich auf der Rückreise von Indien dort aufgehalten habe. 1972 wurde ein kleines Museum eröffnet. Dieses Puppenhaus verdankt seine Rettung den Bemühungen von Michel Martineau. Das vom Meerwasser durchtränkte Schiffsholz, das für den Bau verwendet worden war, hatte lange den Termiten widerstanden, die aber schließlich doch mit den von den Unbilden der Witterung vermorschten Hölzern fertig geworden waren.

Ein Nieselregen hüllt das kleine Tal ein und parfümiert es mit diesem Duft nach Nelken und Fäulnis, der für die tropischen Gegenden so typisch ist, süßlich und scharf zugleich, leicht übelkeiterregend. Eine mit roten Ziegeln gepflasterte Allee führt zu dem kleinen Pavillon. Nach dem Trauma von Waterloo und den darauf folgenden Wochen der Niedergeschlagenheit genießt der Verbannte hier die am wenigsten bitteren Tage seiner Gefangenschaft. Er ist nicht allzu unglücklich, sein Gemütszustand wird sogar als ausgeglichen beschrieben.

Der Aufseher mustert mich nicht ohne eine gelinde Ungläubigkeit: ein Tourist … Als wäre ich in diesem Jahr der erste Besucher in *The Briars*. Aus seiner übertriebenen Beflissenheit schließe ich, daß er sich nur die Langeweile vertreiben will, indem er mir bei der Besichtigung seines Museums zuschaut. Er folgt jeder meiner Bewegungen, ohne mich zu überwachen. Sein Gesichtsausdruck verrät Wohlwollen, ja sogar, wie mir scheint, eine gewisse Dankbarkeit. Er bleibt zurück, läßt mich in Ruhe die Tasse und Untertasse betrachten, welche die Balcombes dem Kaiser während seines Aufenthalts in *The Briars* zur Verfügung gestellt haben.

In einer Vitrine ist ein Stück des Teppichs ausgestellt, der den Fußboden bedeckt hatte. Das Muster ist verblichen. Unmöglich, das zentrale Motiv zu erkennen. Ich bemühe mich nach Kräften, das fadenscheinige Gewebe zu enträtseln, auf dem der Kaiser vermutlich hin und her gegangen ist. Was bedeuten diese verblichenen Farbflecken, deren einstige Tönung ich um jeden Preis erkennen möchte? Ich starre auf sie und stelle mir ein geheimes Muster vor: Unter meinem Blick beginnen die Flecken schließlich zu irisieren. Aber es läßt sich keine Vergangenheit rekonstruieren in diesem hellen und trübseligen Raum, der nach Feuchtigkeit und nach frischer Tünche riecht und zugleich den etwas widerlichen Duft von Aromaten verströmt. Dieses Haus mit seinen spärlichen Andenken gibt nichts her. Es ist ebenso deprimierend wie das Nebelrieseln, das in den Dachrinnen ein seltsames Glucksen verursacht.

Am 18. Oktober hatte Napoleon diesen Raum zum ersten Mal betreten. Er ist 46 Jahre alt. Welche Gedanken, welche Gefühle hatten ihn damals bewegt? Keines der von den Zeitzeugen verfaßten Bücher liefert eine befriedigende Antwort. Diese Männer, die ihn nicht aus den Augen ließen, haben ihn nicht wahrgenommen. Sein Gefolge hat, ebenso wie die Wachmannschaft, die geringste seiner Bewegungen belauert, dabei aber vergessen, ihn anzuschauen. Vielleicht war die Entourage zu sehr von ihrer Aufgabe durchdrungen, zu sehr darauf bedacht, der Nachwelt jedes Kopfnicken, jedes Achselzucken, jedes Wort in dem vom Sprecher intendierten Sinn zu überliefern. Unmöglich, einen Mann zu beschreiben, den man mit den Augen verschlingt.

Dieser Moment, da Napoleon den Pavillon von *The Briars* betritt, ist letztlich eine Banalität im Verlauf der Gefangenschaft: vom dramatischen Standpunkt aus ohne jede Bedeutung. Dennoch hat dieser Augenblick mich immer beschäftigt. Die Engländer verhalten sich dem Besiegten gegenüber durchaus korrekt – Hudson Lowe ist noch nicht auf der Insel eingetroffen. Doch Napoleon ist von nun an ein Gefangener und nur noch der »General Bonaparte«. Fünfeinhalb Jahre werden vergehen bis zu seinem Tod. Mit diesem Schritt über die Schwelle des Pavillons, den er – Höhepunkt der Ironie – selbst ausgewählt hat, geht ihm auf Lebenszeit die Freiheit verloren. *Supremum Vale*. Ein letztes Mal Adieu. Diese Worte legt Ovid dem Orpheus in den Mund, als jener seine Eurydike zum zweiten Mal verliert. Auftritt Napoleon … Das Stück ist zu Ende. Der Raum ist so klein. Kaum ein Vestibül.

5

Wie war der Klang seiner Stimme? Ich habe lange bei seinen Vertrauten, seinen Waffengefährten, bei Baron Fain oder Ménoval, seinen Privatsekretären, nach Anhaltspunkten gesucht. Welchen Akzent stellten sie bei ihm fest? Mit Vorliebe wird behauptet, seine Stimme habe abwechselnd einschmeichelnd, befehlend oder sarkastisch geklungen. Die Aussagen sind Legion. Aber wie hat Napoleon die Wörter ausgesprochen? Er hat Korsika mit neun Jahren verlassen, als Kind also, dem das Umlernen und auch das Abstreifen sprachlicher Eigentümlichkeiten seiner Insel eigentlich nicht hätte schwerfallen sollen. Es versteht sich, daß der Stratege an der Spitze einer Armee, in der nicht nur die verschiedensten Mundarten Frankreichs gesprochen wurden, sondern auch deutsch, italienisch und polnisch, sich seinen Soldaten nur in einem klaren Schriftfranzösisch verständlich machen konnte. Viele Marschälle Napoleons wie Kellermann, Ney, Oudinot und Lefebvre, waren Ostfranzosen. Masséna stammte aus Nizza, Macdonald aus Sedan. Damit sie alle ihn verstanden, mußte der Oberbefehlshaber der Grande Armée in der Lage sein, eine unzweideutige, jedem zugängliche Sprache zu führen.

Indes behauptet der Innenminister Chaptal: »Napoleon beherrschte überhaupt keine Sprache wirklich. Seine Muttersprache war Korsisch, ein italienischer Dialekt, und wenn er sich des Französischen bediente, bemerkte man sofort, daß er Ausländer war.« Derselbe Chaptal schildert auch eine Szene mit Lebrun, dem Dritten Konsul nach dem 18. Brumaire: »Bonaparte kritisierte die Übersetzung von LA GERUSALEMME LIBERATA – Jérusalem délivrée – als stilistisch mangelhaft. Lebrun erwiderte: ›Sie täten gut daran, die französische Sprache zu erlernen, ehe Sie darüber urteilen.‹« Napoleon hatte Sprachschnitzer bewahrt, die in seiner hohen Position schier unglaublich waren. Madame de Rémusat schreibt in ihren *Memoiren*: »Was an Napoleon störte, war seine fürchterliche Aussprache (...) Er hatte einen Akzent, der mehr noch als fremdländisch war – nämlich befremdlich – und der sich unangenehm und ordinär anhörte.« Und ein Stück weiter: »Er hat sich niemals fügen wollen, nicht einmal der Grammatik.«

Es ist nicht überliefert, ob er das »R« rollte oder nach Art der Anwohner des Mittelmeers einen singenden Tonfall hatte. Allerdings waren zu seiner Zeit die Franzosen so sehr an die Vielfalt der regionalen Akzente gewöhnt, daß sie nicht besonders darauf achteten. Doch alle Zeugen behaupten, Napoleon habe einen »ausländischen«, und nicht einen regionalen Akzent gehabt.

Die ersten Aufnahmen von Reden französischer Politiker haben mich immer durch einen Tonfall frappiert, der heute verschwunden ist: eine fast bäuerische Rauheit der Aussprache, etwas zugleich Holpriges und Meckerndes in der Lautbildung, was ihren Reden einen seltsam barschen und irrealen Ton verleiht, als kämen ihre Stimmen von jenseits des Grabes. Man könnte diesen bizarren Effekt der schlechten Qualität der Aufnahmen zuschreiben; aber ich glaube eher, daß dieser Effekt einer Übertretung entspringt, dem Gefühl, man sei widerrechtlich in ein verbotenes Gebiet eingedrungen. Anders als bei der Betrachtung eines Porträts spürt man beim Abhören einer toten Stimme ein Unbehagen.

Jedenfalls war die Stimme Napoleons der damals dreizehnjährigen Tochter der Familie Balcombe aufgefallen. Den Pavillon, in dem sie mit ihren Puppen gespielt hatte, sollte der Kaiser nun drei Monate lang bewohnen. Die Begegnung mit dem »Ungeheuer« am Nachmittag des 18. Oktober hat das Leben der Kleinen für immer geprägt. »Er stieg vom Pferd vor unserer Haustür, wo wir bereitstanden, um ihn zu begrüßen (...) Er war leichenblaß. Indessen erschienen mir seine Züge trotz ihrer Kälte, ihrer Gefühllosigkeit und einer gewissen Härte von großer Schönheit.« Das Mädchen fährt fort: »Sobald er zu sprechen begann, zerstreuten sein gewinnendes Lächeln und sein sanftes Benehmen meine Ängste.«

Was war wohl das Geheimnis dieser Sprechweise, die es vermochte, augenblicklich die Furcht eines kleinen Mädchens zu beschwichtigen? In ihrer kindlichen Unschuld begriff Betsy Balcombe besser als alle anderen, worin Napoleons Zauber bestand: »Während der Unterhaltung ließ ich sein Gesicht nicht aus den Augen. Ich habe nie etwas Interessanteres gesehen. Auf mehreren Porträts ist Napoleon recht getreu dargestellt, aber was kein Pinsel wiederzugeben vermochte, ist dieses Lächeln und der Ausdruck seines Blicks: eben das, was ihn so unwiderstehlich machte.«

»Wenn er lächelte, verwandelte seine Physiognomie sich aufs angenehmste«, notiert Captain Maitland, der den Gefangenen drei Monate zuvor auf der *Bellerophon* in Empfang genommen hatte. Ein Matrose, der Seekadett George Home, der Napoleon häufig auf Deck gesehen hatte, schwärmt: »Sein Lächeln ist von unsagbarer Schönheit.« Méneval, der Privatsekretär, erklärt: »Seine Züge erstrahlten im liebenswürdigsten Lächeln.« Auch Chateaubriand war bei seiner ersten Begegnung mit Napoleon 1802 davon höchlichst beeindruckt: »Sein Lächeln war zärtlich und schön.«

Dieses Lächeln und diese Stimme haben schon immer meine Neugier erregt. Sie sagen mehr über ihn aus als alle Schilderungen. Ein Geheimnis, das nie jemand lüften wird. Die Unfähigkeit der Geschichtsschreibung, die alles Geschehen zu einem flüchtigen und trügerischen Schauspiel macht, ist mir nicht unlieb. Nichts kann das verfälschen, was sich nicht wiedergeben läßt und nur den Zeitzeugen bekannt war. Niemals wird man dieses Lächeln rekonstruieren oder sich vorstellen können. Es war »zärtlich und schön«, das ist alles. Napoleons Lächeln bleibt ein wohlgehütetes Geheimnis. Wer vermag diesen Ausdruck festzuhalten, der durch eine unmerkliche Bewegung von Mund und Augen entstand, dieses Aufleuchten, das plötzlich ein Gesicht verwandelt. Dieses »unfaßbare« Phänomen hat Napoleons Zeitgenossen immer Rätsel aufgegeben. Das Gesicht, das wir von den Porträts der Maler David, Gros oder Gérard kennen, ist nicht wirklichkeitsgetreu: »Keiner der Kupferstiche, die ich gesehen habe, gleicht ihm wirklich ganz; die meisten gleichen ihm überhaupt nicht«, sagte der deutsche Dichter Kotzebue, nachdem er Napoleon 1804 zum ersten Mal gesehen hatte. »Es existiert von diesem Mann kein vollständig ähnliches Porträt«, bemerkt sein Jugendgefährte Bourrienne, der später sein Sekretär wurde. Auf Sankt Helena wundert sich Captain Basil Hall, der ihn 1817 dort kennenlernte, über den »großen Unterschied zwischen dem Mann und den Porträts und Büsten, die von ihm existieren«.

Michelet, der den Kaiser 1815 zum ersten Mal sieht, behauptet, es gebe von Napoleon nur zwei getreue Porträts, die von Houdon (1800) angefertigte Büste, »verschlossen, unnahbar, düster, gleich einer rätselhaften Drohung«, und ein Gemälde von David, das ihn stehend in seinem Arbeitszimmer zeigt, »ohne Wimpern, ohne Brauen, spärliches Haar von bräunlicher Farbe (...), die Augen grau wie stumpfes Fensterglas«.

Diese Unähnlichkeit hat sich während seiner letzten Regierungsjahre noch verstärkt. Der auffallende Unterschied zwischen den Porträts ist verwirrend. Auf diesem unmöglich wiederzugebenden Gesichtsausdruck beruht vermutlich sein Zauber.

Das Mysterium von Lächeln und Stimme geht bereits wie ein Gespenst in *The Briars* um, dem ersten Ort der Meditation über die Tyrannei der Zeit. In diesem Haus, seinem letzten freundlichen und friedlichen Refugium, nimmt der Besiegte das mühselige Hin und Her zwischen Gegenwart und Vergangenheit wieder auf, das er mit Las Cases bereits auf der *Northumberland* begonnen hatte. Gestern und heute, längst und unlängst, stets aufs neue wiedergekäut. Die quälende Zeitmaschine setzt sich in Bewegung. Auf dem Schiff, das Kurs auf Sankt Helena nimmt, fragt Napoleon eines Tages Las Cases: »Was werden wir an diesem gottverlassenen Ort tun können?« »Sire, wir werden von der Vergangenheit leben.«

In diesem Moment hat der Gefangene eine Erleuchtung. Der Mann, der nach dem Gemetzel von Eylau mit aller Kraft zu vergessen sucht, indem er in Schloß Finkenstein, wohin er sich zurückgezogen hat, mehr als dreihundert Briefe schreibt, ruft aus: »Ja, wir werden arbeiten müssen; auch die Arbeit ist eine Sense zum Niedermähen der Zeit.« Las Cases sieht bereits, welchen Gewinn er aus dieser Aktivierung des Gedächtnisses wird ziehen können. Um jede Eifersüchtelei zu vermeiden, wird der Kaiser jedem seiner Gefährten eine Episode seines Lebens zuteilen. Am 28. Oktober verkündet er es seiner Begleitung: Bertrand ist für Ägypten zuständig, Gourgaud für die Ereignisse von 1814, die Rückkehr von der Insel Elba, Las Cases für die Feldzüge des Ersten Konsuls, Montholon für die Kriege des Kaisers.

Verweilen wir ein wenig bei diesen Männern, die dem Verbannten ins Exil gefolgt sind. Der Graf Emmanuel de Las Cases, 49 Jahre, einstiger Emigrant, 1802 nach Frankreich zurückgekehrt, 1809 zum Kammerherrn ernannt, dann Mitglied des Staatsrats. In *The Briars* wurde er zum liebsten Gefährten Napoleons, der ihn stets um sich haben wollte. Der General und Baron Gaspard Gourgaud, 32 Jahre, 1811 zum Ordonanzoffizier des Kaisers ernannt, ist seinem Herrn treu ergeben. Er erzählt jedem, der es hören will, daß er Napoleon anno 1814 bei Brienne das Leben gerettet habe. Er haßt Las Cases. Graf Henri-Gatien Bertrand, 42 Jahre, kaiserlicher Hofmarschall, ist ein zurückhaltender Mensch. Seine Loyalität, seine Treue machen ihn zum edelsten Charakter dieser Suite. Seine Frau Fanny, geborene Dillon, deren Familie mit der Familie der Kaiserin Joséphine verwandt ist, folgte ihm mit den Kindern. Ein harmonisches Ehepaar. Die »große Fanny«, schillernd, pikant, ist eine hinreißende Frau. Bertrand spielte bei Wagram eine entscheidende Rolle, indem er gewaltige Brücken zur Insel Lobau errichten ließ. Er ist der einzige Mensch, den der

Kaiser vor seinem Sturz wirklich gekannt hat. Charles Tristan de Montholon, 32 Jahre, Diplomat, eine zwielichtige Persönlichkeit, war 1814 wegen Unterschlagung öffentlicher Gelder angeklagt worden. Er ruinierte seine Karriere durch die Ehe mit Albine de Vassal, die ihn nach Sankt Helena begleitete. Diese bezaubernde Frau, drei Jahre älter als Montholon, war bereits zweimal verheiratet und hatte ein allzu freies Leben geführt.

Unter den Domestiken, denen es gestattet worden war, den Gefangenen zu begleiten, ist Louis Marchand, der erste Kammerdiener, am interessantesten. Seine Ergebenheit, seine Sorge um den gestürzten Herrscher werden dazu beitragen, die Trostlosigkeit und die Härten des Exils zu mildern. Ihm zur Seite steht Ali, auch genannt »der Mameluk«, mit wirklichem Namen Louis-Etienne Saint-Denis. Ali, der ein ausgezeichnetes Gedächtnis und eine hinlängliche Bildung besitzt, wird die Funktion des Bibliothekars übernehmen und allen Zeugen der Gefangenschaft als Schreiber dienen. Seine Erinnerungen sind 1926 erschienen, aber viele seiner Schriften sind noch unveröffentlicht. Man glaubt, nahezu alles über die Gefangenschaft Napoleons zu wissen, doch die Notizen des getreuen Ali, der über ein erstaunliches visuelles Gedächtnis verfügte, könnten noch einiges Unbekanntes bergen.

Warum waren diese Männer willens gewesen, dem gestürzten Souverän ins Exil zu folgen? Geldgier, Ergebenheit, Bewunderung erklären wohl zum Teil ihren Entschluß. Gewiß, Napoleon verfügte über beträchtliche Mittel in Europa. Die Eheleute Montholon nähren die Hoffnung, der Gefangene werde ihnen seine Dankbarkeit beweisen. Für Las Cases gelten vor allem literarische Beweggründe. Gourgaud ist zwar selbstlos, würde aber die großzügigen Geschenke, die ihm zuteil werden könnten, nicht zurückweisen. Der redliche Bertrand mag seinem Kaiser zutiefst verbunden sein, erwartet aber, desungeachtet, für seine Treue belohnt zu werden; allerdings ist diese Motivation bei ihm nicht entscheidend. Das Verhalten der Domestiken scheint uneigennütziger gewesen zu sein, vor allem was Marchand und Ali betrifft, diesen Mustern an Opferbereitschaft.

Alle diese Motive genügen nicht, um den Hauptgrund zu erklären: das Ungewisse, Abenteuerliche einer völlig unerhörten Situation. Diese Franzosen, die bereit waren, ihre Heimat zu verlassen und einem Verbannten zu folgen, wissen nicht, welches Los ihnen selbst bevorsteht. Die Verlockung der Ungewißheit siegt über die zweideutige Haltung der einen, und die Unbedachtheit der anderen, zumal sie sich alle mehr oder weniger bewußt sind, an der Legendenbildung mitzuwirken. Aber 1815 ist das Epos noch nicht zur Legende gediehen. Der Mann, den sie begleiten, ist der Schuldige am Desaster von Waterloo. Er wird als eine Art Condottiere betrachtet, dem es einzig um den eigenen Ruhm geht.

6

Das zweite Zimmer von *The Briars* enthält eine Reihe von Stichen, die Gilbert Martineau gesammelt hat. Es sind Lithographien und Originalzeichnungen, die mit dem Exil auf Sankt Helena zu tun haben. Bei genauerer Betrachtung eines Drucks aus der Zeit stelle ich fest, daß die Gegend sich kaum verändert hat. Gewiß, das Haus der Familie Balcombe ist verschwunden, aber das kleine Tal ist beinah unberührt geblieben. Heute weiden hier Schafe. Kabel und Leitungen liegen in wirrem Durcheinander auf dem Boden. Es sieht aus wie eine verlassene Baustelle. Die britische Telefon- und Telegrafengesellschaft Cable and Wireless, Nachfolgerin der Eastern Telegraph Company, hat in diesem Teil des Besitzes der Balcombes ihre Lager eingerichtet. Lange Zeit diente der Pavillon des Kaisers dem Firmenchef als Dienstwohnung.

Um sich die Zeit zu vertreiben, haben die Angestellten der Telefongesellschaft auf der Anhöhe von *The Briars* eine Kneipe geschaffen, den *Exiles Club*. Um diese Tageszeit ist der Club der Exilanten geschlossen. Ich spähe durch die Scheibe: Kerzen, die in Flaschen stecken, ein Billard, ein Wurfspiel, Kegel, die Reproduktion eines seltsamen Kupferstichs aus der Reanissance. Er stellt einen Greis dar, der sich auf eine Sense stützt und ein Kind verschlingt. Ich nehme an, es handelt sich um Saturn. Saturn, Sinnbild der Melancholie, düstere und einsame Gottheit, vom Thron gestürzt und an den Rand der Erde verbannt … Wer ist auf die Idee gekommen, diese Gravüre an die Wand zu hängen? Rechts und links von Saturn zwei Sternzeichen, Stier und Steinbock. Ich hätte mir die Szene gern genauer angesehen, aber die Tür des *Exiles Club* ist mit einem Vorhängeschloß gesichert. Der Wind jault leise durch die Bretter der Veranda. Im Vergleich zu dieser Bruchbude wirkt Napoleons kleines Haus geradezu ansprechend.

Der *Exiles Club* verströmt Melancholie, etwas Feuchtes und Schlaffes, die betäubende Ausdünstung des Schimmligen, den säuerlichen Mief nach Staub, alles, was die Fixierung auf die Vergangenheit bedeutet, die Monotonie der Erinnerungen, die Nachlässigkeit, die Trägheit. Und den Tod. Dennoch fühlt man sich wahrscheinlich wohl im *Exiles Club*. Ist Kargheit der Ausstattung nicht ein Zeichen für den Primat der Phantasie? Ein gutes Bier und das rätselhafte Bild des Saturn an der Wand, mehr bedarf es nicht, um an das ferne England zu denken. Das Exil ist eine Spezialität von Sankt Helena. Die Insel hat nicht erst auf Napoleon gewartet, um die so besondere Kunst der Sicherheitsverwahrung zu erfinden. Schon 1502 haben die Portugiesen diesen kahlen Felsen als geeigneten Ort für Verbannung und Deportation entdeckt.

Der erste Bewohner war Fernando Lopez, ein Renegat, der 1513 allein auf der Insel ausgesetzt wurde. Er kam aus Goa, wo der Gouverneur ihm die rechte Hand und den Daumen der linken hatte abhacken lassen. Lopez hatte sich nicht nur in den Dienst eines moslemischen Despoten gestellt, er war auch zum Islam übergetreten. Lange Zeit haben die Portugiesen die Lage von Sankt Helena auf den Seekarten absichtlich gefälscht. Die Entdeckung und Inbesitznahme der Insel waren einhergegangen mit Verschweigen, Verstecken und Verheimlichen.

Sankt Helena, das seit seiner Entdeckung als »präkludiert« erklärt worden war, wird abseits gehalten, *relegiert*. Genau diesen Ausdruck verwendet Las Cases, als er sich in *The Briars* befindet: »Indem man uns ans Ende der Welt *relegiert*, Entbehrung, Quälereien, Mangel an allem und jedem aussetzt, wollten sie (die englischen Minister) uns den Kelch bis zur Neige leeren lassen.« Und weiter: »Sankt Helena ist ein wahres Sibirien; nur daß statt der Kälte die Hitze herrscht. Und statt der Weite die Enge.«

Dieser Vergleich ist wenig hilfreich, will man das undefinierbare Klima auf Sankt Helena beschreiben. Was Las Cases jedoch sehr wohl erfaßte, ist seine Ambivalenz. Mit ihren Mangobäumen und Kakteen präsentiert sich die Vegetation von *The Briars* aufs angenehmste und scheint dem zu entsprechen, was man sich von einer tropischen Insel erwartet.

Während der zwei Monate seines Aufenthalts bei den Balcombes genießt Napoleon die Kühle des Tals. Täglich geht er spazieren. Es bleibt ihm nichts anderes übrig. Der Pavillon ist so klein, daß er ins Freie treten muß, während Marchand das einzige Zimmer in Ordnung bringt. Es dient zugleich als Schlafzimmer, Arbeitsraum und Eßzimmer. Auf seinen Spaziergängen im Garten der Balcombes unterhält er sich manchmal mit dem Sklaven Toby, einem Malaien, der von einer englischen Schiffsmannschaft entführt und nach Sankt Helena verkauft worden war. »Dieser arme Toby ist ein Mensch, den man seiner Familie, seinem Land und sich selber geraubt hat«, entrüstet sich Napoleon. Er scheint sich nicht daran zu erinnern, daß er 1802 die Sklaverei, die vom Konvent abgeschafft worden war, wieder eingeführt hat. »Man hat ein schreckliches Verbrechen begangen, ihn hier unter dem Joch der Sklaverei sterben zu lassen.«

Las Cases, der die Szene schildert, beschreibt sodann die kuriose Reaktion Napoleons. »Aber ich lese in Ihren Augen. Sie denken, er sei nicht der einzige Mensch in dieser Lage auf Sankt Helena.« Der Verbannte ärgert sich, weil er mit dem Sklaven verglichen wird. Und er erklärt: »Mein Lieber, hier dürfte nicht der mindeste Zusammenhang bestehen (...) Man hat uns keinerlei körperliche Leiden zugefügt, und hätte man es versucht, wir wären Manns genug, unsere Tyrannen auszumanövrieren! ... Unsere Lage bietet auch Vorteile. Die ganze Welt blickt auf uns! Wir werden auf ewig die Märtyrer einer unsterblichen Sache bleiben! ...«

Als Napoleon am 31. Juli 1815 seine Deportation nach Sankt Helena mitgeteilt wurde, hat er sich da bei dem Gedanken an das Prestige getröstet, das ihm sein Unglück verschaffen würde? Später wird er sagen: »Nur das Mißgeschick fehlte noch zu meinem Ruhm. Ich habe die Kaiserkrone Frankreichs getragen, die eiserne Krone Italiens; und nun hat England mir eine weitere, noch größere und glorreichere verliehen – die, welche der Erlöser der Welt trug –, eine Dornenkrone.«

Die Diktate helfen über die Langeweile hinweg, dienen aber vor allem der Legendenbildung. Gourgaud arbeitet über den 18. Brumaire. Las Cases zeichnet den Italienfeldzug auf. Die Kraft, die von diesem Redefluß, dieser Fixierung auf die Vergangenheit ausgeht, bewegt einen Mechanismus, der sich um seine eigene Achse dreht. In *The Briars* ist dieser Kreislauf bereits am Werk. Jedem seine Portion Chronistenarbeit! Man kann sie von Tag zu Tag verfolgen, wenn man die Zeugnisse liest: Der Kaiser durchlebt furchtbare Stunden, sobald er aufhört, vor sich hin zu reden. Er ist die Transmissionswelle. Die rotierende Achse darf nie stillstehen. Er muß sprechen, seine Beredsamkeit unter Beweis stellen. Wörter, Monologe. Parlieren, sich erinnern. Bis zum Tod.

Auf der *Northumberland* hatte Las Cases diesen Mechanismus des Wiederkäuens gut beobachtet. Napoleon hatte in der Tat von jeher Schwierigkeiten gehabt *anzufangen*: »Er schien sich selbst zu mißtrauen, sagte, er werde nie zur Sache kommen können; dann träumte er ein paar Minuten vor sich hin, erhob sich, ging auf und ab und begann zu diktieren. Von diesem Moment an war er ein anderer Mensch; alles lief wie von selbst, er redete wie ein Buch; Ausdrücke, Orte, Daten flossen ihm ohne Stocken von den Lippen.«

Seine Suada enthält kaum Bilder, Farben, Eindrücke. Die Erinnerungen kennen keine Zwischentöne, nur Schwarz oder Weiß. Sein Interesse gilt nicht den Orten, nur der Zeit. Die Wiederholung ist ein wichtiges Element der Napoleonischen Gedankenwälzerei. Aber zuerst muß er zum Kern der Sache vorstoßen. Danach setzt sich alles in Bewegung. »Wenn er bei der dominierenden Idee angelangt war, und jeder Tag hatte eine eigene, sprudelte es aus ihm heraus«, konstatierte Baron Fain.

Napoleon fertigte Serien an wie ein Maler, der sich dauernd selbst kopiert. »Dieses Verfahren findet sich in all seinen Briefen und in all seinen Gesprächen.« Baron Fain hatte den Eindruck, immer wieder dieselbe Note zu hören: »Die angeschlagene Saite wiederholte sofort denselben Ton mit bemerkenswerter Genauigkeit.« Wenn sich im Verlauf dieser Erinnerungsarbeit gelegentlich Zeit und Raum ineinanderschieben, treten die erstaunlichsten Bilder zutage, wie das Bild dieses Hundes am Abend einer Schlacht während des Italienfeldzugs:

»Im Schein des Vollmonds und in der tiefen Stille der Nacht sprang plötzlich ein Hund unter der Kleidung eines Gefallenen hervor, stürzte auf uns zu und verkroch sich fast sofort wieder an seinem Platz, wobei er herzzerreißend winselte; bald leckte er das Gesicht seines Herrn, dann stürzte er wieder auf uns zu, es war, als wollte er zugleich Hilfe holen und Rache nehmen.« Und dann machte Napoleon diese erstaunliche Bemerkung: »Niemals, auf keinem meiner Schlachtfelder, hat irgend etwas mir einen solchen Eindruck gemacht.«

Man vergleiche die Indifferenz des Kriegsherrn gegenüber seinen Soldaten mit dieser Gefühlsduselei wegen eines Hundes, der auf einem Leichenfeld umherirrt und man beachte auch das besitzanzeigende Fürwort: *meine* Schlachtfelder, das bedeutet, daß er dieses Feld, auf dem geschlachtet wird, als seinen ausschließlichen Besitz nach eigenem Gutdünken genützt und genossen hat. Er macht das überraschende Geständnis: »Ungerührt hatte ich Schlachten befohlen, die über das Schicksal der Armee entscheiden sollten; ich habe trockenen Auges Truppenbewegungen verfolgt, die zum Verlust einer großen Zahl der Unsrigen führen mußten; und hier war ich gerührt, ergriffen angesichts des Jammers und des Schmerzes eines Hundes.« Bemerkenswert auch das »trockenen Auges«, ein Eingeständnis unverhüllter Gleichgültigkeit.

Viele Gefühle und Reflexionen sind bei ihm mit dem Sehen verbunden, mit dem Blick. Dieser Hund ist buchstäblich ein *Gesicht*, das einen Sinn hat. Alles, was er erlebt, muß einen Sinn haben. Die Perioden der Melancholie und des Leidens entstehen aus der Schwierigkeit, ja, der Unmöglichkeit, dem, was geschehen ist, Bedeutung zu verleihen. Er leidet, wenn er Gourgaud das Kapitel »Waterloo« diktiert. Er kann die Gründe für seine Niederlage nicht begreifen. Der Besiegte arbeitet immer wieder aufs neue den Schlachtplan aus, sucht nach Zeichen, nach Indizien, nach Fehlern, die sich aber seinem Verständnis stets entziehen. Er erinnert an Kutusow aus *Krieg und Frieden*, der geschworen hat, Moskau nie zu verlassen, und sich eines schönen Tages fern von der Hauptstadt wiederfindet ... Wie konnte das geschehen? Eine quälende Frage: »Wann ist die Entscheidung gefallen, Moskau aufzugeben? Wo steckt der Fehler, der die Aufgabe Moskaus unvermeidlich machte? Wann genau habe ich ihn begangen?« Und Kutusow wird klar, daß es eine unmerkliche, natürliche Entwicklung war. Er, der glaubte, die Ereignisse zu steuern, sieht ein, daß er ihr Werkzeug gewesen ist. Napoleon ist noch nicht zu dieser Einsicht gelangt. Vor der Entwicklung, dem Verlauf der Dinge hat er einen Horror, weil sie keinen Sinn ergeben.

Zwischen seiner Übergabe vor der Insel Aix (15. Juli 1815) und der Ankündigung seiner Verbannung nach Sankt Helena (31. Juli) kommt es vor, daß er zusammenhanglose Reden führt und ein unerklärliches Verhalten an den Tag legt. Er ist verstört. Nicht sehr lange. Die eindeutige und unerbittliche Entscheidung der Engländer, die ihn auf einen gottverlassenen Felsen mitten im Atlantik aussetzt, gibt ihm seine legendäre, blitzschnell arbeitende Intelligenz zurück. Die berühmte Napoleonische Urteilskraft, die Fähigkeit, die Dinge auseinanderzuhalten, das Wahre vom Falschen zu unterscheiden, das Imaginäre vom Realen, das Besondere vom Allgemeinen. Er beschämt seine Richter. Kein Wort der Klage. Die Proteste, die Einsprüche überläßt er Bertrand und Montholon. Der Kriegsherr befiehlt, die

Soldaten führen die Befehle aus. Ihnen obliegt es, den Engländern seine Mißgeschicke zu erklären. Las Cases, sie für die Nachwelt festzuhalten. In dem lapidaren Stil der Bulletins der Italienarmee wird Napoleon auf *The Briars* sagen: »Ich befehle oder ich schweige.«

Schon sieht man diese rätselhaften Anwandlungen von Niedergeschlagenheit aufkeimen. Der Kaiser zieht gegen sich selbst zu Felde. Er bleibt in seinem Schlafzimmer und will niemanden sehen (23. und 24. November 1815). Für diese Perioden der Depression findet sich bei keinem der Augenzeugen irgendeine Erklärung. Las Cases spricht zwar von »Degout«, aber er macht dafür zu seiner Beruhigung den schlechten Gesundheitszustand des Gefangenen verantwortlich. »Er verfügt keineswegs, wie man annahm, über eine eiserne Konstitution, er verfügt nur über eine eiserne Moral.« Aber der Chronist äußert sich nicht über diese Moral.

Kaum vorstellbar, aber wahr: Dieser Schlachtengott, der Juppiter tonans und Schrecken ganz Europas spielt für Betsy den Clown, um die Kleine zu unterhalten, und amüsiert sich damit, ihr Angst einzujagen. Er schreckt nicht davor zurück, sich die Haare zu raufen, gräßliche Grimassen zu schneiden, wie ein Löwe zu brüllen. Er diskutiert mit dem Kind wie mit seinesgleichen, über Themen wie die Pest von Jaffa oder die Einnahme von Moskau – über diese Stadt sagt er vergnügt zu ihr: »*Ich* habe sie in Brand gesteckt.« Der Eroberer der Pyramiden findet es köstlich, daß die kleine Engländerin ihm den Säbel entreißt und ihn damit sticht. Sie verbrennt ihm die Finger mit heißem Wachs, singt ihm eine Romanze vor, die den Tod des Herzogs von Enghien beklagt, nennt ihn einen »Frosch-Fresser«. Er ist glücklich, amüsiert, gerührt. Er spielt mit ihr Blindekuh, zuckt nicht mit der Wimper, wenn sie ihm die boshaften englischen Karikaturen des »Ogers« zeigt.

Aber diese Zerstreuungen haben ein Ende. Napoleon fühlt sich immer mehr beengt in seiner »elenden Hütte«. Er erwartet ungeduldig den Umzug nach Longwood.

Las Cases, der die künftige Residenz des Kaisers besichtigt hat, ist außer sich. »Sire, wir sind hier in einem Käfig. Dort werden wir in einem Pferch sein.«

Der Aufseher von *The Briars* besteht darauf, mir ein von Termiten zerfressenes Brett zu zeigen. Auf der einen Seite scheint das Holz intakt zu sein; der Mann drückt es mir energisch in die Hand. Es fühlt sich an wie Kork: Die Rückseite ist dermaßen zernagt, daß das Brett unter dem Griff meiner Hand zu Staub zerfällt. Der Aufseher erzählt, daß in Jamestown zwei Polizisten unter einer Lärche plauderten. Einer von ihnen lehnte sich an den Stamm, der plötzlich nachgab und umfiel. Die Termiten hatten ihn ausgehöhlt.

Sollte die Zeit, diese langsame nächtliche Auszehrung, die Folter von Sankt Helena sein? Unter der unbewegten Oberfläche der Dinge rumort es dumpf, und dieses Rumoren zerfrißt alles, den Fels, die Vegetation, die Energie des Menschen.

Ich kenne dieses Geräusch. Es klingt wie die Brandung des Ozeans. Diese vage und bedrohliche Erscheinung ist nichts anderes als das Abschnurren der Zeit, die Fermentierung der Erinnerung, ein quälender dumpfer Laut, der die Phantasie durcheinanderbringt. Diese Verstörung, die den Inselbewohnern, den Eingeschlossenen von jeher bekannt ist, erzeugt einen tiefen Widerhall. Die Wolken jagen dahin, das Meer donnert, die Klage, die in den Ohren dröhnt, verstummt niemals. Der Verstand trübt sich bei dem Versuch, von dem Singsang loszukommen, der ihn bedrängt wie eine fixe Idee.

Zweiter Tag

Im Consulate – Zwei Engländerinnen treten auf – Die vier Evangelisten – Das Unnennbare – Erster Blick auf Longwood – Phantasmagorie – Ein Spukhaus – Ein Eindruck von Giftigem, Leblosem – Marchands Aquarell – Sturmhöhe – Die gerunzelte Stirn des Konsuls – »Ein Kuhstall« – Der Geruch der Gefangenschaft – Eine Kelleratmosphäre – Die Bäder des Gefangenen – Das Schiff des Theseus – Die Kratzer auf dem Globus – Der Marengo-Mantel – Die Löcher in den Fensterläden – Die Spielkarten im Bratrohr – »Eine Art Schimmel«.

I

Meine erste Nacht auf Sankt Helena. Der Konsul hat mir in einem kleinen Haus hoch über der Market Street eine Unterkunft besorgt. Market Street ist die Verlängerung der Hauptader von Jamestown. An dieser steilen Straße stehen einige Gebäude, die religiösen Zwecken dienen, die Bethäuser der Baptisten, Adventisten und Anglikaner. Sie ist eine jener unbelebten tropischen Straßen, die durch die Sonne und den Gleichmut ihrer Bewohner verkümmert sind, keineswegs schmutzig, im Gegenteil sehr sauber. Daher diese sterile Trübsinnigkeit, die keine Empfindung auslöst, es sei denn eine vage Langeweile.

In der Mitte des Stadtplatzes lassen zwei bengalische Feigenbäume ihre Luftwurzeln baumeln. Die Stämme tragen vernarbte Einschnitte. Es sind Spuren der Nägel, die man zu Zeiten der Sklavenmärkte bei Versteigerungen eingeschlagen hatte.

Ich bewohne ein Zimmer, das auf das Hintergärtchen hinausgeht. Gewöhnlich steigen die wenigen Touristen, die von der RMS *St. Helena* an Land gehen, im Wellington oder im Consulate an der Hauptstraße von Jamestown ab. Das Consulate ist ein im georgianischen Stil errichtetes Gebäude, dessen längst von den Termiten verwüstete Veranda durch Eisenbahnschienen abgestützt ist. Die Bar des Consulate ist der einzige belebte Ort der Insel. Gestern abend konnte ich der Versuchung, hier ein Glas zu trinken, nicht widerstehen. Als der Kellner erfuhr, daß ich Franzose bin, wollte er mich mit seinem Chef bekannt machen.

»Warum nennt Ihr Haus sich Consulate? Ist das eine Anspielung auf Napoleon?«

»Napoleon ... Ich verstehe nicht ...«

»Vielleicht soll der Name an Napoleons Konsulat erinnern.«

»Konsulat! Verstehe ich nicht. Napoleon war Kaiser, kein Diplomat. Übrigens habe nicht ich dieses Hotel so getauft.«

Es war klar, daß er noch nie etwas vom Ersten Konsul gehört hatte.* Ich unterließ es, ihm zu erklären, daß die Engländer dem Gefangenen auf Sankt Helena den Titel eines Kaisers aberkannt und ihn nur Bonaparte genannt hatten. War der Name des Hotels die letzte Spur der Demütigungen, die man dem Besiegten von Waterloo zugefügt hatte? Ich stelle mir vor, daß jeder Franzose, der Sankt Helena besucht, genüßlich nach den geringsten Anzeichen britischer Perfidie Ausschau hält. In diesem Spiel, dessen Regeln wir selbst festgelegt haben, fühlen wir uns gern in der Rolle der unschuldigen Opfer.

Die Miene des Wirts hatte sich plötzlich verfinstert. Vielleicht glaubt er, ich litte wie alle französischen Pilger an Verfolgungswahn. Zum Glück kam eine alte Engländerin herein, die ich auf der Überfahrt kennengelernt hatte, und lenkte seine Aufmerksamkeit von mir ab. Sie war mir auf dem Schiff durch ihr herrisches Auftreten und ihr einnehmendes Lächeln aufgefallen. Ich hatte auch ihre Begleiterin kennengelernt, die typische farblose und komische alte Jungfer, wie man sie in den Romanen Jane Austens findet. Sie hatten sich einen Spaß daraus gemacht, die anderen Passagiere durchzuhecheln; sie becherten tüchtig und kicherten wie Schulmädchen.

* Ehe das Haus zum Hotel mit Bar wurde, hatte es der Firma Solomon als Bürohaus gedient. Der Chef der Firma war Ende des 19. Jahrhunderts Honorarkonsul von einem Dutzend Länder gewesen, darunter auch Frankreich – daher der Name Consulate.

»Was für ein gräßliches Nest, finden Sie nicht? Auf dem Schiff war es lustiger.«

Anders als ihre Landsleute, die ganz versessen sind auf Gesellschaftsspiele, nahmen sie weder am Scrabble noch am Bingo teil. Dafür waren sie stets als erste zur Stelle, wenn die Bar öffnete. Jetzt, da alle Passagiere sich über die Insel verstreut hatten, langweilten sie sich.

»Wie weit sind Sie mit Ihrem Napoleon gekommen?«

Ich antwortete, daß ich mit meinen Nachforschungen am Anfang stünde und die Sache erst morgen mit dem Besuch von Longwood richtig losgehen werde. Auf dem Schiff war sie emsig bestrebt gewesen, mich mit Napoleon aufzuziehen. Ich lieh ihr die französische Übersetzung des Buches von Lord Rosebery, *The Last Phase*, und lobte die Scharfsicht des Autors, der zur Zeit der Niederschrift seines Werkes nichts von den Aussagen Alis und vor allem Bertrands wußte. Auch ihre Begleiterin hat das Buch in der Hand gehabt, sich aber nicht darüber geäußert. Was meine despotische Freundin vor allem interessierte, war Napoleons Liebesleben auf Sankt Helena. Ich sagte ihr mehrmals, daß der Kaiser laut Zeugenaussagen enthaltsam gelebt habe, daß allerdings gewisse Zweifel bestünden, was seine Beziehung zu Madame Montholon betreffe – und im übrigen habe sie selbst feststellen können, daß Lord Rosebery sich taktvollerweise nicht über diesen Punkt verbreitet habe.

»Aber diese Frage hat nichts mit Takt oder Taktlosigkeit zu tun«, rief sie aus.

»Napoleon hat doch selbst zugegeben, kein großer Liebhaber gewesen zu sein.«

»Was wissen Sie darüber?«

Warum fühlte ich mich verpflichtet, ihr ein paar Beweise zu liefern? Ich zitierte Gourgaud, zu dem Napoleon mit einem Seufzer gesagt haben soll: »Pah! Die Frauen … Wenn man nicht an sie denkt, braucht man sie nicht.« Das genügte ihr nicht. Ich mußte weitere Indizien anführen. Sie hatte meinen Ehrgeiz geweckt und ich biß an. Zudem dachte ich, daß ich mit diesen Recherchen die Geschicklichkeit testen könnte, mit der ich den helenianischen »Dschungel« durchforsten würde.

Der Historiker Jean Tulard behauptet, der Napoleonkult habe vier Evangelisten: Las Cases, Gourgaud, Montholon und Bertrand. Dazu kommen die Erinnerungen der Ärzte (O'Meara, Antonmarchi) oder der Domestiken (Marchand, Ali), ganz zu schweigen von der Fülle der Beiträge englischer Beamter oder gelegentlicher Besucher.

Man sollte meinen, nach hundertachtzig Jahren, die seit den Geschehnissen vergangen sind, müßten sämtliche Zeugnisse aus erster Hand bekannt sein. Irrtum. Diese Periode hält noch viele Überraschungen bereit, wie das 1968 veröffentlichte Tagebuch von Major Gorrequer, Hudson Lowes Adjutant, beweist. Seine Aufzeichnungen werfen ein noch kruderes Licht auf die Person des finsteren Kerkermeisters Napoleons. Bereits 1949 hatte die Herausgabe der *Cahiers* des Großmarschalls Bertrand Furore gemacht. Man fiel aus allen Wolken bei der Lektüre der stenographischen Notizen, die der nächste Vertraute des Kaisers in aller Heimlichkeit angefertigt hatte. Seit 1816 hatte Bertrand Tag für Tag das Leben des Gefangenen aufgezeichnet, wobei er sich eines komplizierten Systems von Zeichen und Kürzeln bediente, das praktisch nicht zu entziffern war. Durch große Geduld und Einfühlungskraft gelang es einem Gelehrten, Paul Floriot de Langle, schließlich doch. Die Zeugen von Longwood haben den Helden beschrieben, »nicht den Menschen«, wie Marie Bonaparte bemerkte. Die Psychoanalytikerin, Freundin Sigmund Freuds, begrüßte voller Begeisterung die gnadenlose Aufrichtigkeit der *Cahiers*.

In diesem Tagebuch, wo alles festgehalten ist – vom monatlichen Konsum an Bordeauxwein bis zu den Aufenthalten dort, wo selbst der Kaiser zu Fuß hingeht –, hatte ich die an seinen älteren Bruder gerichtete Bemerkung Napoleons wiedergefunden, die meiner Engländerin so sehr zu schaffen machte: »Ich sagte zu Joseph: ›Sie wollen immer nur genießen, ich will denken und niemals genießen (...) Sie lieben die Frauen. Ich denke kaum an sie.‹«

Hatte ich die Dame überzeugt? Und wenn, wovon? Was war Bedeutendes oder sogar Entscheidendes an der Schilderung dieser fünf Jahre? Im wesentlichen besteht sie aus Nichtigkeiten und Anekdoten, sogar Schlüpfrigkeiten. Bei aller Verachtung für derartige Details konnte ich mich doch nicht enthalten, mir eine kleine Blütenlese davon anzulegen, vor allem aus den Schriften Bertrands. Er notiert ungerührt die Avancen, die der Gefangene seiner eigenen Frau macht. (»Am 19. September 1819 macht der Kaiser Madame Bertrand eine Szene, worauf diese sich weinend entfernt.«) Nichts ist jemals eindeutig formuliert. Gerade die Auslassungen, das Unausgesprochene, die Geheimnisse bilden den faszinierendsten Teil der Zeugnisse. Das Unklare, das Unnennbare versperren für immer den Zugang zu den geheimen Türen von Longwood und seinen dunklen Korridoren.

»Vielleicht könnten wir zusammen nach Longwood gehen«, sagte die alte Engländerin mit ihrem energischen und dennoch charmanten Lächeln. »Es wäre schrecklich aufregend, mit Ihnen dieses Haus zu besichtigen!«

Wie sollte ich ihr beibringen, daß ich nicht die geringste Lust hatte, sie bei diesem ersten Besuch mitzuschleppen? Zum Glück legte ihre Begleiterin sich ins Mittel.

»Der Herr hat zu arbeiten ... Wir kommen nur als Touristen. Merkst du denn nicht, daß du ihn schon hinlänglich störst mit deinen Fragen über Bony?«

Ich protestierte schwach. Wir waren übereingekommen, gleich hier, im Consulate, unsere Eindrücke zu vergleichen. Die so farblos wirkende Begleiterin hatte den verächtlich wirkenden Spitznamen, Bony, benutzt. In der Nacht war ich in mein Quartier an der Market Street zurückgekehrt, einigermaßen erregt, auch ein wenig perplex. Was würde ich empfinden bei meinem ersten Besuch in Longwood, dessen düster klingender Name in mir stets wie das Echo einer Totenglocke gehallt hatte?

2

»Endlich haben wir *The Briars* verlassen und uns nach Longwood auf den Weg gemacht. Der Kaiser hat das Pferd bestiegen, das man für ihn vom Cap hatte herbringen lassen«, schreibt Las Cases unter dem Datum 10. Dezember 1815. Der Autor des *Mémorial* schildert diesen denkwürdigen Tag in beinah heiterem Ton. Nach seinem Bericht scheint Napoleon entzückt gewesen zu sein von der Veränderung. Und erleichtert, von *The Briars* fortzukommen. Las Cases vermeldet sogar: »Seine gute Laune war an jenem Tag besonders auffallend.«

Um von *The Briars* nach Longwood zu gelangen, mußten Napoleon und seine Begleitung wieder hinunter nach Jamestown. Sechs Kilometer trennten die Hauptstadt von der Endstation seiner Gefangenschaft. Die aus dem Basalt geschlagene Serpentinenstraße ist zunächst von Kakteen, Bougainvilleas und Aloen gesäumt, deren lange nackte Stengel auf die Schlacke herabhängen. Dann weicht das Gestrüpp den Fichten und Agaven. Auf halbem Weg zwischen Jamestown und Longwood empfiehlt es sich, die Jacken zuzuknöpfen: Die Landschaft wird vom Button Corner an plötzlich unfreundlicher, karger. Es öffnet sich ein mit spärlichem, gelblichem Gras bewachsenes Plateau. Ein paar Häuser, ein Spiel- und Picknickplatz, ein Park mit einer Steinmauer. Im Hintergrund Longwood …

Es ist etwas Unerklärliches an dieser Umgebung und vor allem an diesem Gebäude, das in nichts dem gleicht, was man sich unter einem Gefängnis, ja auch nur unter einem Wohnhaus vorstellt. Hatte ich nicht bereits zahlreiche Stiche und Fotos von Longwood gesehen? Und doch vermöchte keine Abbildung wiederzugeben, was ich in diesem Moment entdecke. Mich schaudert. Ein Haus, ein Gefängnis? Eher eine Erscheinung, eine Phantasmagorie. Nur selten habe ich einen so bedrückenden Ort zu Gesicht bekommen. Nicht unheimlich – vielmehr eine generelle und unheilbare Traurigkeit. Die Schönheit und Üppigkeit der Gärten stehen in krassem Gegensatz zu der Behausung, die einzig ist: ein ausgesprochenes Spukhaus. Äußerlich nüchtern, aber seelenlos. Der Eindruck von Giftigem, Leblosem. Man wird dagegenhalten, daß dieses Gefühl zwangsläufig durch die Erinnerungen ausgelöst werde, die ein solches Haus erfüllen. Die Phantasie habe es in den Inbegriff von Exil und Unglück verwandelt.

Sollte also Longwood, wenn man Geschichte und Legende vergäße, weiter nichts sein als eine banale Besitzung in tropischen Breiten? Das fünfhundert Meter hoch gelegene Plateau hat nichts gemein mit der übrigen Landschaft der Insel. Hier ist man weit weg von *The Briars*, dessen Lieblichkeit an die Kanarischen Inseln erinnert. Longwood ist eine Art Ouessant* des Südatlantiks. Himmel und Bäume sind hier niemals in Ruhe. Die Fichten, von stetigem Südostwind gepeitscht, krümmen sich alle nach der gleichen Seite. Die Kielspur des Passats gleicht jener gestrichelten Linie, mit der die Comics-Zeichner die Flugbahn eines Geschosses markieren.

* Insel mit Ort gleichen Namens vor der Westküste des Finistère. Die Gewässer um die Insel sind gefährlich für Schiffe und Menschen, was in der sprichwörtlichen Redensart zum Ausdruck kommt: Qui voit Ouessant, voit son sang (wer Ouessant sieht, sieht sein Blut). A. d. Ü.

Im Garten arbeiten zwei Männer, der eine in der Nähe eines Zinerarienbeets, der andere an einer Einfassung. Wie sollte man da nicht an ein Aquarell denken, das Marchand 1819 gemalt hat? Es liefert die exakteste Beschreibung vom Longwood des Gefangenen. Die gleichen zwei Gärtner sind auf dem Bild von Napoleons Kammerdiener zu sehen. Nichts hat sich verändert, und doch ist alles ganz anders. Im Lauf der Jahre hat der Ort, wie es scheint, mit kräftiger Nachhilfe an Dichte gewonnen. Zu Zeiten Napoleons gab es keine so üppige Vegetation, der Kaiser beklagte sich oft über zu wenig Schatten.

»Na, na, fassen Sie sich wieder!«

In meinem Zustand der Entrücktheit habe ich Michel Martineau nicht kommen hören. Die Stimme des Konsuls klingt ein wenig ironisch. In meine Verblüffung, die lächerlich wirken dürfte, mischt sich gewiß eine Spur Emotion, mehr jedoch noch das bizarre Gefühl, heimlich ein verbotenes Gestade betreten zu haben, das Gestade einer Zeit, die nicht mehr die unsrige ist. Bizarr und doch so einfach wie der Wechsel von einer Zeitzone in eine andere.

Ich habe niemals die Geschichte der beiden Engländerinnen ernst genommen, die 1901 bei einem Besuch in Versailles behaupteten, in das Jahr 1789 versetzt worden zu sein.* Und doch habe ich in diesem Augenblick den Eindruck, einer Halluzination zu erliegen. Die wirre Empfindung von Vergangenheit kristallisiert sich plötzlich zu einer absolut klaren Vision, als vollziehe sich vor mir ein unvorstellbares Phänomen: die Umkehrbarkeit der Zeit. Sie ist in eine andere Richtung verronnen.

* Diese Geschichte hat vielen zu denken gegeben, unter anderen Jean Cocteau, der versicherte: »Dieses Abenteuer ist wohl das bemerkenswerteste aller Zeiten.« Nach Überprüfung aller Fakten kam er zu dem Schluß, die beiden Frauen seien Zeugen »einer Präsenz des Unsichtbaren gewesen, das nichts mit Gespenstern zu tun hat«.

Michel Martineaus Blick verrät mir, daß er die gleiche Verwirrtheit auch bei anderen Besuchern bemerkt haben muß. Seine Miene ist belustigt. Gleichzeitig mustert er mich, als sei die Entropie ein in Longwood sehr geläufiges Phänomen. In Jamestown, bei der Landung des Schiffs, hatte er reserviert, beinah mißtrauisch gewirkt, während er sich hier durchaus umgänglich zeigt, sogar leger, vielleicht ganz einfach deshalb, weil er sich in der Rolle des Hausherrn fühlt. Seine hohe Gestalt überragt und überwacht alles. Während wir uns unterhalten reißt er energisch ein Büschel Unkraut aus, knipst eine verwelkte Knospe ab. Dann kraust sich seine Stirn, die Miene wird verschlossen.

Die französische Domäne auf Sankt Helena, von Grün durchwuchert, ist eine Welt für sich. Eine echte Enklave. Inmitten von Gärten flattert die Trikolore, flankiert von zwei Kanonen. Sind sie nicht auf Jamestown gerichtet? Ich bin boshaft. Als Staatsgebiet der Französischen Republik demonstriert Longwood seine Sonderstellung in einem angelsächsischen Universum. Die Wellblechbaracken, der Kramladen, die Tankstelle, diese prosaischen Merkmale der Moderne rings um das Sanktuarium, unterstreichen noch die Abgeschlossenheit des Ortes und seine völlige Unvereinbarkeit mit dem Rest der helenianischen Welt.

»Gegen 4 Uhr befanden wir uns endlich in unserer neuen Behausung«, berichtet Las Cases. Bei der Ankunft in Longwood bäumt Napoleons Pferd sich auf und weigert sich hartnäckig, das Anwesen zu betreten. Dennoch erweist sich dieser 10. Dezember, an dem sich für den Gefangenen die Pforten der Hölle auftun, als ein freundlicher Tag. Der englische Admiral, der die Erweiterungsarbeiten dieses ehemaligen Gehöfts leitete, wirkt erleichtert. »Er hatte sich wohl auf schlechte Laune und Verachtung gefaßt gemacht, doch der Kaiser trug im Gegenteil eine vollendete Freundlichkeit

zur Schau«, betont Las Cases. Alle zeigen sich angenehm berührt, der Chronist braucht dennoch nicht lange, um festzustellen, daß Longwood ein unmöglicher Ort ist. »Ständig nichts als Wind, Wolken, Feuchtigkeit, eine immer gleiche, gemäßigte und monotone Temperatur, die im übrigen vielleicht nicht so sehr ungesund denn langweilig ist.«

Die Langeweile. Gourgaud gebraucht in seinem Tagebuch ständig dieses Wort. Das triste Plateau und das labyrinthische Haus sind, laut Las Cases, von einem geheimnisvollen Übel befallen. Gegen diesen Überdruß und diese Leere scheint sogar die Gewalt der Elemente seltsam machtlos. Das Geheimnis von Longwood liegt vielleicht in dem Mißverhältnis zwischen dieser unendlichen Trübseligkeit und der beunruhigenden Übermächtigkeit der Landschaft.

Der Konsul bückt sich, um eine Handvoll Erde bei den Zinerarien zu zerkrümeln. Die Pflanze mit ihren aschfar-

Ansicht von Longwood. Aquarell von Louis Marchand.

benen Blättern paßt zu Longwood. Eine lebendige Totenblume. Der Konsul richtet sich wieder auf und kehrt zur Allee zurück. Sie liegt so tief, daß sie einem Schützengraben gleicht.

»Napoleon hat sie ausheben lassen, um während seiner Spaziergänge den Blicken seiner Kerkermeister entzogen zu sein«, erklärt mir Michel Martineau.

»Und diese Zinerarien? Gab es sie auch damals schon?«

»Die Beete und die Rabatten sind noch dieselben wie zu Napoleons Zeiten.«

»Aber Las Cases beklagt sich bei seiner Ankunft über die Kahlheit der Umgebung.«

»Diese Gärten wurden erst lange nach seiner Abreise angelegt. 1819 hat Napoleon sich von einer langen Periode der Niedergeschlagenheit erholt. Er entdeckt in sich plötzlich eine Berufung zum Landschaftsarchitekten. Er setzt alle seine Leute zu Gartenarbeiten ein und weist jedem seiner drei Diener eine Parzelle zu. Marchand, Ali und Noverraz.«

»Wenn ich es richtig sehe, sollte der liebevoll geplante Garten das Haus vergessen machen, in das der Besiegte von den Siegern verbannt worden war.«

»Zugegeben, das Haus ist bizarr. Ich bewohne es seit nunmehr sechs Jahren. Es ist mir noch immer ein Rätsel.«

Der Konsul erklärt mir, daß die Wahl der Engländer fast zwangsläufig auf Longwood hatte fallen müssen. Als sie mit ihrem Gefangenen in Jamestown gelandet waren, hatten sie noch nicht gewußt, wo sie ihn verwahren sollten. Plantation House hätte in Frage kommen können, aber dieses bequeme Anwesen war der Wohnsitz des Gouverneurs. Sie mußten ein Haus finden, das ordentlich, geräumig und vor allem leicht zu bewachen war. Longwood und sein Plateau, von unüberwindlichen Schluchten gesäumt, nur nach einer Seite offen und einzig über eine enge Straße erreichbar, war der ideale Ort. Gewiß, das Meer ist nahe, aber in diesem Teil der Insel fallen die Klippen senkrecht ab und machen die Küste unzugänglich.

»Longwood bestand nur aus ein paar Schuppen, die den Tieren als Stallungen dienten«, schreibt Lord Rosebery. »Ein Kuhstall«, präzisiert Montholon. Das letzte Heim des Mannes, der einst in den Tuilerien geherrscht hatte, war ursprünglich wirklich nur eine Scheune, die sechzig Jahre zuvor vom Vizegouverneur der Insel als Getreidesilo errichtet worden war. Dann wurde sie zu einem Kuhstall umgebaut. Das Logis trägt noch heute die Spuren dieser bescheidenen Herkunft. Man sieht ihm immer noch an, daß es eine in aller Eile gezimmerte Remise war, die später solider ausgebaut wurde.

1787 trug sich der Gouverneur der Insel mit dem Plan, das einstige Gehöft in einen Sommersitz zu verwandeln. Es bestand damals aus einer Flucht von vier hintereinanderliegenden Räumen, von denen ein fünfter im rechten Winkel abging. In diesem Zustand befindet sich das Haus, als Napoleon auf Sankt Helena eintrifft. Nachdem die Engländer sich für Longwood als Gefängnis für ihren besiegten Gegner entschieden hatten, werden einige Verbesserungen vorgenommen, während Napoleon sich in *The Briars* aufhält. Ein weiterer Raum wird angebaut, der als Empfangszimmer dienen soll. Das Ganze ist T-förmig angelegt.

Warum wirkt dieses Haus so verquält? »Niedergeschlagen«, genauer gesagt. Was setzt ihm so sehr zu? Es ist ganz offensichtlich *unter Folter*. Es leidet nicht nur an dem Gespenst, das es heimsucht. Ein Fluidum des Elends geht von ihm aus, obgleich man sieht, daß es bis ins kleinste bewundernswert gepflegt und instand gehalten wird. Macht seine völlig isolierte Lage es so beklagenswert? Ist es das Blutrot der Mauern, das ihm dieses wilde und schmerzvolle Aussehen verleiht? Sogar die Anbauten geben Rätsel auf. Es könnte eine Reihe schlecht ausgerichteter Bungalows sein, ein Durcheinander von Hütten und Kabinen. Doch diese Bezeichnungen, die gewöhnlich zum Vokabular von Badeorten gehören, vermitteln keinen Eindruck von der majestätischen Melancholie dieser Klitsche. Eine zusammengeschusterte imposante Kate. »Sturmhöhe« in den Tropen!

Der trügerische Schein Longwoods ist Las Cases nicht entgangen: »Kurzum, der Anblick von Longwood kann nur einen Reisenden erfreuen, der so müde ist von einer langen Seefahrt, daß er jedem Stückchen Land Reiz abgewinnen kann. Wenn er an einem schönen Tag hier landet, überrascht ist von all den bizarren Dingen, die sich seinen Blicken darbieten, kann er sogar ausrufen: ›Ach, wie schön!‹ Aber dieser Mensch verweilt hier nur einen Augenblick; die Gefangenen, die dazu verurteilt sind, für immer hier zu bleiben, können eine derart verfehlte Bewunderung nur als Marter empfinden.«

»Wenn es Ihnen recht ist, betreten wir Longwood auf dem gleichen Weg, wie es der Kaiser und seine Begleiter am 10. Dezember 1815 taten«, schlägt Michel Martineau vor.

Bei diesen Worten glänzen seine Augen triumphierend wie die eines Zauberers, der sich seiner Tricks sicher ist.

Nachdem wir die fünf Stufen hinaufgestiegen sind, befinden wir uns auf dem kleinen Vorplatz. Es ist eben diese umzäunte Holzveranda, die man auf Marchands Aquarell sieht – Napoleon steht auf der vorletzten Stufe, in weißen Kniehosen und grünem Rock. Diese »Gartenlaube«, wie Gilbert Martineau sie nennt, ist trotz ihrer Schäbigkeit zum Wahrzeichen von Longwood geworden, das auf Fotos oder Stichen unfehlbar zu erkennen ist.

Michel Martineau öffnet die Tür. Der erste Raum, den ich betrete, ist jener Empfangsraum, den man in aller Eile angebaut hatte, um das Logis des Gefangenen zu vergrößern.

Was mir als erstes auffällt, ist nicht das Billard – es füllt den Raum fast völlig aus –, sondern der Geruch.

Er ist einzigartig! Man könnte ihn für Schimmelgeruch halten, aber es mischen sich andere, durchdringendere und komplexere Ausflüsse hinein, die Düfte exotischer Hölzer, etwa Sandel und Zeder. Ein brackiger Jodgeruch, der außerhalb der Saison die leeren Villen am Meeresstrand durchdringt und der noch durch eine harzige Note angereichert wird.

Am hartnäckigsten hält sich noch immer der Geruch der Langeweile. Der Weihrauch der Melancholie, der Moschus der schwarzen Gedanken durchdringen das ganze Haus. Man braucht nicht zu wissen, wer dort gewohnt hat. Wo habe ich diesen olfaktischen Stempel des Vergessens schon einmal wahrgenommen? Auf Guernsey, im Haus Victor Hugos. Hauteville House riecht nach Trauer, den Delirien der Vereinsamung, dem Wahn, dem Adèle, die Tochter des Dichters, verfallen wird. Das Exil hat einen besonderen

Atem. Alle Gefängnisse gleichen einander. Sie sind durchtränkt von einem seltsamen Dunst, einer Mischung aus abgestandener, ranziger Luft und Schweiß. Die Ausdünstungen von Longwood sind anders, subtiler, auch exotischer, nicht abstoßend. Michel Martineau, der mich schnuppern sieht, ist beunruhigt.

»Leiden Sie unter dem, was man hier das Longwood-Weather nennt? Napoleon dürfte während der ganzen Zeit seiner Gefangenschaft darunter gelitten haben. Wir befinden uns hier an der feuchtesten, windigsten, kurzum unmöglichsten Stelle der Insel.«

»Dieser Geruch ... Ich finde ihn tragisch.«

»Tragisch!«

Er blickt mich zuerst ratlos an, dann erwidert er mit gespieltem Ernst: »«Der Geruch der Tragödie, warum nicht!« Nach kurzem Schweigen fährt er fort: »Die Feuchtigkeit hier ist gräßlich. Napoleon ließ heizen auf Teufel komm raus. Tonnen von Holz wurden in den Kaminen verfeuert. Die Kelleratmosphäre ließ sich nicht vertreiben; man wußte damals noch nicht, daß die relative Luftfeuchtigkeit mit der Temperatur ansteigt.«

»Ihr Vater erwähnt in seinem Buch das Erstaunen der Bewohner von Sant Helena, als sie erfuhren, daß ausgerechnet Longwood zur Wohnstätte Napoleons ausersehen war. Die Lage war so ungünstig, daß keine Familie auf den Gedanken gekommen wäre, sich dort auf Dauer niederzulassen. Apropos, wann werde ich das Vergnügen haben, Ihren Vater kennenzulernen?«

»Später«, antwortete er ausweichend.

Vor meiner Abreise hatte man mich gewarnt: Gilbert Martineau sei ein Mann, der die Einsamkeit liebe, die Gesellschaft fliehe. Vater und Sohn wohnen am anderen Ende des Hauses, in jenem Teil, in dem einst die Montholon hausten.

Ich wollte schnellstens alle Räume besichtigen. Die Versuchung war groß, im Empfangsraum zu verweilen, im Speisezimmer und vor allem in der kleinen Schlafkammer des Gefangenen. Ich wollte jedoch den entscheidenden ersten Eindruck bewahren. Nur die Anfänge besitzen die Kraft, eine verborgene Wahrheit zu enthüllen. Aber was ist die Wahrheit von Longwood? Und hat das, was sich hier versteckt hält, noch immer einen Sinn?

Der Fußboden vibriert unter unseren Schritten. Wenn wir stehenbleiben, hört man nur noch das Rütteln der Schiebefenster und das Klagen des Windes. Michel Martineau wollte die Lampen einschalten, aber ich bat ihn, die Räume im Halbdunkel zu lassen. So mußte am hellichten Tag die Beleuchtung in diesen Zimmern gewesen sein. Eine dürftige Helligkeit, ein griesgrämiges Clair-obscur. Ich stelle mir vor, wie die Stiefel der Herren den Boden dieser Pappschachtel malträtierten. Denn in diesem schäbigen Domizil herrschte die gleiche Etikette wie in den Tuilerien: Bertrand, Montholon und Gourgaud in großer Uniform, die Bediensteten in Livree. Sie alle dürften weidlich geschwitzt haben. Der Gefangene, der es mit dem Protokoll sehr genau nahm, duldete nicht, daß sich jemand in seiner Gegenwart setzte, ohne durch ein Zeichen aufgefordert worden zu sein, oder daß man als erster das Wort an ihn richtete. Niemand durfte sprechen, ehe er die Konversation eröffnet hatte.

3

Der Geruch von Longwood … Eine Obsession des Kaisers. Er mußte seinen Aufenthalt in *The Briars* wegen des frischen Anstrichs verlängern. Schon der geringste Farbengeruch war ihm unerträglich. Daher hatte er Bertrand und Gourgaud vorausgeschickt, damit sie im Haus herumschnupperten. »Sein Geruchssinn war extrem empfindlich. An Bord der *Northumberland* hatte ihn schon der Anstrich des Schiffs krank gemacht«, berichtet Las Cases.

Damals war eine Anspielung auf den Geruchssinn ein Tabubruch, da man darin einen Hinweis auf die Animalität des Menschen erblickte. Beruht Napoleons Abneigung auf psychischen oder physischen Gründen? Constant, der in den glorreichen Zeiten vor Marchand sein Kammerdiener war, sagte aus: »Man hat im Schlafzimmer des Kaisers in kleinen vergoldeten Schalen Aloeholz, Zucker oder Essig verbrannt.« Derselbe Constant hat auch die Geschichte von jener jungen Schauspielerin aus Madrid erzählt, die Napoleon auf der Bühne gesehen und zu sich hatte kommen lassen. Die Bewunderung des Kaisers sei wegen ihres Parfums prompt in Abneigung umgeschlagen, und er habe sie unwirsch fortgeschickt. Man hat diese Überempfindlichkeit gegen Gerüche auf eine Allergie zurückgeführt. Napoleons Ideal war eine Frau, die nach gar nichts roch.

Dieser gewöhnlich so beherrschte Mann, der es immer verstand, zornige Aufwallungen zu kaschieren, gerät außer sich wegen eines frischen Anstrichs. Nach Bertrand und Gourgaud schickt er Montholon aus, der feststellen muß, ob es in Longwood immer noch nach Farbe rieche. Er explodiert, denn die Berichte widersprechen einander, und er beschließt, auch noch Las Cases zu schicken, um ein drittes Gutachten einzuholen. Was wußte dieser Mann, der sich nach dem Bad mit Eau de Cologne übergoß, von Osmologie? Er behauptete, Korsika mit geschlossenen Augen zu erkennen, rein am Geruch!

Das Badezimmer ist ein düsterer Schlauch, der sein bißchen Licht durch ein Westfenster erhält. Die Badewanne ist vielleicht der faszinierendste Gegenstand in Longwood. Ich sage das zu Michel Martineau, der schallend lacht: »Vorsicht, Sie werden es mit allen Bewunderern des Kaisers zu tun bekommen. Für diese prosaischen Dinge haben sie nichts übrig.«

»Aber die Benutzung dieser Badewanne hat doch wirklich nichts Prosaisches an sich. Sie ist eine Kunst, die Geschicklichkeit und Disziplin erfordert. Es scheint, daß Napoleon auf diesem Gebiet Experte gewesen ist.«

»Sie vergessen, daß ein Toilettenkabinett mit Großen Männern einfach nicht in Zusammenhang gebracht werden darf.«

Der Konsul lächelt ein wenig spöttisch. Das Haus, das ihm anvertraut worden ist, flößt ihm Respekt ein, aber er verschmäht es nicht, sich über die Legende lustig zu machen. Ich betrachte die Badewanne, die in eine Holzkiste eingebaut ist. Auf dem verbeulten Kupfer hat sich Grünspan gebildet. Das Metall ist alterstrüb geworden. Der mit Einstichen übersäte Holzdeckel ist durch winzige Krater entstellt.

»Las Cases, der alles Triviale verachtet, kommt dennoch im *Mémorial* auf die Bäder Napoleons zu sprechen«, bemerke ich. »Er berichtet sogar, daß der Kaiser an jenem 15. Dezember 1815 als erstes verlangt habe, man solle ihm ein Bad rüsten.«

»Kein Wunder, er konnte seit Malmaison kein Bad mehr nehmen. Marchand erzählt, er sei mit kindlicher Freude in die Wanne gestiegen. Die erste Badewanne war von englischen Zimmerleuten installiert worden. Sie befindet sich jetzt im westlichen Garten. Ich werde sie Ihnen zeigen.«

Napoleon wird viele wichtige Entscheidungen in dieser Wanne treffen. Baron Fain meinte, er habe es übertrieben: »Er badete zu viel und zu heiß.« Der Kaiser glaubte, daß diese Bäder seine Harnbeschwerden lindern könnten. Seit der Belagerung von Toulon litt Napoleon an einer chronischen juckenden Hautkrankheit. Er kratzte sich bis aufs Blut, wie zahlreiche Zeugen, unter anderen Marchand, bestätigen. In diesen in der Wanne verbrachten Ruhepausen arbeitete sein Geist besonders intensiv. Während seines letzten Bades im Elysée-Palast am 25. Juni 1815 ließ er Lazare Carnot zu sich bitten, der ihm riet, nach Amerika zu fliehen. Unmittelbar nach diesem Gespräch beschloß der Besiegte von Waterloo, den Elysée-Palast zu verlassen.

Napoleon suchte ständig den körperlichen Kontakt. Er will berühren, streicheln, tätscheln. Möchte er jemandem seine Zufriedenheit bekunden, kneift er ihn in die Wange oder zieht ihn am Ohr. Zugleich mischt sich in jede seiner Gesten eine Spur von Furcht, von versteckter Abneigung. Die Haut hat einen Geruch, sie schwitzt und scheidet Talg aus.

Wie erklärt sich seine Gewohnheit, sich von oben bis unten mit Eau de Cologne einzureiben? Mit einem Ekel vor dem Eigengeruch? Marchand und Ali war es gelungen, ein paar Flakons ins Gepäck zu schmuggeln, aber der Vorrat des Kaisers an seinem Lieblingsduftwasser war bald aufgebraucht. Unmöglich, aus Europa Nachschub kommen zu lassen; die Transportwege waren zu lang. Nun appellierte Napoleon an das Gedächtnis seiner Gefährten. Mit Hilfe von Schriften, die sich in der Bibliothek von Longwood fanden, gelang es Ali schließlich, ein Ersatz-Eau de Cologne zu brauen. Dank der Formel, die sich in Alis Papieren fand, konnte der Parfumeur des Hauses Jean Patou, Jean-Charles Kerleo, das Eau de Cologne de Sainte-Hélène originalgetreu erstellen.

Ich konnte der Versuchung nicht widerstehen, mir dieses Flakon zu beschaffen. Es befindet sich in meinem Koffer. Ich plane, es nach Longwood mitzunehmen und im Badezimmer des Gefangenen zu öffnen. »Die einzige echte olfaktische Erinnerung, die vom Kaiser erhalten geblieben ist«, wie Maître André Damien in seiner Broschüre *L'Eau de Cologne de l'Empereur à Sainte-Hélène* sagt.

Las Cases betont immer wieder, der Kaiser seit fett gewesen, habe spärliches Haar und eine weiße Haut gehabt. Er notiert: »Der Kaiser neigte zu einer Fülligkeit, die, wie er manchmal belustigt bemerkte, unserem Geschlecht nicht ansteht.«

Offensichtlich wurden seit dem Tod Napoleons zahlreiche Änderungen an diesem Haus vorgenommen, wobei man jedoch mit Augenmaß zu Werke ging. Es wurde nicht, wie man hätte erwarten können, in ein Museum umgewandelt. Wohl sind einige Gegenstände ausgestellt, aber nur außerhalb der »geheiligten Zone«. Die Exponate sind in der Bibliothek gesammelt oder in dem kleinen Vorraum neben dem Badezimmer. Die Konservierung, die Zurschaustellung, diese letzten Errungenschaften der Moderne blieben Longwood erspart. Die hölzernen Bestandteile – Gebälk, Türen, Fenster –, die von den Termiten befallen waren, sind vermutlich seit 1860 mehrmals erneuert worden.

Hier muß ich an das Schiff des Theseus denken, ein faszinierendes Beispiel für die Problematik von Konservierung und Restaurierung. Jahrhunderte hindurch haben die Athener dieses Schiff, auf dem Theseus, nachdem er den Minotaurus besiegt hatte, nach Kreta zurückkehrte, wie eine Reliquie konserviert. Um die Verwüstungen der Zeit zu kompensieren, mußten immer wieder die alten Holzteile ersetzt werden, so daß man nach so vielem Austauschen und Erneuern mit Fug und Recht behaupten könnte, das Original existiere längst nicht mehr. Für die Griechen blieb es jedoch das Schiff des Theseus, mit derselben Form, derselben Geschichte und demselben Symbolwert.

Wann wird dieses Haus auf Sankt Helena ein anderes Haus sein? Longwood hat seit beinah zweihundert Jahren das Leben einer gewöhnlichen Wohnstatt geführt: verlassen, als Scheune genutzt, verwahrlost, kurz vor dem Abriß, schlecht und recht zusammengeflickt, zurechtgemacht und endlich wiederauferstanden. Hätte sich dieses Haus in Frankreich befunden, es wäre unverzüglich zur Kultstätte geworden, zu einem Juwel des Kulturerbes, einem jener unter Glas gestellten Exponate unseres nationalen Trödelladens. Sein Standort, seine isolierte Lage haben es vor dem typisch französischen Konservierungswahn bewahrt, der darin besteht, ein durchaus lebendiges Objekt einzubalsamieren, um davor selber in Ehrfurcht zu erstarren.

Hier, auf der Insel, ist der »Rühr-Kuchen«, von dem Jacques Rivière spricht, noch unverdorben, beinahe schmackhaft. Longwood hat sein Fleisch behalten. Wenn es auch mager und traurig ist. Man sieht, daß das Leben des armseligen Hauses nur noch an einem Faden hängt. Aber das war schon so, als der Gefangene dort seinen Einzug hielt. Chateaubriand wird in seinen *Erinnerungen von jenseits des Grabes* als erster auf die Kümmerlichkeit des Logis hinweisen. Sarkastisch setzt er sogleich hinzu: »Die Insassen der Tour du Temple und des Donjon von Vincennes waren noch weniger komfortabel untergebracht; allerdings erwies man ihnen den Gefallen, ihren Aufenthalt dort abzukürzen.«

4

Ich denke an das, was Michel Martineau vorhin gesagt hat: »Man weiß nicht, wie man es angehen soll.« Es ist eines jener Häuser, die mehr aus Korridoren als aus Zimmern bestehen. Ich gehe unseren Weg nochmals zurück, um mir den Empfangsraum genauer anzusehen, den die Zimmerleute der *Northumberland* in aller Eile angebaut hatten. Die Wände sind grün getüncht. Ich frage mich, was das riesige Billard mit den fünf Löchern soll, das den ganzen Raum ausfüllt. Der Bezug ist verblichen, die Banden sind schlapp.

Ich nehme eine der Kugeln aus altem Elfenbein auf, die der Gefangene mit der Hand karamboliert hatte. Er spielte nicht Billard. Der riesige Tisch diente zum Ausbreiten der Karten und Bücher, die er zu Rate zog, während er im Stehen diktierte. Die Zeit hat die Kugeln verformt, sie sind nicht mehr vollkommen rund. Die leicht abgeflachten Stellen tragen winzige Flecken, wie eine Art Schorf. Der Gefangene hat diese Kugeln täglich zwischen den Handtellern gerieben. Mechanisch. Er berührt sie nur, um an etwas anderes zu denken. Er ist nicht geistesabwesend, wie man annehmen könnte. Im Gegenteil, er konzentriert sich mit aller Kraft. Der entzauberte Zauberer fährt fort, mit Dingen und Menschen zu jonglieren.

Ein Lichtstrahl dringt durch den Spalt eines Fensterladens und belebt die Miniaturen des Königs von Rom und einen Kupferstich, der die Abschiedsszene »Les Adieux de Fontainebleau« darstellt. Der Raum erhellt sich, aber das Licht wird schwächer, um eine Sekunde später völlig zu erlöschen. Die Kupferstiche sind verblaßt, es bleibt nur eine schwarze Blende, durch die ein paar silbrige Reflexe sickern.

»Sie begreifen, warum die Verbannten sich am liebsten in diesem Raum aufhielten«, kommentiert Michel Martineau. »Es ist der angenehmste Teil des Hauses. Der am wenigsten düstere und am wenigsten feuchte, denn die Grundmauern ruhen nicht direkt auf der Erde. Zu Napoleons Zeiten waren die Wände nicht sehr dick. Es waren Holzplanken, die keinen Schutz vor Sommerhitze und Winterkälte boten.«

Wie alles übrige ist auch der Billardsaal bemüht, sich einen Anstrich von Noblesse zu geben. Es ist das größte Zimmer von Longwood (43 qm) und das höchste. Man fühlt sich hier nicht so beengt. Indes betonen zwei auf einem Dreifuß montierte Globen noch das Theatralische der Ausstattung. Es sind ein Erdglobus und ein Himmelsglobus. Die Oberfläche unserer Erdkugel ist sehr viel abgegriffener als die des Sternenreichs; man kann daraus schließen, daß der Gefangene den Erdglobus weit häufiger kreisen ließ als die Himmelskugel. Soll das heißen, daß der einstige Demiurg sich wenig für das gestirnte Firmament, den Sitz des Göttlichen interessierte? Blieb er unheilbar der irdischen Domäne verbunden, die er vorübergehend seinem Willen unterworfen hatte? Auf dem stilisierten Globus ist Europa ein undeutlicher, fast mikroskopisch kleiner Fleck. Der mit einem Kreuz versehene Reichsapfel, den die Kaiser bei ihrer Krönung in der linken Hand hielten, ist in Longwood nur noch eine dicke Hohlkugel, die man, wie in der Lotterie, auf gut Glück kreisen läßt. »Ich habe die Welt auf meinen Schultern getragen«, vertraut er Las Cases an. Heute spielt er damit wie ein Kind. Das Glück hat sich gewendet. Der glückbringende Name Bona-parte, der gute Teil, das große Los, der laut Michelet das sagenhafte Schicksal Napoleons erklärt, hat umgeschwenkt zu Mala-parte.

Man kann wetten, daß die Kugel stets an derselben Stelle zum Stillstand gebracht wurde. Der Finger hat immer dieselbe Stelle gerieben, bis kaum noch etwas zu sehen war. Der abgenützte Fleck hat sich vergrößert, hat eine Art Krätze auf der Papphaut des Globus erzeugt. Leicht zu erraten, daß es sich bei dieser Stelle um Sankt Helena handelte. Weg mit dieser Insel! Sie ist nichts als ein Klecks, ein Krümel mitten im Südatlantik.

Diese beiden Globen sind nach Napoleons Tod in der Zitadelle von Jamestown gelandet. Octave Aubry hat sie während seines Aufenthalts auf Sankt Helena 1932 identifiziert. Niemand wußte bis dahin, woher sie gekommen waren. Erst der Historiker hat sie, dank Alis Beschreibung in seinen *Erinnerungen*, eindeutig zugeordnet.

Die Renaissance von Longwood verdankt sich zum großen Teil diesen Gegenständen, die im Zuge von Recherchen und immer neuen Nachforschungen aufgespürt wurden. So hat Gilbert Martineau zum Beispiel 1965 auf der Insel einen großen Mahagonischrank mit kupfernen Schlössern gefunden. Darin wurde einst der Frack des Ersten Konsuls und der Marengo-Mantel verwahrt.

Der Gefangene war nicht aller Güter beraubt. Er durfte in sein Exil das Silberbesteck und das Sèvres-Porzellan aus den Tuilerien mitnehmen, dazu vielerlei Kostbarkeiten, wie das prächtige Waschgeschirr, ein Werk von Biennais und Genu. Zudem war es den Mitgliedern seiner Suite gelungen, eine namhafte Geldsumme auf die *Bellerophon* zu schmuggeln und dort zu verstecken.*

Wir setzen uns an ein Tischchen neben dem Erdglobus. In die runde Platte ist ein Schachbrett eingelassen. Der Stratege von Austerlitz und Friedland, der das Schlachtfeld für ein Schachbrett hielt, war ein mittelmäßiger Schachspieler. Er stürzte sich blindlings auf den Gegner und war kinderleicht mattzusetzen, was ihn nicht daran hinderte, schamlos zu mogeln.

»Wie wär's mit einer Partie?«

Die Frage ist mir spontan in den Sinn gekommen. Doch sofort wird mir klar, wie unpassend dieser Vorschlag ist. Habe ich ein Sakrileg begangen? Der Konsul ist so taktvoll, sich nicht überrascht zu zeigen: »Die Figuren fehlen«, erklärt er. »Und außerdem spiele ich sehr schlecht.«

Longwood wirkt einschüchternd, und dennoch erscheint mir irgend etwas an diesen Räumen vertraut.

»Es ist ein Häuschen, das man zu einem Palast umfunktionieren wollte. Aber das war, wenn ich so sagen darf, um einige Nummern zu hoch gegriffen. Die Geschichte und et-

* 250 000 Franc, umgerechnet etwa 5 Millionen heutige Franc. Der Kaiser verfügte in Frankreich über zahlreiche Konten bei dem Bankier Laffitte, beim Prinzen Eugène und bei seinem Bruder Joseph.

liche Bauarbeiten haben ihm eine gewisse Konsistenz verliehen. Mit seinem Teerdach bot das Haus zu Napoleons Zeiten einen unstreitig schäbigen Anblick.«

In die Fensterläden sind Löcher gebohrt. Ich äußere dem Konsul gegenüber mein Erstaunen.

»Napoleon hat sich diese List einfallen lassen, um das Kommen und Gehen in den Gärten zu beobachten. Er steckte sein kleines Fernglas in die Öffnung und sah, wer bei ihm aus und ein ging.«

»Aber wer hat die Löcher gebohrt? Ich vermute, es sind nicht mehr die ursprünglichen.«

»Es handelt sich in der Tat um eine Rekonstruktion, eine der wenigen in Longwood. Wir konnten uns nicht anders helfen. Aber so wird das Klima der Gefangenschaft verständlicher.«

Das Billard, die beiden Globen, die Gucklöcher in den Läden, dieser Wind der Einsamkeit, der an den Fensterrahmen rüttelt. Armseliges Reich des Mangels! Die Phantasie, dieser Brennspiegel, der die Gestalten der Vergangenheit verzerrt und entflammt, hat hier ihre Verheerungen angerichtet. Die Phantasie ... Wenn man die Berichte der Gefährten liest, begreift man, daß es sich um den verzweifelten Versuch handelt, zusammenzufügen, was für immer auseinandergerissen ist. In dieser Atmosphäre tropischer Verwesung gilt es, gegen den Zerfall anzukämpfen. Die Feuchtigkeit greift Leder und Waffen an, weicht Bücher und Spielkarten auf – man legte sie vor einer Partie ins Bratrohr zum Trocknen –, zehrt an den Kräften und trübt das Gedächtnis. »Jeden Abend, wenn ich von meiner geheizten Stube in die Schlafkammer gehe, habe ich das Gefühl, einen feuchten Keller zu betreten«, gesteht Napoleon seinem Arzt O'Meara.

Die Luftfeuchtigkeit durchdringt alles. Sie beschlägt die Fensterscheiben. Aber vor allem umnebelt sie die Wirklichkeit. Der Verstand müht sich vergebens, die Finessen und

Kontraste des Klimas von Longwood zu begreifen. Übergangslos wechseln Hitze und Kühle, Trockenheit und Regen, Sturm und Stille. Sobald im Hochsommer die Sonne hinter den Bergen verschwindet, überfällt jähe Kälte das Plateau und verjagt die Glut. Das Thermometer kann innerhalb weniger Minuten um zehn Grad fallen. Lord Rosebery schreibt, diese Wetterverhältnisse hätten die Gefangenschaft noch verschärft. »In der Luft von Sankt Helena schien etwas zu liegen, was es der Wahrheit unmöglich machte, sich zu akklimatisieren.« Und er setzt hinzu: »Eine Art Schimmel überzieht all diese Berichte.«

Der Schimmel, seine schönen samtigen Flecken und zarten Seidenfäden. Hier auf Sankt Helena, verschlechtert sich alles, verdirbt. Wenn es ein Geheimnis auf Sankt Helena gibt, müßte man es dann nicht in dieser Verwandlung suchen?

Dritter Tag

Der Cannabis des Holländers – Die Jakobsleiter – Das Paradies des Bernard Moitessier – Ein Pferd namens Blücher – Zweite Begegnung mit den Engländerinnen – Der Adler auf dem schwarzen DS – Die weiße Hose des Michel Martineau – Soll man an Wiedergänger glauben? – »Ich befehle oder ich schweige« – Erste Begegnung zwischen Napoleon und Hudson Lowe – Auftritt Gilbert Martineau – Das Gespenst des Dänen – Der Aufmarsch der Toten – Der Kranz aus Immortellen – Das Nebelschloß.

1

»Von Sankt Helena gibt es kein Entrinnen. Ich glaube, der Gedanke an eine Flucht hat ihn niemals auch nur gestreift, Ihren Kaiser.«

Dieses »Ihren Kaiser«, vom Polizeichef in leicht abschätzigem Ton ausgesprochen, fällt mir sofort auf, zumal da der Mann zwischen den beiden Wörtern eine kurze Pause eingelegt hat. Will er irgendeinen Vorbehalt ausdrücken, den Titel in Frage stellen? Für Hudson Lowe und den britischen Gouverneur war Napoleon nur der »General Bonaparte«. Ist der Polizeichef auch dieser Ansicht? Ich stelle fest, daß es mich befriedigt, das Wort vom »perfiden Albion« auch hier bestätigt zu finden. Es ist eine beruhigende Vorstellung, daß die Nationalcharaktere sich nicht geändert haben, daß wir Franzosen Entrüstung heucheln, wenn es um Jeanne d'Arc, Sankt Helena oder Faschoda geht. Im übrigen interessiert sich kaum noch jemand für diese alten Geschichten. Der Polizeichef von Sankt Helena zieht eindeutig die Gegenwart vor. Mit der Vergangenheit macht er kurzen Prozeß: »In der Geschichte von Sankt Helena nimmt Napoleon kaum sechs Jahre ein.« Ihn interessieren nur die Gefangenen, die zur Zeit hinter Schloß und Riegel sitzen. Es sind ihrer sieben. Der Ausdruck »hinter Schloß und Riegel« ist übrigens unzutreffend.

»Sie sind nicht wirklich eingesperrt. Jedenfalls nicht ständig. Vielmehr genießen sie große Freiheiten. Die isolierte Lage von Sankt Helena ist der beste Schließer. Wie soll man aus einem Gefängnis ausbrechen, daß keine Mauern hat? Wie Sie sehen, sind wir sehr human.«

»Aber das ist unmenschlich! Wovon träumt ein Gefangener, wenn nicht von seiner Flucht? Nimmt man den Sträflingen alle Hoffnung auf ein Entkommen, müssen sie verzweifeln. Ich nehme an, daß die Freiheitsstrafen hier kürzer sind.«

»Stimmt. Für sie zählt ein Monat nur 28 Tage. Gute Führung vorausgesetzt. Wenn Sie es wünschen, können Sie die Sträflinge sehen.«

»Außerhalb des Gefängnisses?«

»Selbstverständlich. Zum Beispiel, wenn sie im Meer baden oder angeln gehen.«

Mein Erstaunen erfüllt den Polizeichef mit tiefer Genugtuung. Stolz streckt er sieben Finger hoch.

»Sieben«, bestätige ich. »Ist das viel im Verhältnis zur Gesamtbevölkerung?«

»Im Gegenteil, sehr wenig. Man ist hier sehr gesetzestreu. Sankt Helena hat eine der niedrigsten Verbrechensraten der ganzen Welt.«

Wie um dieses idyllische Tableau, das seine Funktion abwertet, zu relativieren, fügt er fast flüsternd hinzu: »Wir hatten ein Schwerverbrechen anno ... 1934. Ein Verbrechen aus Leidenschaft.«

»Unser einziges Problem«, fährt er, jetzt wieder im Amtston fort, »sind die Besäufnisse am Samstagabend. Die Leute wollen sich austoben. Es handelt sich nur um eine Ordnungswidrigkeit, der wir mit Nachsicht begegnen.«

»Wegen welcher Delikte sind die gegenwärtigen Gefangenen inhaftiert?«

»Wie! Das wissen Sie nicht?«

Meine Unwissenheit scheint ihn zu betrüben. Er fordert mich auf, die Wand links von mir anzusehen. Dort klebt die Titelseite einer Zeitung mit folgender Schlagzeile: »Die größte Strafsache auf Sankt Helena seit Napoleon.« Donnerwetter! Es handelt sich um fünf Tonnen

Cannabis, die 1990 im Laderaum eines Schiffes entdeckt wurden.

»Eine schwerwiegende Sache«, berichtet der Polizist. »Es mußte eigens ein Richter aus Großbritannien kommen. Der Kapitän, ein Holländer, bekam die Höchststrafe: Er wird erst nach dem Jahr 2000 freikommen. Sie können ihn besuchen. Er vertreibt sich die Zeit mit Malen. Er ist sehr talentiert. Moment, ich rufe im Gefängnis an. Sie brauchen nur den Platz zu überqueren.«

Ich hatte das Gefängnis bereits bei meiner Landung bemerkt. Es liegt hinter der Kirche Saint James und wurde im Jahr 1774 an der Stelle erbaut, wo früher eine Kapelle stand, stammt also aus der Zeit der portugiesischen Herrschaft.

In dieses Gefängnis kann man ohne weiteres hineinspazieren. Der Pförtner liest eine Zeitung.

»Warten Sie! Ich weiß nicht, ob die Gefangenen im Haus sind.«

Er öffnet eine Tür hinter sich. Sie zeichnet sich nur durch einen gewaltigen Riegel aus, den er nicht einmal zurückziehen muß. Vor mir liegt in ganzer Länge ein Saal. An einer Seite sind drei Zellen mit je vier Stockbetten eingerichtet.

»Ganz wie ich gesagt habe. Sie sind draußen.«

»Das scheint Sie nicht zu beunruhigen.«

»Warum? Heute ist Fußballtag.«

Als ich über die Market Street schlendere, mache ich die Bekanntschaft eines jovial wirkenden Herrn. Sein Name ist Nick Thorpe. Er gehört einer der ältesten weißen Familien der Insel an. Stolz erklärt er mir, daß die Firma Thorpe and Sons im Jahr 1860 gegründet wurde. Nick lädt mich zu einer Tasse Kaffee ins Kontor der Firma ein. Ein Kupferstich an der Wand zeigt ein Pferd mit Namen Blücher, dem Namen des Siegers von Waterloo.

»Oh! Das soll Sie nicht stören! Es war ein verdammt

gutes Pferd … Ich weiß nicht, wer so geschmacklos war, ihm diesen Namen zu geben … Oh, sorry«, er feixt ein bißchen.

»Schon gut … Apropos Napoleon … Was denken die Helenianer heute über ihn?«

»Offen gesagt, so gut wie gar nichts …«

Er überlegt eine Weile.

»Wissen Sie, er war als Gefangener hier … Also, ich glaube, die Saints fühlen sich nicht besonders geehrt. Sie haben den Eindruck, daß ihnen das eher schadet. Unter uns, Napoleon ist hier kein sehr berauschendes Gesprächsthema.«

»Und worüber spricht man dann auf Sankt Helena?«

»Über den Flugplatz. Thema Nummer eins. Soll man einen Flugplatz anlegen oder nicht? Das einzige, was die Leute interessiert. Aber ich fürchte, die Debatten führen am Ende zu nichts.«

»Warum? Wird Sankt Helena nie einen Flugplatz bekommen?«

»Das habe ich nicht gesagt … Aber Sie haben doch selbst gesehen! Oder etwa nicht?«

»Was soll ich gesehen haben?« frage ich erstaunt.

»Sankt Helena natürlich … Was ist Sankt Helena? Ein Museum, ein Stück der guten alten Zeit, als wir noch ein Weltreich besaßen. Immerhin ein Trost, wie? Den sich die Briten etwas kosten lassen. Sankt Helena wird hundertprozentig subventioniert. Die Regierung beschäftigt achtzig Prozent der Bevölkerung. Eine Beamteninsel.«

Er lacht schallend.

»Wir sind in einem Maße abhängig, daß wir nicht einmal aufmucken können. Wenn man bedenkt, daß wir uns die Chance entgehen ließen, das Hongkong des Südatlantiks zu werden.«

»Wie denn das?«

»Die Hongkong-Chinesen hatten hier investieren wollen. Es kam nicht dazu. Die Saints fürchteten, etwas zu verlieren.«

»Was zu verlieren?«

»Das wissen sie selber noch immer nicht. Die Saints haben nämlich eine ganz spezielle Weltsicht. Sie haben auf ihrem Felsbrocken das Gefühl, die Welt sei noch immer sehr groß, während sie überall sonst geschrumpft ist. Das ist die typische Inselkrankheit, diese verschobene Perspektive. Im Grunde hat Sankt Helena ein Maßstabsproblem. Uns fehlt der Überblick. Wir stehen auf der untersten Sprosse der Leiter.«

Das trifft den Nagel auf den Kopf. Es ist bezeichnend, daß das Gefängnis von Sankt Helena direkt an der Jakobsleiter liegt, der Treppe, die den Berg hinaufführt zum Ladder Hill, dem Beobachtungsposten. Die schwarzen Gebäude dieses Observatoriums beherrschen die Bucht von Jamestown. Warum wurde diese Rampe Jakobsleiter genannt? Der Name spielt auf eine der geheimnisvollsten Episoden der Genesis an. Jakob, Sohn des Isaak, träumte: »Und siehe, eine Leiter stand auf der Erde, sie rührte mit der Spitze an den Himmel; und siehe, die Engel Gottes stiegen daran auf und nieder.« Als Jakob erwachte, fürchtete er sich und rief: »Wie schauerlich ist dieser Ort.«

Das Grauen, das Sankt Helena einflößt, wird um so stärker, je näher man der Spitze der Jakobsleiter kommt. Ich steige die 699 Stufen eine nach der anderen hinauf, wobei ich mich stellenweise am Geländer festhalten muß. Auf der 450. Stufe begegne ich einem jungen Burschen. Er starrt mich verblüfft an. Wie kann man nur so wahnsinnig sein, die Jakobsleiter hinaufzusteigen.

Vom Gipfel aus wirkt Jamestown noch mißgestalteter. Die Stadt wird von den zwei Bergen stranguliert. Sie halten sie in der Zange und schnüren ihr den Atem ab. Die kleine, in diese Schlucht gepferchte Ansiedlung hat versucht, sich in dem engen Streifen Erde der Länge nach auszudehnen. Aber das Erstaunlichste auf den Höhen von Ladder Hill ist die Reihe von Geschützen, die auf das Meer gerichtet sind. Die »Feuerschlünde« sind auf gewaltigen, heute leerstehenden Betonbunkern installiert. Aus diesen langen Rohren, die zwischen den beiden Weltkriegen in Stellung gebracht wurden, ist nie ein Schuß abgefeuert worden. Wieder eine Mystifikation! Wenn seit 1673, dem Jahr, in dem die Engländer die Insel von den Holländern übernahmen, gelegentlich auf Sankt Helena eine Kanone gedonnert hat, so nur um die Mittagszeit oder um ein außergewöhnliches Ereignis zu verkünden. Nichts ist echt an dieser militärischen Machtentfaltung.

Was dachte der Gefangene darüber, er, der eines Tages zu Las Cases gesagt hat: »Das Geheimnis, wie man sich die Welt unterwirft, besteht ausschließlich darin, daß man stark ist, denn in der Stärke gibt es weder Irrtum noch Illusion, sie ist die nackte Wahrheit.« Hier kann man das Wahre nicht der Illusion entgegensetzen, nicht einmal dem Irrtum. Auf Sankt Helena gibt es, wie mir allmählich klar wird, eine unendliche Vielfalt von einander ablösenden Zuständen oder Metamorphosen, die nie eine endgültige Form annehmen. Nach dem Vorbild jener Segelschiffe, die ich in Jamestown vor Anker liegen sehe, mikroskopisch klein von meiner Höhe aus. Wie sie sich hin und her wiegen, haben sie etwas Unentschlossenes.

Für die Seefahrer bleibt Sankt Helena die »Herberge im Ozean«, eine wohltuende Atempause zwischen Afrika und Südamerika. Ich denke an den einsamen Weltumsegler Bernard Moitessier, der 1957 ein paar Wochen auf Sankt Helena Rast machte. Er weigerte sich, den Trauerteil der Insel zu sehen, die Longwood-Seite. Er rühmt die Sanftmut der Bewohner und die heilsame Wirkung des Klimas. »Wir sind auf ein kleines Paradies gestoßen« schreibt er. Und doch hat sich während dieses Zwischenstopps eine sonderbare Geschichte ereignet. Moitessier stellt fest, daß der Rumpf seines Schiffes angefault ist. Die Bordwände sind weich wie Pappkarton. Er muß sie reparieren und frisch teeren. Auflösung.

Dank der Hilfsbereitschaft der Helenianer gelingt sein Werk. An einem Regentag hört er die Bemerkung eines Matrosen, der die Engländer beschuldigt, sie hätten Napoleon ermordet, indem sie ihn in diese »Hölle aus Platz- und Nieselregen« sperrten. Diese Anklage ärgert ihn. Er findet sie ungerecht. »Nein«, ruft er, »Napoleon wurde nicht ermordet. Jedenfalls nicht vom Klima von Sankt Helena.«

Ach, dieses Klima ... Unerschöpfliches Thema, das die Gefangenschaft als ein immer noch aktuelles Drama erscheinen läßt. »Sankt Helena ist ein bezaubernder Ort, wenn man sein Rückreisebillett in der Tasche hat«, pflegte der verstorbene Paul Garnière zu sagen, der Autor des großartigen Buches *Napoléon à Sainte-Hélène*. Die Atmosphäre, in der die letzten Lebensjahre des Kaisers verliefen, ist ebenso schwankend und undefinierbar wie das Wetter auf Sankt Helena.

Das menschliche Klima in Longwood ist zum großen Teil ein Ausfluß dieses Wetters, das die Leute überempfindlich, aufgeregt und reizbar macht. Der Historiker Frédéric Masson sprach in diesem Zusammenhang sogar von »kolonialer Passion« und behauptete, ohne den meteorologischen Aspekt würde »alles unverständlich bleiben«.

Es steht außer Zweifel, daß die Akteure dieser Tragödie beständig dem Siedepunkt nahe waren. »Menschen, die sich in Europa durchaus normal verhalten, werden unter dem Äquator anormal. Sie verbilden sich.« Kurioserweise entgeht nur ein einziger dieser allgemeinen Enervierung – Napoleon. Er durchläuft, vor allem zu Anfang, Phasen von

Energie, die rasch abgebaut werden. Die Perioden von Erschlaffung und Mutlosigkeit folgen einander in immer kürzeren Abständen, vor allem in den letzten Monaten des Jahres 1816.

Ich streife durch Jamestown, aber Longwood läßt mich nicht los. Michel Martineau erwartet mich dort am frühen Nachmittag.

»Nun, hat Longwood Ihnen gefallen?«

Ich war so vertieft in den Anblick der Bucht, daß ich die alte Engländerin und ihr Anhängsel nicht hatte kommen hören. Sie nahen unter Tuscheln und Kichern wie Schulmädchen, die einen Streich ausgeheckt haben. Sie sind in einem alten offenen Wagen, der mir schon auf der Hauptstraße von Jamestown aufgefallen ist, nach Ladder Hill gelangt. Die Benzinkutsche ist uralt, aber so ingeniös aufgemöbelt, wie es nur die Engländer fertigbringen, ein sehr ausgefallenes, aber bequemes Vehikel. Ich vermute, daß es vor langer Zeit ein Kombi war und jetzt, ohne Dach, zu einem geräumigen Kabriolet umgebaut wurde. Der Charabanc, wie man das hierzulande nennt, dient zur Beförderung der wenigen Touristen von Sankt Helena.

»Gefallen? Das nicht gerade, aber ich fand es anrührend.«

»Anrührend! Was ist denn Anrührendes an diesem miesen Schuppen?«

»Ein harsches Urteil.«

»Das Haus ist nichtssagend. Der Garten hingegen ist bemerkenswert.«

»Ich bin nicht Ihrer Meinung. Longwood ist keineswegs nichtssagend. Gewöhnlich, mittelmäßig, dürftig, wenn Sie so wollen – aber vielsagend. Man begreift alles, wenn man dieses Haus sieht.«

»Was begreift man? Sie jonglieren mit Wörtern wie alle Franzosen. Wenn man die Legende beiseite läßt, bleibt nicht viel übrig von dieser ... Baracke.«

Sie hat eine drollige Art, das Französische auszusprechen, in einem zugleich persiflierenden und kindlichen Ton, der ihre brüske Art mildert.

»Ich teile Ihre Ansicht nicht. Longwood House wird von Gespenstern heimgesucht. Es ist das Haus des Grauens und des Todes. Das spürt man, wenn man es betritt.«

»Sie haben zu viel Phantasie«, rügt sie. »Der Gram, der Tod! Es riecht gräßlich nach Moder, das ist alles, jawohl!«

Sie bekräftigt ihre Aussprüche gern durch ein »jawohl!«, wobei ihre Lippen sich komisch runden. Ihre Begleiterin, die bisher geschwiegen hat, wirft ihr einen mißbilligenden Blick zu.

»Du hast nichts von Longwood begriffen. Während der ganzen Besichtigung hast du unaufhörlich gemäkelt. Warum bestehst du eigentlich darauf, Museen zu besuchen? Du verabscheust sie. Du hast nicht das geringste Verständnis für Geschichte. Ich fand dieses Haus ergreifend.«

»Wahrscheinlich hast du recht. Es stimmt, mich interessieren nur die Lebenden. Ich habe den Konsul in den Gärten gesehen. Er ist so jung. Ein Mann in so jungen Jahren schließt sich hier ab von der Welt! Er muß sich schrecklich langweilen.«

»Das glaube ich nicht. Er ist nicht völlig allein. Sein Vater lebt gleichfalls in Longwood. Jedes Jahr halten sie sich eine Weile in Frankreich auf. Im August und Spetember, den beiden schlimmsten Monaten auf der Insel.«

Ich weiß im Grunde wenig über die beiden Ladies. Sie sind bei einer Zwischenlandung in Teneriffa zugestiegen. Warum sind sie in Sankt Helena an Land gegangen? Wegen Napoleon? Wohl kaum. Offensichtlich wollten sie nur die Wartezeit bis zur Abfahrt der RMS *St. Helena* totschlagen. Die Begleiterin gibt mir Rätsel auf. Gewiß, sie leistet der anderen Gesellschaft. Aber sie dürfte kaum ihre »Gesellschaftsdame« sein. Sie läßt sich den Befehlston gefallen, ohne mit der Wimper zu zucken, verweist indes die Gefährtin gelegentlich mit einer gewissen Beiläufigkeit und fast versteckter Belustigung in ihre Schranken. Man hat den Eindruck, sie amüsiere sich insgeheim. Menschen und Dinge scheinen ihr vom Virus der Lächerlichkeit befallen zu sein. Außer wenn es um Napoleon geht. Was sie über dieses Thema denkt, ist nicht festzustellen. Unter ihrer scheinbaren Kälte muß sich ein romantisches Temperament verbergen.

Wir wandern zwischen den Häusern umher. Verfall, wohin man blickt. Sogar die erst im Bau befindlichen Villen wirken bereits wie Ruinen. Ist es das Klima, das alles so verändert? In einem verwilderten Garten entdecke ich einen schwarzen DS 19. Das Unkraut macht sich bereits über die Karosserie her. Der Wagen ist noch in gutem Zustand. Beim Anblick der Kühlerfigur erstarre ich. Ein silberner Adler. Ein kaiserlicher Adler oder ein amerikanischer? Ich will den Besitzer kennenlernen. Meine beiden Freundinnen gehen zur Haustür und klopfen an. Ein Haufen leerer Bierflaschen und ein Kühlschrank liegen auf dem Boden. Keine lebende Seele weit und breit.*

2

Wieder einmal, und mit demselben Gefühl der Unwirklichkeit, betrachte ich Marchands Aquarell: die beiden Gärtner, Alis Blumenparterre, von einem Bogengang umrundet, die Grotte, den chinesischen Pavillon.

Michel Martineau erwartet mich auf dem Platz vor der Veranda. An derselben Stelle wie der Kaiser. Und wie Na-

* Ein Sankt-Helena-Pilger konnte diesen Adler nach meinem Aufenthalt auf der Insel kaufen.

poleon auf dem Aquarell, trägt auch er eine weiße lange Hose. Allerdings keinen grünen Rock, sondern ein himmelblaues Hemd.

Im ersten Moment glaube ich, er habe die Szene von 1819 nachgestellt. Zutrauen würde ich ihm einen solchen Streich. Indessen hat er offensichtlich anderes im Kopf.

Er hält mir den Schlüssel zum Haus hin, als wolle er ihn mir übergeben, aber in Wahrheit will er mir damit nur andeuten, daß es mir freisteht, ganz nach Belieben in den Räumen von Longwood herumzuspazieren. Er schließt die Tür auf und steckt den Schlüssel wieder in die Tasche.

»Ich kann Sie nicht begleiten. Sie dürfen sich überall umsehen. Ich habe Probleme mit der Elektrizität in der Wohnung von Gourgaud. Ich übe hier nämlich sämtliche Berufe aus: Holzfäller, Gärtner, Klempner, Maler, Elektriker, von der Verwaltung ganz zu schweigen. Ich bin sicher, daß die Aussicht, das Spukhaus allein zu besichtigen, Ihnen nicht unlieb ist.«

Er hat gesagt, »das Spukhaus«, in einem leicht ironischen Ton, vielleicht um mir zu bedeuten, daß er meine Emotion bei unserem ersten Besuch sehr wohl bemerkt hat.

»Glauben Sie an Wiedergänger?« frage ich ihn.

»Ich weiß nicht. Ich vermute, gewisse tragische Ereignisse die irgendwo stattfanden, sind so schwerwiegend, daß sie dem Ort des Geschehens ihr Bild einprägen und ihre Spuren hinterlassen konnten. Aber ich glaube vor allem an die magnetische Kraft der Erinnerung, an die Macht der Phantasie. Sie belebt einen Ort aufs neue.«

»Demnach ist jedes Haus ein Spukhaus. Denken Sie an alle die Menschen, die im Lauf der Zeit darin gestorben sind.«

»Sie glauben also, daß die Seelen der Verstorbenen dort herumgeistern und die Lebenden quälen?«

»Keine Ahnung. Wissen Sie, ich denke oft an Hotelzimmer, an alle die Körper, die dort auf ein und demselben Bett gelegen haben. Vielleicht erklärt das die bizarren Geräusche, die man in solchen Zimmern hört, Klopfen in den Leitungsrohren, Knistern im Fußboden ...«

»Was Sie mir da erzählen, ist *Die Nacht der lebenden Toten* ... Aber Spaß beiseite. Anfangs hatte ich zwar das Gefühl, inmitten von Gespenstern zu leben. Heute denke ich aber nicht mehr daran. Longwood ist ganz einfach das Haus, in dem ich arbeite. Enttäuscht Sie das?«

»Nein, aber es ist schwierig, die Vergangenheit zu vergessen: zum Beispiel dieser Stromausfall in Gourgauds ehemaliger Wohnung. Und dann Montholons Gemächer, die Sie bewohnen.«

»Und mein Atelier, das sich im ehemaligen Geschirrzimmer befindet ...«

»Ihr Atelier?«

»Ja, ich male. Aber ausschließlich Blumen.«

»Die Blumen von Longwood?«

»Schmucklilien, Iris. Ich werde sie Ihnen zeigen, aber jetzt muß ich gehen.«

Das Billard ist mit einem Laken verhüllt. Die Kugeln sind in einem Triangel gefangen. Eigentlich ist der Geruch von Longwood gar nicht so unangenehm. Vielleicht habe ich mich auch schon an ihn gewöhnt. Das Haus strömt einen Hauch von Moder aus, aber auch von Humus, etwas Erdhaftes, Krautartiges, wie das Moos an den Bäumen. Zu schwach, um ein subtiles pflanzliches Aroma zu überlagern. Es macht die berüchtigte Kellerluft erträglich, über die Napoleon sich beklagte.

Das Billardzimmer liegt im Dunkeln. Da der Konsul mir erlaubt hat, die Fenster zu öffnen, stemme ich die Schiebefenster nacheinander hoch, dann schlage ich die Läden auf. Lichtbündel schießen jäh in den Raum und beleben Bilder und Mobiliar.

Durch dieses Entrée, das als Empfangs- und Warteraum diente, hat Hudson Lowe am 16. April 1816 das Haus erstmals betreten. Der Kerkermeister ist soeben auf Sankt Helena gelandet und wünscht den Gefangenen zu sehen. Doch der einstige Herrscher schätzt es nicht, daß man ihm den Zeitpunkt einer Audienz vorschreibt. Er läßt mitteilen, er sei unpäßlich. In Wahrheit verfolgt er die Szene von Anbeginn hinter einer Jalousie seiner Schlafkammer. Hudson Lowe muß anderntags nochmals vorsprechen.

Immer auf der Lauer liegen, aus dem Schatten spähen, das ist für Napoleon nichts Neues. Außerdem verfügt er auf Sankt Helena über einen Spion, Cipriani, den korsischen Haushofmeister. Dieser Mann gehört einer Familie an, die dem Bonaparte-Clan seit Jahrzehnten dient. Ein unheimlicher Mensch, weiß alles, was sich auf der Insel tut, kennt die Schiffsbewegungen, die Gerüchte, die in Jamestown umlaufen.

Kannte dieser Schmalspur-Fouché, »Polizeimeister« des Gefangenen, Hudson Lowe bereits? Vermutlich sind sich die beiden Männer 1806 während der Belagerung von Capri begegnet. »Seine Majestät würde uns alle für Cipriani herschenken«, beklagt sich Gourgaud. Der Gefangene, hungrig nach Informationen, durstig nach jedem Klatsch, verbringt Stunden damit, seinen Haushofmeister auszufragen. War Cipriani seinem Herrn so treu ergeben? Es ist nicht auszuschließen, daß er Doppelagent war. In der geschlossenen Welt von Longwood herrscht ein Klima aus Betrug und Falschheit. Diese Zimmer, die ineinander übergehen, diese düsteren Korridore, diese wirre Anhäufung von Nebenräumen, Abstellkammern und Verschlägen sind das ideale Gelände für Intrigen, geheime Gespräche und Zusammenkünfte. Das Kaiserreich und sein Polizei- und Haudegengehabe, seine Spionitis, seine Feldzugsmanieren, sein Abscheu vor Komfort und seine Geheimniskrämerei haben auch Longwood geprägt.

Napoleon zieht die Fäden im Hintergrund, Bertrand und Montholon haben Auftrag, den Engländern Rede und Antwort zu stehen. Wenn der Verbannte auch im Souffleurkasten sitzt, so ist er doch der Regisseur des Stücks. »Ich befehle oder ich schweige.« In Wahrheit tut er beides. Die Rolle, die er sich zugeschrieben hat, erfordert Schweigen, doch der einstige »Jupiter-Scapin« dirigiert jede Bewegung, jede Haltung und sogar jedes Mienenspiel seiner kleinen Truppe.

Napoleons erster Begegnung mit Hudson Lowe haftet etwas Komödiantisches an. Der Gefangene will ganz offensichtlich seinen Bewacher beeindrucken. Als Lowe vorgestellt wird, sagt Napoleon kein Wort. Der verwirrte Lowe entschließt sich, selbst das Gespräch zu eröffnen. Die beiden Männer sprechen italienisch, was die Ungewöhnlichkeit ihrer Begegnung noch unterstreicht.

Hudson Lowe kennt Korsika gut. Er hat dort gegen die Franzosen gekämpft, er hat sogar eine Weile in einem Haus Letitia Bonapartes gewohnt, das die Engländer beschlagnahmt hatten. 1799 übersiedelte er auf die Balearen-Insel Menorca, um dort franzosenfeindliche korsische Flüchtlinge auszubilden. Aus diesen Rekruten setzen sich die Royal Corsican Rangers zusammen, die Lowe später mit nach Ägypten führen wird. Der Friede von Amiens bringt ihn um seinen Posten. Aber als die Feindseligkeiten erneut ausbrechen, wird er zum zweiten Mal mit der Aufstellung einer korsischen Legion betraut. Nach der Capri-Affäre, bei der er sich von den Franzosen düpieren ließ, denkt er daran, seinen Abschied zu nehmen, entschließt sich dann aber doch, an der Eroberung der Inseln Ischia und Procida teilzunehmen. Nach Napoleons Abdankung wird er beauftragt, die Meldung in London zu überbringen. Zu Beginn der Hundert Tage gehört er dem Generalstab des Herzogs von Wellington an. Er nimmt nicht an der Schlacht von

Waterloo teil und wird sich mit der Übernahme der Verwaltung von Marseille begnügen müssen. In dieser Stadt erreicht ihn am 1. August 1815 seine Ernennung zum Gouverneur von Sankt Helena und zum Kerkermeister Napoleons.

Die beiden Männer stehen einander gegenüber. Ohne Zeugen. Nach seiner Gewohnheit tastet Napoleon das Terrain ab, springt von einem Thema zum anderen, stellt scheinbar sinnlose Fragen. Wissen, mit wem man es zu tun hat. Er fragt den ehemaligen Chef der Corsican Rangers, was er von den Bewohnern seiner Insel gehalten habe. Ob er verheiratet sei. Welchen Dienstgrad er habe. Und Ägypten? Ständig diese Nervosität, diese fieberhafte Suche einer Intelligenz nach Indizien. Den Gegner erspüren, an einem Blick, einer Antwort, vielleicht an einem Geruch – die Gerüche verraten viel. Hat er an Hudson Lowe etwas Verdächtiges gewittert? Er, der so schnell unter der Oberfläche die wahre Natur der Menschen sieht, hat Mühe, den »Tiefgang« dieses Mannes auszuloten. »Tiefgang«, sein Lieblingswort. Als erster moderner Heerführer muß er quantifizieren, abschätzen, abmessen. Nach Hudson Lowes Abgang begnügt er sich mit dem Kommentar: »Dieser neue Gouverneur spricht wenig, aber er scheint höflich zu sein.«

3

Ich betrachte den Kamin im Salon, vor dem der Gefangene zu stehen pflegte, wenn er Besucher empfing. Umrandung aus schwarzem Marmor, Feuerrost sorgfältig gereinigt und leer: Seit Jahren ist hier kein Feuer mehr entfacht worden, was ohnehin in der feuchten Luft eine vergebliche Liebesmühe gewesen wäre. Dennoch ist dieser Kamin nicht völlig tot. Er summt im Sog der Außenluft.

Ich bücke mich, um den Abzug zu inspizieren. Schwefelgelbes Licht erscheint in der Öffnung, die mit einem Gitter versehen ist.

»Sie glauben wohl, daß die Kamine von Longwood rein dekorativen Charakter haben?«

Vor mir, an der Tür, die zum Speisezimmer führt, steht ein Mann. Ich weiß nicht, ob er tadelt oder scherzt. Sein schiefes Lächeln – aber ist es ein Lächeln? – wird durch die Zigarre verstärkt, die er zwischen den Lippen hält. Regungslos, die Hände in den Taschen, fixiert er den Kamin. Die kalte Miene widerspricht seiner ironischen Haltung. Die vor dem Rauch zugekniffenen Augen hinter der getönten Brille blicken forschend.

»Interessieren Sie sich für Kamine? Vermutlich wissen Sie, daß in jedem Kamin ein Geist wohnt, ein böser oder ein guter. Je nachdem. Haben Sie bemerkt, daß manche Kamine auf unerklärliche Weise Rauch ausstoßen?«

»Das ist wahrscheinlich das Werk boshafter Kobolde«, sage ich scherzend.

»Sie glauben nicht an diese Geschichten?«

»O doch! Das ist wohl der Grund, warum der Schornstein vergittert ist.«

»Die Kaminrohre sind wegen der Stare vergittert. Diese Vögel sind die zweitgrößte Plage der Insel, nach den Termiten. Zu Napoleons Zeiten qualmten die Kamine entsetzlich. Es gab nie genügend Holz oder Kohle. Sie wissen, daß der Kaiser den Kohlegeruch nicht vertrug.«

»Das wußte ich nicht ... Ihrer Meinung nach spuken die Geister also immer noch in Longwood herum?«

»Kennen Sie das Gespenst des Dänen nicht?«

»Das Gespenst des Dänen? Nie davon gehört.«

»Mein lieber Herr, Sie müssen die Erinnerungen von Madame de Montholon lesen.«

Ein Minuspunkt für mich. Ich hatte die Berichte der meisten Zeitzeugen gelesen, aber Albine de Montholon übergangen. Ich versuche, von ihm mehr über dieses Phantom zu erfahren. Der Mann stellt sich taub. Ich interessiere ihn nicht mehr. Er hat kein einziges Mal gelächelt.

Lächeln bedeutet bei ihm augenscheinlich ein Zugeständnis, das er nicht zu machen wünscht. Seine Nonchalance hat etwas Rätselhaftes, sie kontrastiert mit der Steifheit seines Tons, seiner gespannten Mimik. Seine Lippen sind fast immer zusammengepreßt, auch wenn er spricht.

»Sind Sie Gilbert Martineau?«

Er nickt mit eisiger Miene. Meine Frage scheint ihn noch mehr verdüstert zu haben. Als ich sodann eine Frage über die weiße Marmorbüste Napoleons stelle, die vor mir steht, unterbricht er mich: »Ich bitte Sie. Fragen Sie mich nichts. Ich habe hier kein Amt mehr inne. Sie müssen sich an meinen Sohn wenden. Ich existiere nicht mehr.«

»Aber es handelt sich nicht um ein Interview. Ist es so ungehörig, Sie um eine Auskunft zu bitten?«

»Lassen Sie's gut sein«, sagt er und wendet sich ab.

Der Bär von Longwood wird seinem Ruf gerecht. Sein Pariser Verleger hatte mich gewarnt: »Sie werden sehen, an Martineau ist nicht leicht heranzukommen.« Ich hatte den Verleger über seinen Autor befragt. Er verstand nicht, warum Martineau sich aus der Welt zurückgezogen hatte. »Ehrlich gesagt, ich weiß wenig über ihn. Vielleicht hat er an Ort und Stelle dem Ende des Heldenepos nachspüren wollen. Er ist ein extrem diskreter Autor. Die Auflage seiner Bücher, der Erfolg, der Mißerfolg sind ihm gleichgültig. Seine Biographie der Pauline de Bonaparte hat sich gut verkauft. Er ist nicht im geringsten neidisch auf die Erfolge von Historikern wie André Castelot oder Alain Decaux, mit denen man ihn vergleichen könnte.«

Seine Bücher über Napoleons Familie liefern keine neuen Erkenntnisse, aber sie sind gut geschrieben, die Personen sind lebendig geschildert. Es gibt noch einen anderen Martineau: den Chronisten von Sankt Helena, der das Drama der Gefangenschaft von innen zu beschreiben verstand. Ein dritter Martineau verbirgt sich hinter dem Biographen Lord Byrons. *Der Fluch des Genies* ist ein düsteres, hochmütiges Buch. Man spürt, wie sehr der Autor vom schwarzen Engel der englischen Poesie fasziniert ist: »Seine große Stärke war, daß er nicht an das Glück glaubte«, schreibt er.

1956 verläßt Martineau Paris für immer, um sich mit seinen Eltern auf Sankt Helena niederzulassen. Er kommt gerade zur rechten Zeit. Die Gebäude von Longwood wurden erst vor kurzem restauriert. König Georg VI., der die britische Kolonie Sankt Helena besucht hatte, war betroffen vom Verfall des Anwesens, das die Termiten schon fast zerstört hatten. Ein Franzose, der als Vertreter der Chancellerie Longwood betreut hatte, war von der Insel weggezogen. Danach betraute man einen pensionierten Offizier der britischen Armee mit der Instandhaltung des Hauses. Zutiefst gekränkt befand die Grande Nation, daß diese Enklave französisch sei und daß es zudem eine Demütigung bedeute, sie den einstigen Peinigern des Kaisers zu überlassen. Indessen war es wichtig, einen Mann zu ernennen, der die Zustimmung der britischen Behörden finden würde – die französische Enklave steht unter dem Schutz des französischen Generalkonsulats in London. Der frühere Marineoffizier Gilbert Martineau wurde dank des Eingreifens von Staatspräsident Vincent Auriol und durch die Fürsprache Prinz Philips, des Herzogs von Edinburgh, für diesen Posten auserwählt. Während der dreißiger Jahre, als Martineau in Eton Latein und Griechisch gelehrt hatte, war der zukünftige Gemahl der Königin sein Schüler gewesen. »Die gründliche Kenntnis der englischen Sprache und des britischen Lebensstils, die zu seiner Wahl geführt hatten, erleichterten ihm auch die Eingewöhnung; vielleicht zum ersten Mal seit dem grausamen Exil arbeiteten Franzosen und Engländer einträchtig zusammen«, meint Jacques Jourquin in *Le Souvenir napoléonien*.

Seit vierzig Jahren bewohnt er das geheimnisvolle Anwesen. Was hat er gesehen? Was hat er gehört? Der Wind, der die losen Fenster leise klirren läßt, dürfte mit seiner dunklen Cellostimme seltsame Dinge erzählen.

Dieses Haus birgt ein Geheimnis. Er verharrt in einem Zustand, der weder Gegenwart noch Vergangenheit ist: einem Schwebezustand. Auf Longwood scheint die Dauer außer Kraft gesetzt, als wollte die Zeit eine Pause einlegen. Ich verspüre eine Verschiebung der Kräfte nach rückwärts, wie eine Suche nach dem Ursprung. Manchmal habe ich den Eindruck, in einer Falle zu sitzen. Das Licht, die Geräusche und Gerüche von Longwood werden immer ambivalenter.

Gilbert Martineau ist in den Tiefen eines Korridors verschwunden. Ich höre das Ächzen der Bodenbretter und das Knarzen von Ledersohlen, das er in seiner Kielspur zurückläßt.

Die Gravüren im Salon werden sonderbar hell. Das Bilderglas beginnt zu leuchten. Die Rekruten der Italienarmee, die sogenannten Marie-Luisen, die Napoleon in Montereau Revue passieren läßt, werden lebendig. Der Feuerschein erfaßt den Salon. Ein Schwall von Vergangenheit bricht herein. Die Figuren steigen aus ihren Rahmen, der Zug der Soldaten wird immer länger, je weiter er aus dem Dunkel tritt. Der Wind liefert den Takt zu diesem Aufmarsch der Toten, ein Konzert aus Seufzern. Ein Schatten durchquert das Licht, dann erlöscht alles. Die Stockflecken, die durch die Feuchtigkeit entstanden sind, nehmen wieder ihre Plätze auf den Gravüren ein. Das einzige, was bleibt, ist der muffige und schwere Geruch nach Moder und Tuberosen, der in der stickigen Luft des Nachmittags Schwindel erregt und betäubend wirkt.

Der Historiker Octave Aubry, der nicht leicht zu beeindrucken war, besuchte Longwood in den dreißiger Jahren. Diese Wallfahrt erschütterte ihn so tief, daß er auf den ersten Seiten seines Buches *Sankt Helena: Die Gefangenschaft Napoleons* das folgende, für ihn ganz ungewöhnliche Geständnis niederschrieb: »Ich habe ein Gespenst gesehen, ja, ich habe ihn hinter diesen flachen Türen stehen sehen, in diesen schäbigen Zimmern (...). Ich hörte, wie er sprach, seinen letzten, so wenigen Getreuen von sich erzählte.« Literarischer Kunstgriff eines Historikers, ausgelöst durch eine starke Gemütsbewegung? Man weiß es nicht. Jedenfalls beschreibt Octave Aubry ein Phänomen, das auch ich vor kurzem erlebt habe. Das Gefühl nicht einer wiedergefundenen, sondern einer umgekehrten, gewendeten Zeit. Gestern hatte ich, nicht ohne Naivität, eine Rückkehr in die Vergangenheit beschworen. In Wahrheit handelte es sich um eine Wendung. Ich lerne eine unbekannte Seite der Zeit kennen, eine Art Zielrichtungswechsel, eine Kursänderung. Diese neue Weichenstellung bringt nicht die Gegenseite der Zeit zum Vorschein, sondern die Rückseite, wie die Abseite eines Stoffes, die weniger glänzt als die Vorderseite.

4

In diesem Zimmer, in dem ich Gilbert Martineau getroffen habe, ist Napoleon am 5. Mai 1821 gestorben. Kontrast zwischen dem Puppensalon und dem berühmten Ausspruch Chateaubriands: »Er gab Gott den mächtigsten Lebensodem zurück, der jemals menschlichen Staub belebt hat.« Bei Sonnenuntergang, in Gegenwart der letzten Getreuen, tut er in dem schmalen Feldbett von Austerlitz seinen letzten

Seufzer, nachdem er noch gestammelt hat: »Armee, Spitze der Armee. Joséphine.« Er ist 51 Jahre alt. Genau in diesem Moment hält der Kammerdiener Marchand die Pendüle im Salon an. Sie zeigt 5 Uhr 49. Während der Agonie hatte man den Kranken in den Salon gebracht, der geräumiger und besser gelüftet war als die Schlafkammer.

Zwischen den beiden Fenstern, dort, wo das Bett stand, ist eine Kupferplatte in den Fußboden geschraubt: »Hier starb der Kaiser am 5. Mai 1821«. Ein Kranz aus Immortellen liegt auf dem Boden. Immortellen, die Fetisch-Pflanzen der Gefangenschaft, wachsen noch immer rings um Longwood. Blume des Erbarmens, Symbol der Großherzigkeit und des Zartgefühls. Lady Holland, eine Bewunderin Napoleons, hatte ihm aus England einige Setzlinge schicken lassen, um ihm seine Haft erträglicher zu machen und ihn an sein heimatliches Korsika zu erinnern.

Die Stelle ist von einer Kordel umspannt, die das Betreten verwehrt. Es ist der einzige geheiligte Ort im Haus. In der Mitte der Absperrung befindet sich eine Reproduktion der Totenmaske, angefertigt von Antonmarchi, dem letzten Arzt des Kaisers. Der Abdruck ist aus Bronze, das Gesicht schwarz, der Nasenrücken leicht gebogen. Die abgezehrten Züge erinnern an die Totenmaske Pascals. Eine Gottheit im kitischigen Stil von Saint-Sulpice: Ausdruck des Leidens, überschwenglich, fast obszön, mit einer Spur Geziertheit. Und doch ist es der gleiche Abdruck, den man in Paris im Armeemuseum sehen kann. Aber die Farbe ändert alles. Das dunkle Braun des Metalls verzerrt das Gesicht zu einer Grimasse äußerster Verwirrung, die fast possenhaft wirkt. Die Zeugen versichern, das Gesicht des Toten habe sich verjüngt. »Der leicht gespannte Mund verlieh seinem Antlitz einen zufriedenen Ausdruck, er wirkte nicht älter als dreißig«, schreibt Marchand.

An der Wand zwischen den beiden Fenstern hängt ein

Stich von Steuben, der bis ins kleinste die Agonie festhält, eine Verschmelzung von Gegenwart und Vergangenheit zu einer perfekten Illusion, wie Longwood sie zu bewerkstelligen versteht.

Ich kann den Blick nicht von der Totenmaske abwenden. Die Muskeln des Mundes scheinen noch immer zu zucken. Der Riktus erinnert an den eisigen Schauder der Sterbenden auf den Bildern der deutschen Renaissance. Und dann dieser Kopf, der auf dem bronzenen Kissen ruht, die Falten, die Quaste des Kopfkissens, die dem Ganzen ein Air von Noblesse verleihen soll.

Zuweilen schimmert die Bronze, reflektiert das wechselnde Licht von draußen. Dann zucken die Gesichtszüge, der Kopf belebt sich, Stirn und Wangen glänzen, wie von Schweiß überströmt.

Der Druck in den Wolken hat sich endlich entladen. Die dicken Tropfen, kompakt wie Hagelkörner, explodieren auf der Erde, ein leichtes Geflock stiebt hoch. Die Gärtner haben sich unter die Veranda geflüchtet. Nebelnässe hat den Garten überzogen. Gräser, Pflanzen, Gegenstände und Menschen, alles schwitzt. Der Regen und die Sommerhitze zerstäuben einen schwülen Geruch nach Schlamm und verwesenden Pflanzen, in den sich ein Duft von Treibhausheilkräutern mischt.

Die Atmosphäre im Hausinneren ist drückend. Ich durchquere den Salon und hätte um ein Haar die beiden Globen im Billardzimmer umgestoßen. Die Gärtner, die nachdenklich in den Regen gestarrt haben, entfernen sich plötzlich. Das Wasser hat die Zinerarien des Gartens schwarz gefärbt.

Die beiden Männer haben sich Jutesäcke wie Kapuzen übergestülpt. Wie sie sich so auf ihre Hacken stützen, sehen sie aus wie zwei Soldaten-Mönche, die vor dem Nebelschloß Posten stehen.

Vierter Tag

Das rote Haar Hudson Lowes – »Der Kaiser ist traurig« – Ein Regenbogen von Gerüchen – Der Mirakelhof – Das Schmollen, eine helenianische Praktik – Der possenhafte Zauberer – Die Eskapade vom 3. Januar 1816 – Das »Strandgut des Schiffbruchs« – Der Märchenerzähler von Longwood – Pegasus und Medusa – Die Lochblende der Camera obscura – Wo Bouvard und Pécuchet ins Spiel kommen – Den »reinen Augenblick« wiederfinden – Eylau, die zensierte Schlacht – Die Ratten der Hütte – Michel Martineau, der Blumenmaler – Der Kampf gegen die Feuchtigkeit – Der Atem der Einsamkeit – Die Treibjagden der Zeit – Der schwarze Schnee des *Friedhofs von Eylau* – »Ich habe viele Leute verloren« – Das Haupt der Medusa.

I

Am 30. April 1816 besucht Hudson Lowe Napoleon zum zweiten Mal. Der Kaiser empfängt ihn in seiner Schlafkammer. Der schlecht rasierte, in einen Hausrock gekleidete Gefangene ist übel gelaunt. Der neue Kerkermeister ärgert ihn. Hat er nicht noch mehr Vorschriften erlassen, weitere Einschränkungen auferlegt? So hat er zum Beispiel von seinen Begleitern und Domestiken eine schriftliche Verpflichtung verlangt: Sie haben die selben Lebensbedingungen zu akzeptieren wie ihr Herr, anderenfalls müssen sie Longwood verlassen. »Alles atmet hier eine tödliche Langeweile. Die Lage des Hauses ist unangenehm, ungesund; es gibt kein Wasser, dieser Teil der Insel ist eine Wüste«, murrt der Gefangene.

Wie immer wählt er den Angriff, um den famosen »Tiefgang« des Gesprächspartners auszuloten. Lowe gibt nichtssagende Antworten, läßt sich auf keine Polemik ein. Diese beharrliche Verweigerung des offenen Kampfs ist für Napoleon ein Zeichen. Er begreift sofort, mit wem er es zu tun hat. Nach diesem zweiten Treffen sind die Fronten klar. »Was dieser Gouverneur doch für eine infame und finstere Visage hat. In meinem ganzen Leben habe ich nichts derartiges gesehen. Sie würde jeden davor abschrecken, seine Tasse Kaffee auszutrinken, nachdem er sie einen Augenblick mit diesem Menschen allein gelassen hat«, sagt er zu Las Cases. Der Mann gefällt ihm ganz offensichtlich nicht. Allen Zeugen war die seltsame Physiognomie des Zerberus aufgefallen: spitzes, von Sommersprossen übersätes Gesicht, hohe, breite Stirn, lange Nase, schmale Lippen, rotes

Haar. Er ist halsstarrig, unberechenbar, autoritär, verstrickt sich in Widersprüche und antwortet nie geradeheraus. Der Kaiser ist enttäuscht. Er hätte gern, als er seine Attacke losließ, den Gesichtsausdruck des Mannes gesehen. Doch die Nacht war hereingebrochen und hatte das Zimmer in Dunkel getaucht. »Ich habe also«, gesteht er Las Cases, »vergebens versucht, sein Mienenspiel zu erforschen und herauszufinden, welchen Eindruck ich in diesem Augenblick auf ihn gemacht habe.«

Hudson Lowe, der sich zuvor bereits mit Montholon und Las Cases unterhalten hat, versteigt sich in seiner Hinterhältigkeit dazu, ein Loblied auf die Schönheit der Landschaft anzustimmen. Die beiden Männer protestieren lauthals: Es herrsche eine glühende Hitze, und es gebe keine Bäume, die Schatten spenden. »Dann pflanzen wir eben welche«, sagt er zu uns. »›Pflanzen‹, was für ein schreckliches Wort«, klagt Las Cases. Die Aussicht, bis an sein Lebensende auf Sankt Helena zu bleiben, was Hudson Lowe mit seiner Bemerkung anzudeuten scheint, deprimiert den Gefangenen. Napoleon hofft inbrünstig auf einen Umschwung in der Haltung der Großmächte ihm gegenüber. Vielleicht wieder nach Europa zurückkehren ... Der Gefangene ist niedergeschmettert. Wie immer, wenn er schwarzen Gedanken nachhängt, schließt er sich in seine Schlafkammer ein. Niemand soll sehen, daß er unglücklich ist.

Wie gestern, so hat Michel Martineau mir auch heute erlaubt, mich frei in Longwood zu bewegen. Ich sitze in Napoleons Schlafkammer, in die er sich tagelang, ja wochenlang einschloß, wenn er in Trübsinn verfiel. Ich schätze die Abmessungen der Zelle: höchstens sechzehn Quadratmeter. Ich habe nun den Eindruck, die Traurigkeit und die Einsamkeit des Gefangenen besser zu begreifen. Immer diese Dürftigkeit, eine fade, an Not grenzende Art, den Schein zu wahren, seinen Rang zu behaupten. Zu dieser Schäbigkeit kommt noch eine tropische Schalheit, die dem Ganzen einen trübseligen Anstrich gibt, alles grau und schlapp erscheinen läßt. »Man müßte einschlafen können und erst in einem oder in zwei Jahren wieder aufwachen«, erklärt er Gourgaud. Der ungeduldige Halbgott, der einst seine Gesprächspartner wissen ließ: »Ich schenke Ihnen gern alles mögliche, nur keine Zeit«, wird von der Anhäufung der Tage niedergedrückt. »Das einzige, wovon wir hier zuviel haben, ist Zeit«, seufzt er.

Die Ewigkeit des Augenblicks. Gegen diese unbestimmte Dauer kämpfen alle Gefangenen der Welt. Diese langsame Vernichtung mit ihrem trockenen Staubgeruch schwebt immer noch in der Schlafkammer. In Longwood hat jedes Zimmer seinen spezifischen Geruch. Woher kommt er? Das Holz des Fußbodens erklärt nicht alles. Man bemerkt nicht immer diese Veränderungen. Manchmal entfaltet sich plötzlich ein Regenbogen von Gerüchen wie eine Wettererscheinung. Schillern der Erinnerung, Brechung der Vergangenheit? Diese Duftschwaden steigen so heftig zu Kopf, daß es Stunden dauert, bis der Geruchssinn sie wieder völlig verjagt. Ein Exil gleicht dem anderen. Fern von den Palästen und der strahlenden Evidenz der Macht, sind alle Zufluchtsorte bitter, unwohnlich, abgestorben. Ich habe in der Boisserie, diesem schmucklosen, verwinkelten Haus, die gleiche mürrische Würde vorgefunden. In der Einsamkeit der Champagne habe ich die gleiche Traurigkeit, das gleiche Leiden am trübseligen Warten verspürt. Der Patiencen legende und dozierende General de Gaulle ist eine Longwoodsche Figur.

»Unsere Tage waren eintönig, farblos, und sie hinterließen bei uns nur vage Erinnerungen«, notiert Las Cases am 25. Februar 1816. »Er fühlte sich nicht wohl und hat sich frühzeitig zurückgezogen«, vermerkt er am 28. März. »Der

Kaiser war beim Diner schweigsam und traurig, er fühlte sich nicht wohl« (14. April). »Er sagte, er sei den ganzen Tag über schlapp gewesen, angeekelt, bedrückt« (1. September). Wenn ihn Müdigkeit und Schwermut übermannen, dann verwandelt sich Longwood in einen Mirakelhof, an dem jeder befehlen will und alle durcheinanderreden. Der niedergeschlagene Monarch verliert dann die Kontrolle über die kleine sich zankende Truppe.

Der Unerträglichste von allen ist zweifellos Gaspard Gourgaud. Dieser Artillerist und *polytechnicien*, der 1812 in den Freiherrnstand erhoben worden war, weil er als erster den Kreml betreten und dabei die Mine entdeckt hatte, die den Generalstab der Großen Armee hätte in die Luft sprengen sollen, war in extremis nach der Schlacht bei Waterloo zum Brigadegeneral ernannt worden. Im letzten Augenblick hatte er die Erlaubnis erwirkt, Napoleon nach Sankt Helena zu folgen. Er vergöttert den großen Mann. Aber seine Eifersucht vergiftet das Klima der Gefangenschaft. Der Kaiser, der so sehr auf die Etikette und die ihm gebührende Form der Anrede bedacht ist, duldet mit unerklärlicher Nachsicht die Ausfälligkeiten dieses Gefährten. Der impulsive, streitsüchtige Gourgaud tyrannisiert den Gegenstand seiner Verehrung.

Die Lektüre seines Tagebuchs zeigt dies ungeschminkt. Gourgaud ist der Anti-Las Cases. Er beschreibt seinen Helden, so, wie er ist, und nicht so, wie die Legende es erfordert: als einen zugleich geduldigen und egoistischen Menschen, dem die Ereignisse manchmal über den Kopf wachsen und der den Impertinenzen seines ehemaligen Ersten Adjutanten oft hilflos gegenübersteht. Gourgaud gefällt sich darin, den Kaiser abzukanzeln, ihm zu widersprechen. Unentwegt wechseln Streitereien und Versöhnungen einander ab. »Seine Majestät zürnt. Ich auch. Sie beruhigt sich. Ich schmolle.« Das Schmollen ist eine alltäglich praktizierte

Übung von Leuten, die sich langweilen. Eines Tages erlaubt sich Gourgaud, dem Kaiser zu widersprechen. Napoleon behauptet, daß er die Lage hätte wenden können, wenn er in Rußland an der Spitze der Armee geblieben wäre. »Pardon, Sire, es war zu spät.« »Ich hätte mich also nicht in Wilna halten können?« »Nein, Sire.« Ein anderes Mal rügt Gourgaud den Kaiser, der den Italienfeldzug diktiert. Er erklärt ihm abrupt, daß er sich zu oft wiederhole (2. Juni). Wenn Napoleon Frieden schließen will, kommt es vor, daß Gourgaud weiterhin den Beleidigten spielt. »Haben Sie noch Durchfall?« »Nein, Sire« (19. Juli).

Der aufbrausende, empfindliche Gourgaud haßt Las Cases, aber mehr noch verabscheut er das Ehepaar Montholon. Er fühlt sich dauernd zurückgesetzt. Er wäre gern der einzige Vertraute des Gefangenen. Verärgert ruft Napoleon eines Tages aus: »Sie haben wohl geglaubt, als Sie mit mir hierherkamen, mein Kamerad zu sein. Ich bin niemandens Kamerad.« Und um jeden Zweifel zu beseitigen, setzt der ehemalige Caesar hinzu: »Ich, und nur ich, muß der Mittelpunkt sein« (25. Dezember) – pathetisches Geständnis eines Königs ohne Krone, der in einer elenden Klitsche allein über zwei Militärs mit Gattinnen, einen verhaltensgestörten Junggesellen und einen scheinheilig-liebenswürdigen ehemaligen Emigranten herrschen will.

2

Ich stehe vor Gourgaud und Napoleon: der schlampig gekleidete Kaiser hat ein Madrastuch um den Kopf geschlungen. Die rechte Hand steckt lässig im Hosenbund, während die Linke ein Blatt Papier hält. Der Kaiser ist nachdenklich, seine Augen sind ein wenig traurig, die Mundwinkel herabgezogen, das Kinn ist mit Bartstoppeln bedeckt. Napoleon wird sprechen, er konzentriert sich. Er wird den Ruhm gegen die Zeitläufte zu neuem Leben erwecken. Doch sein Blick verrät einen Anflug von Melancholie. Gourgaud wartet mit gezückter Feder, bereit, das kaiserliche Wort aufzuzeichnen. Er trägt eine beflissene, ein wenig selbstgefällige Miene zur Schau. Er ist mit seinem Herrn und Meister allein! Wie glücklich er ist, wie bedeutend.

Die von Steuben gemalte Szene hängt zwischen den beiden Fenstern. Wiederum erkenne ich die subtile Hand des Taschenspielers. Longwood ist voll von derartigen Kunststücken. Ein possenhafter Zauberer bewirkt durch seine Tricks, daß Vergangenheit und Gegenwart aufeinanderprallen. Der Stich hängt an der Wand, die auf dem Stich abgebildet ist.

Auch die Büsten Marie-Luises und Joséphines stehen einander gegenüber. In der Schlafkammer des Ehemanns schauen sich die beiden Gattinnen wie Ölgötzen an. Joséphine mustert ihre Rivalin schelmisch, ein Eindruck, der wahrscheinlich durch die kecke Nase hervorgerufen wird, die Joséphines Physiognomie etwas Pikantes verleiht. Das Gesicht der Habsburgerin ist leblos, und die hervorquellenden Augen schauen etwas dümmlich in die Gegend.

Napoleon frühstückt an dem einbeinigen Tischchen, macht seine Toilette vor dem Fenster. Wie einst steht das Sofa rechtwinklig zum Kamin. Der Gefangene legt sich zum Lesen gerne darauf. Er ist anscheinend frei, Herr in seinem Haus; im Unterschied zu einem gewöhnlichen Gefangenen organisiert er seine Tage nach Lust und Laune. Longwood, ein Gefängnis? An die tausend Soldaten sind dauernd im benachbarten Deadwood stationiert, um das Haus zu überwachen. Im Umkreis von sieben Kilometern kann Napoleon sich nach Belieben bewegen, doch ab Sonnenuntergang umstellen Wachposten die Gebäude bis zum Morgengrauen. Sie sind in einem Abstand von fünfzehn Metern

Der Kaiser diktiert auf St. Helena General Gourgaud seine Memoiren. Gemälde von Carl August von Steuben.

unter den Fenstern postiert und lassen Longwood nicht aus den Augen. Eine weitere Grenze von ungefähr zwanzig Kilometer Umfang, die sich um den ersten Bereich zieht, erlaubt dem Kaiser, frei umherzuschweifen, wobei er allerdings auf Patrouillen stoßen kann, die mit seiner Überwachung betraut sind. Ein britischer Ordonnanzoffizier, der in Longwood Quartier bezogen hat, muß sich zweimal am Tag persönlich von der Anwesenheit Napoleons überzeugen.

Am 3. Januar 1816 verläßt Napoleon den vorgeschriebenen Bereich und begibt sich nach Sandy Bay im Süden der Insel. Drei Tage darauf schüttelt er den englischen Ordonnanzoffizier ab und geht mit Gourgaud nach Rock Rose Hill, einem Punkt, der einen Kilometer von der Küste entfernt liegt. Diese Eskapade gibt Rätsel auf. Wollte Napoleon das Überwachungssystem der Engländer auf die Probe stellen? Ein wahrscheinlich einzigartiger Augenblick der Gefangenschaft: Die beiden Männer sind allein, die kopflosen Engländer wissen nicht, wo sich Bonaparte befindet. Das Meer ist ganz nahe, nirgends ein Wachposten, nirgends eine Geschützstellung. Der Gefangene mustert nachdenklich den Horizont. Die afrikanische Küste ist zweitausend Kilometer entfernt, Amerika dreitausend. Vielleicht hat er sich in diesem Augenblick noch eingeschlossener gefühlt als in Longwood. Der Anblick des Ozeans führt ihm vor Augen, daß nicht die drangvolle Enge ihn gefangenhält, sondern die übermäßige Weite. »Aus einem Gefängnis ohne Mauern kann man nicht fliehen«, hatte mir der Polizeichef der Insel erklärt.

Napoleon gibt das Signal zur Rückkehr nach Longwood. Die Engländer werden ihm diesen Streich nie verzeihen. Er hat eine verbotene Linie überschritten. Er befand sich in einem Grenzbereich, auf der Trennfläche zwischen zwei Zuständen, nicht eigentlich frei, nicht eigentlich befreit. Viele spätere Schikanen dürften dieser Eskapade zuzuschreiben sein.

Hatte der Gefangene Fluchtpläne? Diese Frage ist noch nicht vollständig geklärt. Auf alle Fälle blieben seine Anhänger in Amerika nicht tatenlos, aber sie konnten sich zu keiner Zeit zu einer Bündelung ihrer Bemühungen und einer gemeinsamen Aktion entschließen.

Im Jahr 1816 zählt die Garnison von Sankt Helena 2784 Mann. Hudson Lowe verfügt über ein Geschwader, das ständig rund um die Insel kreuzt. Es besteht aus drei Fregatten, zwei bewaffneten Schiffen und sechs Briggs. Jedes Schiff, das sich Sankt Helena nähert, wird sofort geortet und darf nur nach Zustimmung der Behörden anlegen. Der Gefangene kann ohne die Erlaubnis des Gouverneurs keine Besucher empfangen, und all seine eingehenden oder abgehenden Briefe müssen die Zensur der Engländer passieren. Man verweigert ihm den Kaisertitel. Auf Sankt Helena ist er nur noch der General Bonaparte.

Eines Tages schickt ihm Hudson Lowe einen Brief, adressiert an General Bonaparte. Der Kaiser läßt ihn postwendend zurückgehen, mit der Bemerkung: »Ich habe von diesem General seit der Schlacht bei den Pyramiden nichts mehr gehört.« Im März 1816 faßt Las Cases die Situation wie folgt zusammen: »Der Kaiser regelt alles, was um ihn vorgeht, und gibt sich dabei die Attitüde der von der Gewalt unterdrückten Würde; er zieht um sich einen moralischen Wall.«

Der Häftling hat ein für allemal beschlossen, sich in seinem Gefängnis einzuigeln. Gourgaud gesteht er sogar, daß er, gäbe man ihm die ganze Insel, keine Lust hätte, öfter aus dem Haus zu gehen. »Nach einiger Zeit hätten mich alle gesehen; je weniger ich mich blicken lasse, desto größer ist die Wirkung.« Er hat nicht die geringste Lust, Hudson Lowe für sich einzunehmen. »Zwischen einem Kerkermeister und einem Gefangenen kann es keinerlei gesellschaftliche Beziehung geben«, sagt er zu Bertrand.

Was in dieser Kammer wie im restlichen Haus am meisten auffällt, ist der Mangel an *Grandeur*. Das Logis eines dahinvegetierenden Kleinbürgers. Mit den paar verbliebenen Habseligkeiten, diesen Spuren vergangener Pracht (»das Strandgut des Schiffbruchs« nach einem Ausspruch von Lord Rosebery), versucht er, darüber hinwegzutäuschen. Diese karge Ausstattung verleiht dem Ganzen den

Anstrich einer Studentenbude, wenn auch die Domestiken sich bemüht haben, mit den vorhandenen Mitteln mehr daraus zu machen. Es kommt sogar vor, daß der Kaiser sich als Bastler betätigt. Um sein Heim wohnlicher zu machen, löst er eines Tages aus einem großen Buch die Bildtafeln und schneidet die darauf dargestellten Vögel aus. »Er ließ sie am Wandbehang seines Arbeitskabinetts befestigen, und einen großen Adler, den er jedoch nicht ausgeschnitten hatte, über seinem Schreibtisch anbringen«, erzählt Ali. Der entthronte Monarch sieht sich genötigt, den kaiserlichen Vogel aus einem Album zu reißen. Longwood vergiftet jede Geste und bannt den Zug der Erinnerungen in die Bedeutungslosigkeit.

Sicher, da sind die Diktate. Aber diese Pilgerreise in die Vergangenheit ist fast immer ernüchternd und schmerzlich. Man braucht nur die Berichte von Las Cases oder Gourgaud zu lesen, um zu bemerken, daß diese Übung unter dem Zeichen einer Angst steht, die ihre Beschwichtigung in einer Überfülle von Details sucht. Napoleon bemüht sich zu rehabilitieren, zu reparieren, zu restaurieren. Um nicht zu verzagen, muß er die TausendundeineNacht der Herrschaft wieder zum Leben erwecken, das unglückliche Ende hinauszögern.

So erzählt man sich also Geschichten. Napoleon hat kaum mehr Beziehungen zu Lebenden, er will nur noch welche knüpfen mit seinen Erinnerungen. Die Jakobsleiter reicht nicht hinauf in den Himmel, sondern hinab in den Schlund. Das Grand Empire, das unter seinem Szepter vereinigte Europa, die zu Königen und Königinnen erhobenen Geschwister, all diese Erfolge sind Vorboten der Katastrophen, Sprossen, die in den Abgrund führen. Das Gegenteil von Jakobs Traum, Jakob, der einer langen Nachkommenschaft sicher sein kann und der Gründer einer Nation sein wird.

Napoleon, der gern noch die geringste Episode seines Lebens kommentiert, spricht nur zweimal von seinen Träumen. Den ersten Traum erzählt er nur seinem Kammerdiener Marchand. Seltsamerweise bezieht sich dieser Traum auf seine Nachkommenschaft. Eines nachts hat er Marie-Luise gesehen, die seinen Sohn an der Hand hielt. »Sie war frisch, wie damals in Compiègne. Ich habe sie in meine Arme genommen, aber sosehr ich mich auch mühte, sie zu halten, ich fühlte, daß sie mir entglitt, und als ich wieder nach ihr greifen wollte, war alles verschwunden und ich bin aufgewacht.«

»Ich fühlte, daß sie mir entglitt«: Die Angst, allein gelassen zu werden, ins Nichts zu fallen. Auf Sankt Helena fürchtet er nur eines: daß seine Gefährten ihn verlassen. In seiner kruden Art schreibt Gourgaud am 15. Juli 1816: »Wen wir alle zusammen abreisten, bliebe seiner Majestät nichts anderes übrig, als sich umzubringen.« Der nämliche Gourgaud erwähnt auch den anderen Traum des Kaisers, in dem Napoleon »einen englischen Husaren tötete, der ihn angriff«.

Napoleon war immer Fatalist. Am 2. September, als er auf den Höhepunkt seiner Macht zu sprechen kommt, gesteht er Las Cases: »Ich sah ganz klar die entscheidende Stunde herannahen. Der Stern verblaßte, ich spürte, wie mir die Zügel entglitten, und ich konnte nichts dagegen tun.« Vorausahnung der Katastrophe, der man den wunderbaren Satz des *Anfangs* entgegensetzen muß, als er mit fünfundzwanzig Jahren General der Italienarmee war: »Ich sah bereits die Welt unter mir dahingleiten, als würde ich durch die Lüfte davongetragen.« Dieselbe Bemerkung hatte er 1817 Gourgaud gegenüber wiederholt. In ihrer fulminanten Verschmelzung von Klarsicht und Traum erinnert die Formulierung an Stendhal. Ein Blitz, der die trüben Tage durchzuckt und plötzlich die lastende Dunkelheit von Longwood zerreißt. Alles ist darin enthalten. Die Risikobereitschaft, das unabsehbare Glück, der große Ritt ins Abenteuer. Pegasus fliegt auf, geht durch, das Schicksal verfällt in einen rasenden Lauf ... »Ich spürte, wie mir die Zügel entglitten, und ich konnte nichts dagegen tun.« Hat er nicht eines Tages Las Cases gestanden: »Man kann den Dingen einen ersten Anstoß geben, dann wird man von ihnen mitgerissen.«

Pegasus, entsprungen aus dem Blut der Medusa, deren Blick noch immer die dunkle Kammer heimsucht. Pegasus–Medusa, der Anfang und das Ende, der Impetus und der Exitus.

In diesen Augenblicken der Aufrichtigkeit spielt er nicht mehr Verstecken mit seiner Erinnerung. Aber nur selten bekennt er sich schuldig. Wenn die Wahrheit seinem Ruhm in die Quere kommt, wählt er den Ruhm. Wenn er seine Mißerfolge erwähnt, betreibt er keine Selbstkritik, sondern ein seltsames Puzzlespiel. Er sucht den fehlenden Stein, das Detail, das ihn in Schwierigkeiten gebracht hat. Über Waterloo sagt er zum Beispiel: »Alles hat mir gefehlt, als alles gelungen war.« Doch was hat gefehlt? Die grundlegende Frage ist doch: Warum bin ich hier?

In diesem Zimmer hat er versucht, das Rätsel zu ergründen, in dieser Camera obscura hat er sich bemüht, das Licht der Erinnerung aufleuchten zu lassen. Die Läden sind geschlossen, die Vorhänge zugezogen. Ein einziger Strahl fällt auf die dunkle Wand. Er dringt gleißend und scharf wie durch eine Lochblende ins Zimmer und projiziert ein Bild, einen geheimnisvollen Schatten, der um so größer wird, je weiter sich das Objekt von der Öffnung im Fensterladen entfernt. Eine Wolke, die Gestalt eines Menschen, ein Vogel? Die glitzernde Spitze ist auf den schwarzen Kaminrost gerichtet.

»Er war in seiner Schlafkammer, das Holzfeuer verlieh seiner Physiognomie den eigenartigsten und melancholischsten Ausdruck«, schreibt sein Arzt O'Meara. Das Wort Melancholie taucht bei den Memoirenschreibern selten auf. Gourgaud verwendet es hin und wieder: »Langeweile, Melancholie« (11. Juli 1816). Soll man in diesem Wort eine romantische Note sehen? Napoleon war ein großer Liebhaber der Gedichte Ossians, dieser keltischen Balladen, die von Nebelschwaden und Windstößen durchzogen sind. Auf der Hochebene von Longwood war er der entfesselten Natur ausgesetzt. Der Gefangene, der die Nebel und den unaufhörlichen Ansturm des Passatwindes auf seinen Kerker haßte, befand sich inmitten einer zerrissenen Landschaft, die der Phantasie der Frühromantiker hätte entsprungen sein können. Aber weder diese Art von Melancholie noch die Atmosphäre des Schauerromans, die in dem trostlosen Haus herrschte, interessierten den Gefangenen auch nur im geringsten. Hinter Napoleons Melancholie verbirgt sich eine sehr alte Trauer. »Immer allein, inmitten der Menschen, ich gehe nach Haus, um vor mich hin zu träumen und mich der ganzen Lebhaftigkeit meiner Melancholie zu überlassen. Wohin wendet sie sich heute? Zum Tod.« Diese Zeilen stammen aus dem Jahr 1786, als er Leutnant war.

Auf Sankt Helena wechseln Perioden der Euphorie und der Niedergeschlagenheit einander ab. Eine Kleinigkeit kann ihn wieder in Hochstimmung bringen. An einem Tag, an dem schönes Wetter herrscht, sagt er strahlend zu Gourgaud: »Und wenn dies ein Zeichen dafür wäre, daß das Glück sich uns wieder zuwendet?« Das Glück blitzt nur flüchtig auf beim Eintauchen in die Erinnerung, und es ist zudem in der Legende, die es zu schaffen gilt, fehl am Platz. Bonaparte hat niemals nach Glück gestrebt, sondern nur nach Ruhm. Aristoteles versichert, daß jeder Ausnahmemensch melancholisch sei. Auf Sankt Helena ist Napoleon doppelt melancholisch, weil er alles verloren hat und sich daran erinnert. Man hat ihm das Besitzrecht entzogen. Das

Besitzrecht woran? An der Macht, an den Ehren? Das wäre zu einfach. In Wahrheit quält ihn ein unfaßbares, unnennbares Übel, eine Aufforderung, ein Mysterium, das er nie erkunden wird. Er vermag nicht, sich dem Geheimnis zu nähern, und dieses Unvermögen durchzieht die Diktate und die endlosen Abende von Longwood. Was macht ihm Angst? Wahrscheinlich der Zerfall. Das ist seine fixe Idee. Er streicht um ihn herum und Napoleon befürchtet, daß diese Zersetzung ihn von innen her zerstört. Diesen Kampf gegen die Zerstückelung fechten alle Häftlinge aus. Völlig zermürbt kapituliert der Gefangene von Longwood schließlich und wünscht sich den Tod auf eine Weise herbei, die dem Selbstmord gleicht.

Napoleon verkündet dauernd, daß nur er allein leide. Nur zu gern gibt er Bertrand, Las Cases, Montholon und Gourgaud zu verstehen, daß sie eigentlich keine Gefangenen sind. Alle diese Leute seien zu sich selbst verurteilt, aber sie hätten gewählt, sie wüßten, warum sie hier sind. Er allein sei das Opfer. Das »Wir« verwendet er zum Spott, um sich auszuschließen. Wenn seine Gefährten sich beklagen, sagt er: »Wir sind hier sehr glücklich, wir können ausreiten, tafeln vorzüglich, können nach Belieben herumgehen, werden überall gut aufgenommen und mit Ruhm überhäuft.« Unverblümt beschuldigt er seine Gefährten, ihn um sein Leid zu bringen. »Der einzige Unglückliche bin ich, zum einen, weil ich von so hoch gestürzt bin, zum anderen, weil ich nicht wie ihr allein spazierengehen kann, sondern immer nur mit Eskorte.«

Es ist ihm nicht entgangen, daß sie ihn begleitet haben, um dann der Welt seinen Niedergang und sein Ende erzählen zu können. Nach dem Abendessen hören sie sich seine Weissagungen an und seine Lesungen aus Voltaires *Zaïre*. Er deklamiert die Verse so schauerlich, daß Gourgaud und Madame Montholon eines Tages beschließen, den Band zu verstecken. Alle haben es eilig, auf ihr Zimmer zu gehen, um niederzuschreiben, was sie gehört haben. Nichts darf verlorengehen. »Seine Majestät sagt, man könne nicht mehr sprechen, weil über alles Tagebuch geführt werde«, kommentiert Gourgaud. Der Große Mann, der laut denkt und träumt, äußert eine Meinung, die er sogleich widerruft. Sankt Helena ist eine Geschichte der Gesichtspunkte. Oft wechseln Perspektive und Optik. Die Evangelisten verzeichnen mit religiösem Eifer jeden Blödsinn, den sie hören. Es sind Militärs, keine Literaten.

Das Gebaren der Zwangsruheständler erinnert, was bisher kaum beachtet wurde, an Flauberts *Bouvard und Pécuchet*. Die kleine Gruppe verbringt ihre Zeit damit, Experimente zu machen. Wochenlang begeistern sich der ehemalige Halbgott und seine Gefährten für eine aus England stammende Eismaschine. Dann haben sie genug davon und wenden sich einer anderen Beschäftigung zu. Eine ganze Weile amüsieren sich der Kaiser und Gourgaud damit, die Wassermenge zu schätzen, die der Nil mit sich führt. Dann wieder stellen sie Berechnungen an über die Verwendung von Feuerlöschpumpen bei der Brandbekämpfung in Garnisonen. Sie jonglieren leidenschaftlich mit Zahlen. Napoleon begeistert sich für das Botanisieren und Gärtnern. Die Phasen fieberhafter Geschäftigkeit sind von kurzer Dauer. Dieser Militär ist in seinem Element, wenn er *inspiziert, Revue passieren läßt*. Er muß die Dinge nacheinander examinieren, dann dem Ganzen den Rücken kehren, wie zur Zeit des Grand Empire, als er seine Truppen inspizierte. Das ist auch seine Art, einen *Schlußpunkt* zu setzen.

Am Abend unterhält man sich in Longwood feierlich über die Liebe, über Gott, die Materie, die französische Sprache, das Schicksal. Die Anwesenden stoßen sich mit den Ellbogen an, um nicht laut herauszuplatzen. »Ich hörte Totengespräche«, spottet Albine de Montholon. Gourgaud wird von Napoleon allen Ernstes mit der Reorganisation der französischen Artillerie beauftragt. Dann wieder setzt sich der müßige Gefangene in den Kopf, die Infanterie neu zu ordnen. Er geht dabei ins Detail, indem er zum Beispiel jeder Kompanie Blechstücke zum Backen von Pfannkuchen zuweist. Aber der Kaiser und Gourgaud geraten sich wegen einer Kleinigkeit in die Haare. Die Reform der Infanterie bleibt dabei auf der Strecke.

Diese Hirngespinste gehören zu einem Spiel, das sich die Gefährten mit dem Strategen liefern. Bezeichnend dafür ist eine Bemerkung des Großmarschalls Bertrand: »Der Kaiser diktiert General Gourgaud einen Organisationsplan für die Armee, zur Weitergabe an den Großmarschall. Gourgaud sagt lachend zu Madame Bertrand: ›Ich wußte gar nicht, daß wir ins Feld ziehen. Wir organisieren die Armee.‹«

Nur die Tat beschwichtigt seine Ängste. Aber die nutzlosen Aufträge, die verlorenen Feldzüge, als die sich die Abstecher in die Wissenschaft, die Metaphysik und das Militärwesen erweisen, haben nichts mit Taten zu tun. Es sind gescheiterte Kommandounternehmen, Schlachten ohne Kampf. Jeder weiß das, zuvörderst der Betroffene.

Man muß Napoleon zugute halten, daß er nie der Selbsttäuschung erliegt. Immer geht er geradewegs aufs Ziel zu. Rücksichtslos. Wenn er sich manchmal etwas vormacht, so siegt doch schließlich immer seine Klarsicht. Longwood ist die Rückseite des Gobelins. Die Seite, wo man den Schuß- und den Kettenfaden sieht, verhilft zum Verständnis des Zentralmotivs. Der Künstler hat nichts mehr zu verlieren; er erklärt die Technik, den Kanevas. Die Farben der Rückseite stehen denen der Vorderseite nicht nach. So bemerkt er zu seiner vergangenen Macht: »Ein Thron ist nur ein mit Samt überzogenes Brett.« Immer wieder sagt er: »Ein General muß ein Scharlatan sein.« Die Illusionslosigkeit verleiht auch diesen Ergüssen einen Anstrich der Trostlosigkeit. An manchen Tagen gelingt es Napoleon nicht mehr, den Faden wiederaufzunehmen. »Ich hätte an der Moskwa sterben müssen«, wiederholte er unablässig. Die berühmte Schmelzmasse aus Gedanken und Taten, die früher alles auf ihrem Weg in Flammen setzte, ergießt sich nun auf häusliche Angelegenheiten. Das verwüstete Gedächtnis zeitigt monotone, sich endlos wiederholende Phrasen. Die Melodie der Erinnerung schlägt in einen wirren Lärm um, den die Schreiber dann zu ordnen suchen – was ihnen jedoch nur auf Kosten der Wahrheit gelingt. Während der letzten Jahre der Gefangenschaft scheint Bertrand jedoch die Zersplitterung und Zerrüttung der Napoleonischen Rede zuverlässig wiederzugeben.

Wie kann man den reinen Augenblick wiederfinden? »Wissen Sie, jetzt, während ich mit Ihnen spreche, versetze ich mich in die Tuilerien zurück, ich sehe sie, ich sehe Paris«, erklärt er Gourgaud. Er sehnt sich genau genommen nicht nach dem Glück, sondern vielmehr nach den privilegierten, den vollkommenen Augenblicken. Seine Aufmerksamkeit gilt vor allem der Zeit im Reinzustand, dem einzigartigen Augenblick, dem Intervall. Er weiß nicht recht, wann er glücklich gewesen ist. Er zerbricht sich den Kopf. »Was meinen Sie«, fragt er seine Entourage. Diese ein wenig spöttische Art, sich von anderen sein vergangenes Glück erklären zu lassen, ist amüsant. Gourgaud antwortet: »Die Heirat mit Marie-Luise.« Madame de Montholon: »Erster Konsul.« Bertrand: »Geburt des Königs von Rom.« Sein eigenes Urteil? »Vielleicht in Tilsit, wo es auf und ab ging, wo ich mir Sorgen machte, in Eylau unter anderem, und wo ich siegreich war, Gesetze diktierte, Kaiser und Könige um mich hatte, die mir den Hof machten« (Mai 1817).

Eylau: der Name, den Napoleon ungern ausspricht. Ein verbotenes Thema, eine zensierte Schlacht. Wahrscheinlich weil diese Metzelei den eigentlichen »Anfang vom Ende« einläutet. Während einer dieser Abendunterhaltungen, bei denen man die Geschichte auf- und umarbeitet, meint Bertrand, das, was ihn am meisten im Leben des Kaisers frappiert habe, sei der Augenblick in Eylau gewesen, in dem Napoleon mit nur einigen Offizieren seines Generalstabs beinahe auf eine Kolonne von vier- oder fünftausend Russen gestoßen wäre. Der Kaiser wäre in der Tat um ein Haar gefangengenommen worden. »Es war mehr als höchste Zeit, der Kaiser hatte sich nicht gerührt; seinen Begleitern war der Schreck in die Glieder gefahren«, erzählt Bertrand.

Während sonst ein Wort, eine Anspielung genügen, um einen Sturzbach von Erinnerungen auszulösen – er kann dann drei oder vier Stunden pausenlos reden –, verpufft die Geschichte von Eylau kurioserweise ins Leere. Las Cases notiert kommentarlos: »Der Kaiser hatte den Bericht angehört, ohne irgendeine Bemerkung zu machen.«

Ein aufschlußreiches Schweigen. Eylau ist die vorausweisende Schlacht. In ihrem Verlauf kündigt sie bereits das Desaster von Waterloo an. In der Geschichte des Empire ereignet sich etwas Einmaliges: Der Kaiser bleibt eine Woche auf dem Schlachtfeld, wie um der Welt unmißverständlich anzuzeigen, daß dieser blutige Sieg unbestreitbar der seine war.

Eylau bildet den Anfang des Rätsels, markiert den Beginn des Untergangs. Widerstrebt es ihm deshalb, darüber zu sprechen? Napoleon, der sich sonst so weitschweifig über seine Herrschaft, seine Liebesaffären, die Führung seiner Schlachten ausläßt, übergeht hartnäckig die große Auseinandersetzung vom 8. Februar 1807. Er spricht kaum von Friedland, von der Schacht, die drei Monate später stattfand und eine so glänzende Revanche für das Massaker von Eylau war. Die beiden Schlachten waren zu eng verbunden.

Bei den Unterhaltungen in Longwood ist auch das bedeutsam, worüber nicht gesprochen, was verschwiegen wird. Napoleon durchbricht dauernd die Chronologie. Er hatte schon immer eine Neigung zu Gedankensprüngen, eine Begabung für Kurzformeln. Übergänge, Zwischengedanken sind kaum seine Sache. Daher abgehackte Sätze, geborstene Bilder. Dieser direkte Zugriff, diese Sprunghaftigkeit verleiht seinen Diktaten zuweilen den modernen Anstrich eines Bewußtseinsstroms. Die Brüche im Handlungsablauf spiegeln sich sehr gut im Duktus des *Mémorial* wider. Wie in Chateaubriands *Erinnerungen von jenseits des Grabes* verschlingen sich bei Las Cases Gegenwart und Vergangenheit ineinander. Dieser Sinn für die Raffung, für den Augenblick, der das Signal zur Schnitzeljagd gibt, ist faszinierend. Was der Besiegte durch das Gedächtnisspiel zu lösen versucht, ist nichts anders als ein Rebus. Eine Abfolge von Bildern, von Wörtern, von Daten, die durch ihren Widerhall auf einen verborgenen Inhalt verweisen, den es zu erraten gilt. Die Schikanen von Hudson Lowe vermengen sich mit der Evakuierung Moskaus. Das Klima von Longwood löst ein Bild aus: der Himmel des heimatlichen Korsika, der wiederum zu einem Detail über Pascal Paoli führt, den Helden der Unabhängigkeit, und von diesem zu einem Exkurs über die Familie. Schließlich die Macht: Wie Chateaubriand kann Napoleon ausrufen: »O Erinnerungen, ihr durchbohrt das Herz wie ein Schwert.« Napoleons Diktate schreiten von Träumereien zu Weltschmerz, Sehnsüchten, Ekstasen. In ihm lebt ein Maler, der nie wieder einen Pinsel in die Hand nehmen kann, ein Bildhauer, der seinen Meißel verloren hat. »Ich liebe die Macht, aber ich liebe sie als Künstler.«

Dieser Schrei dringt durch die Grabesgruft von Longwood. Die Wände triefen von Feuchtigkeit. Auf dem Dachboden über dem Kopf des Gefangenen wimmelt es von Ratten. Begraben unter dem Wust vergangener Heldentaten, macht er sich in seiner tropischen Behausung Luft: »Mich erstickt nicht die Schwäche, sondern die Stärke, mich tötet das Leben.«

3

Die Tropfen fallen sanft vom Dach auf die Erde des Gartens. Das unaufhörliche monotone Geräusch breitet sich mürrisch in der kleinen Kammer aus. Ein weiches und zehrendes Nieseln hat sich über Longwood festgesetzt. Es ist weder Regen noch Nebel, sondern eine schwebende, klebrige Masse, die sich in weißlichen Schwaden dahinwälzt. Der Wasserdampf ist so dicht, daß man den Eindruck hat, die gesättigte Luft habe sich verflüssigt.

Die Engländer haben den Ort gut gewählt. Longwood ist ein Gefängnis aus Wolken, ein Verlies aus Luft. In diesem Kerker verfügt der Gefangene scheinbar über jede nur mögliche Freiheit: der grenzenlose Ozean am Horizont, die unverstellte Hochebene, ein Ausblick zum höchsten Gipfel der Insel, dem Diana's Peak. Die Luft und der Himmel isolieren und umschließen ihn jedoch ebenso sicher wie eine Zelle. »Ich hasse dieses Longwood, diesen *vento agro*«, schimpft der Kaiser. Immer wenn er sich über das Klima beklagt, bedient er sich merkwürdigerweise seiner Muttersprache – die Erinnerungen seines Arztes O'Meara sind mit italienischen Wörtern gespickt. Sankt Helena nennt er die *isola maledetta*.

Michel Martineau, der mit den Gärtnern arbeitete, taucht plötzlich mit einer Baumschere in der Hand in der Schlafkammer Napoleons auf. Vergangenheit und Gegenwart traulich vereint. Ich mag das. Die Martineaus machen das Haus menschenfreundlicher. Für den Konsul sind die Gärten die Sache seines Lebens. Er schöpft aus ihnen seine Inspiration als Maler.

»Die tropischen Blumen sind farbenprächtig, duften aber nicht. Die Rosen sehen wunderbar aus, sind aber vollkommen geruchlos. Nur der persische Flieder und der Ingwer verströmen einen betäubenden Duft. Die Lust zum Malen haben mir die Blumen von Longwood gegeben.«

»Wer war Ihr Lehrer?«

»Niemand. Am Anfang habe ich viel herumprobiert.«

»Vor Sankt Helena hatten Sie nie einen Pinsel berührt?«

»Nie. Vielleicht hat die Angst vor der Langeweile mich zum Malen gezwungen. Nach zwei Jahren in Longwood habe ich mir gesagt, daß ich eine Beschäftigung brauche. Bei den Gartenarbeiten bin ich dann auf die Idee gekommen, die Blumen, die ich immer vor Augen hatte, darzustellen. Ohne die Malerei hätte ich durchgedreht.«

»Warum? Ist das Leben hier so schrecklich?« frage ich ein wenig scheinheilig.

Sein Gesichtsausdruck läßt erkennen, daß ich, wenn schon nicht in ein verbotenes, so doch in ein privates Terrain vorgestoßen bin, das mich, den Eindringling, der ich ja schließlich war, nichts anging. Mit einer gewissen Härte und einer Spur Ironie sagt er: »Mein Gott! Wer kann sich schon vor der Langeweile schützen, in Longwood oder anderswo?« Ich habe den Eindruck, seinen Vater zu hören …

Er faßt sich wieder und lächelt: »Aber warum sich schützen? Ich brauche eine Prise Langeweile, damit ich mich dazu überwinde, nach meinen Pinseln zu greifen. Wenn ich zu lange warte, erdrückt mich die Langeweile, und ich bin wie gelähmt.«

»Und die Langeweile Napoleons, wie würden Sie die definieren?«

»Ah, die Napoleonische Langeweile! Sie kam, glaube ich, von einem zu geregelten, zu routinemäßigen, zu zurückgezogenen Leben. Die Diktate, der Spaziergang um vier Uhr nachmittags, das Diner um Punkt acht Uhr, die Abende im Salon … Der Stimmungsumschwung bahnt sich im November 1816 an. Dieser Mann, dessen Geist und Körper dauernd in Bewegung gewesen waren, verfällt allmählich in

Lethargie und Schlaffheit. 1816 ist das Jahr der Ankunft Hudson Lowes, der Schikanen, der Abreise von Las Cases im November. Diese Abreise ist ganz sicher ein schwerer Schlag für den Kaiser.«

Las Cases, der ehemalige, 1802 nach Frankreich zurückgekehrte Emigrant, war bis 1815 mit Napoleon nicht näher in Berührung gekommen. Als Kammerherr und Mitglied des Staatsrats gehörte er zu den zahlreichen anonymen Figuren der kaiserlichen Verwaltung. Als er sich nach Waterloo im Elysée-Palast einstellt, um seine Dienste anzubieten, genügt Napoleon ein Blick, um sich über den Mann klar zu werden. Die »Ekstase«, wie Gourgaud ihn abschätzig nannte, ist zwar ein Lobhudler, aber er verfügt über Geist und Urteilskraft. Auf der *Northumberland*, im Anwesen *The Briars* ist er oft mit dem entthronten Monarchen allein in vertraulichen Gesprächen gewesen, zum großen Mißvergnügen der übrigen Mitglieder der Suite, die ihn »Jesuit« oder »Heuchler« nennen.

Im *Mémorial* läßt Napoleon alle Minen springen, um Las Cases für sich einzunehmen. In seiner Eifersucht trifft Gourgaud den Nagel ziemlich genau auf den Kopf, wenn er sagt, der Kaiser habe gegenüber dem »kleinen Las Cases« den »großen Gönner« gespielt. Der Mann, der den Staatsrat terrorisierte, erklärt seinem Vertrauten zuckersüß: »Warum sind Sie nicht zu mir gekommen ... Das war grundfalsch.« Las Cases hatte während seiner Emigration einen *Historischen Atlas* verfaßt, der zu seiner Zeit ein großer Erfolg war. Napoleon ruft emphatisch: »Warum haben Sie nicht dafür gesorgt, daß ich davon erfuhr? Man darf sein Licht nicht unter den Scheffel stellen, mein Lieber, im Umgang mit Souveränen ist ein wenig Intrige unerläßlich.«

Dieses Bedürfnis zu erklären, manchmal die Maske abzuwerfen, hat etwas Fesselndes. Dieser Komödiant ist nicht affektiert. Als Moralist der Macht muß er ohne Umschweife seine Schlüssel preisgeben. »Sie waren für mich in der Masse, in meinem Geist haben Sie einen ganz banalen Platz eingenommen. Sie sind vor mir gestanden und haben die Gelegenheit nicht zu nutzen gewußt (...) Sie waren für mich völlig farblos.« Und ungeniert fügt er hinzu: »Meine Ernennungen waren ein reines Lotteriespiel.« Diese Weigerung, sich selbst etwas vorzumachen, diese oft fröhliche Brutalität blitzen manchmal inmitten der bohrenden Erinnerungen an die Vergangenheit auf. Der Adler mit dem unfehlbaren Blick interessiert sich nur für Situationen, nicht für die Menschen. Und er gesteht dies auch ohne weiteres Las Cases gegenüber ein: »Der Mann, der für die Staatsgeschäfte und die Autorität geschaffen ist, sieht nicht die Menschen, er sieht nur die Dinge, ihr Gewicht und ihre Folgen!« Napoleon ist der Mann der Rippenstöße, er muß Hiebe austeilen: einen Peitschenhieb, um sich selbst zu entmythisieren, einen Axthieb, wenn es darum geht, andere zu beurteilen.

Las Cases wendet ein, der Souverän hätte einmal, nachdem sein Berater von einer Mission in Holland zurückgekommen war, einen Kontakt zu ihm herstellen können. In der Ablagerung, die manche Bilder hinterlassen, findet nun eine dieser für die Napoleonische Vorgehensweise charakteristischen Ausgrabungen statt: In dem phänomenalen Gedächtnis taucht eine vage Erinnerung auf, die sich regt, anschwillt: »Ja, ich entsinne mich ... Allmählich dämmert es mir ... Die Idee, die Sie vorbrachten, frappierte mich.« Las Cases denkt: »Er wird Abbitte leisten.« Aber nein! Las Cases hatte es eben nicht verstanden, sich zur Geltung zu bringen. »Sie kapierten meine Fragen nicht, oder Ihre Antworten waren nichtssagend, nicht positiv (...) Und ich habe mich Ihrem Nachbarn zugewandt. So war es immer bei mir, ich hatte nicht die Zeit, anders zu handeln.«

»Ich hatte nicht die Zeit, anders zu handeln.« Punktum.

Kein Bedauern, die nackte Feststellung der Absurdität der Macht, der unausweichliche Zwang des Faktischen. Dem Geständnis gebricht es in des Kaisers gegenwärtiger Situation nicht an Grausamkeit. Der beharrlichste Feind, gegen den er von einem Ende Europas zum anderen gekämpft hatte, war die Zeit gewesen. Der Spanienkonflikt, der Rußlandfeldzug standen unter dem Zeichen der »Zeit, die drängt«, des »Zeigers, der sich dreht«.

Auf Sankt Helena hat er jede Menge Zeit. Was ihm früher fehlte, darüber verfügt er nun in Hülle und Fülle.

In dieser Kammer befindet sich links vom Eingang das, was am besten die Strafe der Zeit ausdrückt. Sollte ich vergessen haben, daß ich die Reise nach Sankt Helena gemacht habe wegen eines Bettes, das sich im Pariser Armeemuseum befindet? Es steht hier, vor mir, ein karges Lager unter einem weißen Leinenbaldachin.

»Dieses Bett ist eine Fälschung«, gesteht Michel Martineau betrübt.

»Eine Fälschung! In dieser Kammer nimmt es sich höchst authentisch aus. Es ist das echte Bett. Das Bett im Armeemuseum ist eine Nachbildung der Realität.«

Er verdreht die Augen.

»Das echte Falsche, das falsche Echte. Dieses Spielchen kann man lange treiben. Wie bei den Reliquien ist das eine Sache des Glaubens oder des Vertrauens. Dieses Bett ist nur eine Kopie. Enttäuscht Sie das?«

»Ja. Aber ich möchte gern den Grund für diese Enttäuschung kennen. Ich frage mich oft, warum wir das Bedürfnis empfinden, an die Echtheit eines Gegenstands oder Ortes zu glauben. Vielleicht, weil sie die Wahrheit des Ursprungs ausdrückt. Eine materielle Realität, an der auch der Tastsinn seinen Anteil hat. Ein Museumsstück hat etwas von einem Talisman, von einem Amulett an sich. Die etwas abergläubische Idee, daß der Kontakt mit einer berühmten

Persönlichkeit diesem Gegenstand einen absoluten magischen Wert verleiht. Was meinen Sie dazu?«

»Finden Sie nicht, daß es genügt, daran zu glauben? Die Phantasie setzt sich dann von allein in Bewegung.«

»Ja, das ist sehr mysteriös. Ich erinnere mich an einen Besuch im Museum von Chantilly, wo sich die berühmten Miniaturen der Stundenbücher des Herzogs von Berry befinden. Die Besucher gerieten in Verzückung über die Farben der illuminierten Manuskripte aus dem 15. Jahrhundert. Natürlich konnte es sich nur um die Originale handeln, denn sie waren ja in einer Vitrine ausgestellt. Da passierte etwas Merkwürdiges. Der Museumsführer bemerkte ganz nebenbei, daß es Kopien seien. Das Interesse schwand schlagartig. Vergebens wies der Führer darauf hin, daß die Kopien die ursprüngliche Leuchtkraft der Blautöne besser wiedergaben als die Originale, der Zauber war gebrochen.«

Der Konsul, der den Garten mit einem Auge überwacht, verläßt für einen Augenblick das Zimmer. Ich nutze seine Abwesenheit, um mich auf das Bett zu setzen. Das ist verboten, ich weiß. Ich habe den Eindruck, Michel Martineaus Vertrauen zu mißbrauchen. Seit meiner Ankunft läßt er mich in Longwood nach Gedünken schalten und walten. Wenn schon! Ich muß die Konsistenz dieses Betts prüfen. Schließlich ist es ja nur eine Fälschung. Als ich mich setze, scheint die Matratze zusammenzuklappen. Ein richtiges Kinderbett! Mit Rädchen an den Füßen ... Es sieht aus wie ein zusammenklappbares Behelfsbett. Der Baldachin, der die Kargheit des kaiserlichen Lagers ausgleichen soll, betont noch das Liliputhafte der Kammer. Dieses sogenannte »kleinformatige« Feldbett hat Napoleon überallhin begleitet. Auch in Austerlitz hat es ihm als Liegestatt gedient. Das Metallgestell trug den Stempel des Kunstschmieds Desouches, Lieferant des Kaisers und des Kaiserlichen Möbelverwahrers. Zwei Betten dieses Typs wurden nach Sankt

Helena mitgenommen. Wenn der Gefangene in seiner Kammer nicht einschlafen konnte, legte er sich in das andere Bett, das im benachbarten Arbeitskabinett stand.

Michel Martineau kam wieder zurück. Um ein Haar hätte er mich erwischt. Er runzelt die Stirn, kneift die Nasenflügel zusammen, ich spüre, daß er auf der Hut ist. Aber nein, er lächelt.

»Wie Sie sehen, habe ich mich zum Tempelwächter gemausert. Die Gärten, das Haus ... Ein ununterbrochener Kampf gegen die tropische Invasion. Longwood wehrt sich. Gegen die Feuchtigkeit, gegen den Wind. Zwei Jahre ohne Pflege, und alles zerfällt.«

»Und der Kampf gegen die Zeit?«

»Das ist der heimtückischste. Mein Eindruck ist, daß die Zeit in Longwood nicht dieselbe Beschaffenheit hat wie anderswo.«

»Und wovon sind die Menschen bedroht, die hier leben?«

»Ah! Sie mit Ihren verfänglichen Fragen«, platzt er heraus.

»Verfänglich! Ich finde sie eher direkt.«

»Nun, genau über dieses Problem werden wir, wenn Sie wollen, mit meinem Vater sprechen.«

»Mit Ihrem Vater!«

»Ja, wenn Sie unsere Einladung zum Mittagessen annehmen. Paßt es Ihnen morgen? Sie werden sich amüsieren, da bin ich sicher. Das Essen wird im O'Meara-Teil serviert.«

»Soviel ich weiß, hält Ihr Vater nicht viel von Mondänitäten.«

»Mondänitäten! Warum nicht gar! Wir freuen uns doch, Sie bei uns zu empfangen.«

Der Kamin im Schlafzimmer registriert den leisesten Lufthauch. Wenn das Gemurmel erstirbt, erfüllt die Detonation einer Bö die Feuerstelle mit einem seltsamen Aufschrei. Die

Jaullaute verhallen recto tono wie ein gregorianischer Kirchengesang, schwellen wieder an und ersterben dann in einem Röcheln, das wie das Fauchen einer Katze klingt. Ein Heulen, unerträglich und betörend zugleich, wie die Klage eines unsichtbaren Wesens. Gilbert Martineau hatte recht: In den Kaminen hausen Geister.

Ich erkenne die Stimme, die immer weint. Nur die Gefangenen können diese Wehklage wahrnehmen. Die ewige Leier, die aus den Kellerlöchern weht und hinter der Panzerung der Kerker stöhnt. Sie gleicht dem monotonen Gesang, dem Summen, das man in den menschenleeren Schuppen hört, wenn das Gonggeräusch der Blechwände mit seinem unregelmäßigen Takt die Harmonie des traurigen Singsangs verfälscht. Der Ruf steigt zuweilen um eine Oktave, dann fängt der Chor an zu grölen. Es ist wie ein Rezitativ, gesungen von Falsettstimmen. Armselige Arie, die nicht imstande ist, die Verlassenheit zu schildern, die Gleichgültigkeit der Welt und die Trostlosigkeit der Tage.

Der Atem der Einsamkeit schlägt mir ins Gesicht. Er riecht nicht eigentlich schlecht. Der Duft von etwas Welkem, Vertrocknetem, leicht Säuerlichem mit einem Hauch von Moschus, diese morbide Geruchsmischung, die einem entgegenschlägt, wenn man einen leeren Kinosaal betritt.

Das Geleier zittert in den spitzen Tönen, als könne es sich in einem so hohen Register nicht halten.

Mein starrer Gesichtsausdruck beunruhigt den Konsul.

»Ist Ihnen nicht gut? Was haben Sie?«

»Nichts. Der Wind im Kamin ... Was für ein merkwürdiges Gestöhne, finden Sie nicht.«

Er lauscht, schüttelt den Kopf.

»Ich höre nichts. Der Wind ist hier die natürlichste Sache der Welt. Sein Pfeifen ist ein Bestandteil meiner Ohren.«

4

Napoleon schickt sich an zu diktieren. Gourgaud hat die Feder in die Hand genommen. Er wartet, setzt sich in Positur. Welche Eitelkeit in seiner Haltung! Napoleon ist mißmutig. Wahrscheinlich hat er die selbstgefällige Miene seines Schreiberlings bemerkt. Stoisch kapselt er sich ab. Die Lebenskraft wankt, aber die Energie gewinnt wieder die Oberhand. Mit Gourgaud, seinem Pikör, wird er sich wieder auf die Jagd machen. Bevor es überhaupt losgeht, ist er es müde, die Erinnerungen zu verfolgen, um sie zu fangen oder zu töten. Glücklicherweise wildert er auch viel herum bei dieser Treibjagd auf die Zeit. Schwindeln gehört zum Spiel ... »Eine Fälscherwerkstatt«, so lautet das Urteil des Historikers Bainville über Longwood.

Der Stich Steubens kämpft ganz offensichtlich an gegen die Wand, an die Martineau ihn gehängt hat. Es hält ihn nicht an seinem Platz. Martineau hat den Ort der Aufhängung gut gewählt. Der Szene und den Figuren bleibt gar nichts anderes übrig, als sich von dieser Stelle fortzubewegen. Der Herr von Longwood hat sie derart geschickt in ihre Umgebung eingeschlossen! An die Wand genagelt, vor der sie dargestellt sind, erleiden sie die ausgeklügeltste aller Martern. Die immerwährende, statische Reproduktion. Napoleon und Gourgaud gleiten unbeweglich auf der verbotenen Neigung dahin, ohne je zu kippen. Eine unendlich in sich geschachtelte Szene, die schwindelig macht. Er wird diktieren. Gourgaud hat seine Feder selbstgefällig in das Tintenfaß getaucht ... Schnell, die Fortsetzung!

Es wird nie eine Fortsetzung geben.

Das Bild der Einschließung ist vor mir, die so oft wiederholte Ankündigung einer Vollendung, die niemals eintritt. Das Gesicht Napoleons hat den gleichen intensiv abwesenden Ausdruck wie auf dem Gemälde *Der Friedhof von*

Eylau, dieser ersten Darstellung der Napoleonischen Melancholie, die der Maler Baron Gros so tiefsinnig erfaßt hat. Die Augen sind merkwürdig nach oben verdreht, das Weiß der Augäpfel betont noch die benommene Starre des Blicks. »Das ist das herrlichste und sicherlich treffendste Porträt, das es von ihm gibt«, behauptet Delacroix. Es ist auf alle Fälle das beunruhigendste. Gros entschleiert nur einen Teil des Geheimnisses. Er liefert uns gewissermaßen durch die Blume einige Zeichen der kaiserlichen Tristesse. Das Mysterium des Saturn zu Pferd. Während in der Ferne Eylau niederbrennt, streckt Napoleon die behandschuhte Rechte über das Schlachtfeld aus. Der Himmel ist düster, Rauchwirbel steigen aus der erloschenen Ebene. Die Signatur eines Malers ist immer das Licht. In diesem Bild ist alles dunkel. Der Schnee ist wie Ruß, das bleiche Gesicht des Kaisers von Bartstoppeln geschwärzt. Es scheint von innen heraus zu brennen.

Der wundertätige König ist unfähig, ein Mirakel zu vollbringen. Montone Gestik. Schlaff. Und vor allem sinnlos. Der Sieger mit dem gespenstischen Kopf weiß nicht mehr weiter. Auch hier wartet man auf die Fortsetzung. Dem Strategen gelingt es nicht, seine segnende Geste in das Geschehen einzufügen. Das merkwürdigste daran ist, daß er sich weigert, auf das Schlachtfeld zu blicken; sein feuchter, fast erschreckter Blick mustert den Himmel. Die Mimik ist völlig bedeutungsleer. Oder aber der Kaiser scheint den Arm zu heben, um zu sagen: »Wartet, ich verstehe nicht«, oder sogar: »Ich kann nichts dafür.«

Siebenundzwanzig Maler haben sich um die Darstellung der Schlacht von Eylau beworben, ein Thema, das Napoleon vorgegeben und das Denon, der Direktor der Kaiserlichen Museen, ausgeschrieben hatte. Auf Drängen Denons entschied sich Gros als letzter, an diesem Wettbewerb teilzunehmen. Dieser manische Drang des Kaisers, die erste große Schlächterei seiner Herrschaft der Nachwelt zu überliefern, ist interessant.

Er reitet über die sinistere Ebene, im Angesicht des Unsagbaren, des Todes. »Nie hatten so viele Leichen eine so kleine Fläche bedeckt«, bemerkt der Chirurg Percy. Inmitten all dieser Uniformierten ist Percy der einzige Zivilist, den Gros für sein Gemälde gewählt hat – er ist im linken Teil dargestellt, mit einer roten Schärpe um die Schulter.

»Meine Freundin, gestern fand hier eine große Schlacht statt, ich bin Sieger geblieben, aber ich habe viele Leute verloren«, schreibt Napoleon am Tag nach der Schlacht an Kaiserin Joséphine. »Ich habe viele Leute verloren.« Er spricht von seinen toten Soldaten wie ein Bourgeois von seinen Verlusten beim Roulette – man kann eben nicht immer den erhabenen Stil pflegen.

Und doch sind diese Worte bewegend. Der Ausgang der ungewissen Schlacht hat ihn ehrlich erschüttert. In Augenblicken wie diesen ist er ganz er selbst. Die prosaische Ausdrucksweise ist eher sein Fach. Die Briefe, die er im Biwak unter dem Eindruck der Ereignisse schreibt, klingen wahr. »Ich bin ein wenig müde, ich bin zwei oder dreimal am Tag durchnäßt worden«, kritzelt er auf einen Zettel für Kaiserin Marie-Luise nach der Schlacht von Bautzen. Er weiß, daß nur das Konkrete diese dicke Österreicherin interessiert. Ein durchnäßter Ehemann, dem ein Schnupfen droht, das ist der Ausdruck des Realen. Dieser Mann hat immer die passenden Worte gefunden – um zu schmeicheln oder zu verletzen –, je nach dem Adressaten.

Er hat viele Leute verloren … Ermißt er auf Sankt Helena, daß viele Leute dafür gesorgt haben, daß nun er verloren ist? Er scheint sich immer zu sagen: »Ich habe verloren, aber ich stehe dazu, ich bin dem Schiffbruch treu, den ich erlitten habe. Ich bin der Lehnsmann meines Unglücks. Mein Sturz ist mein Glaube.«

Napoleon weigert sich, das Schlachtfeld zu betrachten.

Der fahle Himmel von Eylau gleicht dem von Longwood. Wirbel steigen aus der blutbefleckten Ebene auf, verschmelzen mit dem schlammigen Schnee. Sie gleichen den Schwaden, die über dem Plateau schweben. Der düstere Blick des großen Mannes ist bereits auf Sankt Helena gerichtet. Der faulende Schnee von Eylau, die Matschigkeit der Tropen sind die beiden Seiten ein und desselben Schicksals. Die Schlaffheit der großen russischen Ebene, die Trostlosigkeit von Sankt Helena gehen ineinander über. Die Verstörung, die das Gemälde des Baron Gros auslöst, ist in Longwood allgegenwärtig. Wie ein Alptraum.

Napoleon hatte sich diesen Wettbewerb glühend gewünscht. Er sollte als der vom Mitleid erfaßte Sieger erscheinen. Unter den Pflichtfiguren war die dringlichste die Figur der Barmherzigkeit. Der Kaiser mußte in einer tröstenden Haltung dargestellt werden. Der Künstler durfte sich nicht damit begnügen, das Gemetzel wiederzugeben, er mußte über die Vision des Schreckens hinaus auf die Trö-

stung verweisen, auf die Milde, das Erbarmen. Der Sieger läßt den Besiegten Hilfe zuteil werden. So stellt Gros zum Beispiel einen jungen Litauer dar, der sich, den rechten Arm in der Schlinge, voll Dankbarkeit zum Eroberer hinneigt. Es wäre unziemlich, den Monarchen zu berühren, also streicht er nur über den Hals seines Reittiers.

Gros hat Details angehäuft, wie dieses Bajonett, das mit blutigen Eiskristallen bedeckt ist. Der Maler hatte Murat gebeten, ihm eine Skizze auf die Rückseite des Entwurfs zu zeichnen. Er bat sogar Kaiserin Joséphine um Erlaubnis, den pelzgefütterten Mantel und den Hut, die Napoleon während der Schlacht trug, untersuchen zu dürfen. »Er soll sie behalten, solange er will«, antwortete Napoleon. Gros behielt sie bis an sein Lebensende. Der Maler betrachtete

Der Friedhof von Eylau. Gemälde von Antoine-Jean Gros.

immer wieder das Futter des schwarzen Dreispitzes. Die Seide wies noch Schweißspuren auf. Dem Träger war ja auch ganz schön heiß geworden. Der Vorstoß der viertausend russischen Grenadiere auf seinen Beobachtungsposten hatte ihn überrascht. Seine Rettung aus dieser brenzligen Lage verdankte er nur den Grenadieren des Generals Dorsenne. Diese Wackeren hatten die Russen mit aufgepflanztem Bajonett frontal angegriffen. Es war ein Blutbad. Die Russen, von der französischen Kavallerie zusätzlich in die Zange genommen, wurden regelrecht massakriert.

Dieses Jahr 1807 mit dem zweifelhaften Erfolg von Eylau, der vier Monate später durch die Glanzleistung von Friedland und dem Triumph von Tilsit wettgemacht wird, bildet, mehr noch als die Geburt des Königs von Rom 1811, den Höhepunkt der Herrschaft. Der Zenith ist jedoch durch eine Verstörung, eine Emotion eingetrübt. Der künftige Gefangene von Longwood schließt bereits einen Solidaritätspakt mit dem Unglück, das acht Jahre darauf sein Los sein wird. Wie alle Parias wird er auf Sankt Helena jedoch nicht Mitgefühl einfordern, sondern Gerechtigkeit, die Anerkennung seiner Rechte, die Hudson Lowe und die Engländer ihm immer erbitterter streitig machen werden.

Im Gemälde *Der Friedhof von Eylau* ist alles Vorahnung: die Resignation vor dem bitteren Ende, die feindliche Natur, die Erstarrung der Erinnerung, wobei die komische Note, die unweigerlich jeden Schrecken begleitet, nicht vergessen wurde. Im Zentrum des Gemetzels, Murat, aufgeputzt wie ein orientalischer Prinz, das Bein gefällig in den Steigbügel gestemmt, auf einem mit Juwelen übersäten Rotfuchs. Eine übertriebene, haarsträubende Vision. Gros respektiert dem Anschein nach die Konventionen der Hagiographie. Die Gesten der Figuren, das Gepräge der Schlacht entsprechen den Notwendigkeiten der Ideologie. Aber jedes Detail wendet sich gegen die offizielle Propaganda. Gros versucht die Grausamkeit der Schlächterei abzuschwächen, indem er Murats Dünkel herausstellt.

Er war sich wohl der Karikatur nicht bewußt. Sobald der Maler das Bild fertiggestellt hatte, überfiel ihn ein schrecklicher Zweifel: Hatte er Murat nicht zu sehr auf Kosten des Kaisers herausgestrichen? Gros war ein verletzlicher Mensch. Aus Verzweiflung über den Mißerfolg seines *Herkules und Diomedes* verübte er 1835 Selbstmord.

Natürlich hatte der scharfsichtige Menschenführer – und Verführer alles begriffen. Das Leichenfeld, die radikale Schwärze der Szene. Sein Blick ins Leere. Der Moment, in dem Gros dem Monarchen das Bild vorstellt, in dem Napoleon sein Double mit den starren und irren Augen entdeckt – wie voller Spannung, voller Unsicherheit muß er gewesen sein. Was wird die Ikone sagen? Dieser *andere*, den er erahnt, sein Abbild, das er nicht erkennt und das er selbst ist, stellen sie nicht inmitten der Glückseligkeit das *Mene Tekel Fares* seiner Herrschaft dar, die geheimnisvolle Hand, die das Ende ankündigt? Die Zeit ist von nun an *gezählt*, Eylau wiegt *schwer*, das Reich wird *zerteilt* werden.

Wie reagiert nun der neue Belsazar – auch er ein Usurpator – auf diese unheildrohende Warnung? Er nimmt das Kreuz der Ehrenlegion von seinem Frack ab und heftet es dem Maler an die Brust. Diese Geste sagt viel über die unerklärliche Nachsicht des Monarchen – oder über seine Kühnheit. Wie konnte er ein derartiges Gemälde durchgehen lassen? Diese gefrorenen Gesichter, diese Verstümmelungen, dieses Leichenfeld, alles klagt ihn an. Gros hat die Ungebührlichkeit sogar so weit getrieben, einen Leichnam unter das Reittier des Kaisers zu malen. Dieser Kopf, den der Huf des Pferdes zerquetschen wird, ist zwar kaum zu sehen, aber die Absicht des Malers, die offizielle Aussage zu deformieren, tritt klar zutage. Bei einem so kalt auf seinen Vorteil bedachten Monarchen, der alles auf den ersten Blick errät, ist diese Schwäche unbegreiflich. Es sei denn, man akzeptiert eine andere, einfachere Erklärung: Die Erinnerung an Eylau hat ihn für immer gezeichnet.

Merkwürdigerweise straft ein Charakterzug dieses berechnenden Mannes seinen Egoismus Lügen: die Fähigkeit, sich hell für das zu begeistern, was ihm abträglich ist. Er wird immer eine Schwäche für Menschen besitzen, die ihm übelwollen. Fouché, Talleyrand, ganz zu schweigen von den Engländern. Er ist von seinen Feinden fasziniert. Hudson Lowe ist der einzige, den er nie für sich einzunehmen versucht.

Unbewegliches Gesicht, starrer Blick, steife Pose, Napoleon ist versteinert wie vom Anblick der Medusa. Medusa, Wesen der Nacht, Figur des Schreckens. Er hat etwas gesehen. Aber was? Das Haupt der Medusa spukt noch immer in der Schlafkammer von Longwood. Erinnern wir uns an die Verwirrung O'Mearas, der Napoleon dabei überraschte, wie er allein vor dem Kamin stand und ins Feuer starrte. Was dem Arzt dabei besonders auffiel, war der »melancholische Gesichtsausdruck« des Gefangenen. Seit Waterloo macht er zuweilen den Eindruck, in einem Traum gefangen zu sein, aus dem er nicht erwachen kann.

Er schläft im Stehen, öffnet plötzlich die Augen und döst wieder ein. Diese Lethargie kann für den Gefangenen auch ein Mittel sein, die Zeit zu überlisten. »Oft macht er die Nacht zum Tag und den Tag zur Nacht. Kurz, er handelte wie jemand, der in seiner Langeweile zu jedem Mittel greift, um sich die Zeit zu verkürzen«, notiert sein Diener Ali.

Eylau, die erste Erschütterung. Die Schwingungen, die dieser Schock hervorruft, breiten sich bis nach Sankt Helena aus. Der schwarze Stern ist, wie der Komet der Heiligen Drei Könige, über dem Haus von Longwood stehengeblieben. Er bezeichnet den Mann, der sich in Langeweile verzehrt und an Melancholie sterben wird.

Die Katastrophe tritt um 10 Uhr 30 vormittags ein. Um Davout zu entsetzen, schickt Napoleon das Korps Augereaus, das südlich des Friedhofs Aufstellung genommen hat, in den Kampf. In diesem Augenblick erhebt sich ein Schneesturm über der Ebene. Die Soldaten Augereaus, denen der Wind die Flocken mit gewaltigen Stößen in die Augen wirbelt, sind völlig geblendet. Die Masse der Infanteristen verliert die Richtung und gerät direkt vor die russische Artillerie. Die zweiundsiebzig feindlichen Kanonen schießen aus nächster Nähe auf die sechstausendfünfhundert Franzosen und öffnen so eine riesige Bresche.

Beim Debakel 1940 wurden alle Gemälde aus dem Louvre evakuiert. Die Wagenkolonnen blieben manchmal im Flüchtlingsstrom stecken. *Der Friedhof von Eylau* jagte Angst ein. Das riesengroße Bild war zusammengerollt worden und ragte aus einem Lastwagen hervor wie ein langes Rohr. Die Leute glaubten, es handele sich um eine FLAK, die gegen die deutsche Luftwaffe eingesetzt werden sollte. Sie empfanden das Ding als Bedrohung.

Fünfter Tag

Die Stufen des Friedhofs – Dritte Begegnung mit den Engländerinnen – Der »Drahtvogel« – Die beiden Reiter – Napoleons Keuschheit – »Sie sind ein Puritaner, weiter nichts!« – Alis wüstes Durcheinander – Amys Deftigkeit – Gespräch über den Fürsten André – Karl Marx in Eylau – Der Professor und der Colonel Chabert – Analogie zwischen Eylau und Longwood – Die »Attacke der achtzig Schwadronen« – Die Computerfabrik – Die unsichtbare Präsenz – Château Batailley 1986 – Diskussion über Hudson Lowe – Der Misanthrop auf seinem Felsen – Der Greis, der nicht sterben will – Die Babyzehen.

1

Amphitheater, Riesentreppe? Was ist das für ein Bauwerk, das sich mitten in der Landschaft den Hügel hinaufzieht? Kühe weiden in der Talmulde. Die neugotische Kapelle hinter den Bäumen scheint nicht mehr benutzt zu werden. Ich stelle mich auf die Zehenspitzen und sehe durch das Fenster einen Altar, ein Kreuz und Holzbänke. Der verwelkte Blumenstrauß läßt vermuten, daß hier noch ab und zu ein Gottesdienst abgehalten wird. Seltsame langbeinige Vögel fliegen auf.

Die Stille des Tals wird nicht nur durch das Rauschen der großen Bäume gestört, sondern auch durch diese Ruhe, die ein fast statisches Summen verbreitet. Ein dunkler Dauerton wie von einem leeren Magnetband, das nur noch ein vages Zischen von sich gibt.

Ich nähere mich den »Sitzreihen«, auf die Rechtecke gezeichnet sind. Ein Dutzend pro Reihe. Sie sind mit schwarzem Kies bedeckt und in eine weißbemalte Zementumrahmung gefaßt. Auf jedem Rechteck eine Nummer …

Weiter unten stehen zwei Marmorobelisken. An die hundert holländisch klingende Namen sind auf den Seitenflächen jeder Stele verzeichnet.

Ich bin in einen südafrikanischen Friedhof geraten. Die auf jeder Stufe angelegten Rechtecke aus schwarzem Kieselgestein sind nichts anderes als Gräber. Die Zahlen wurden mit den zugehörigen Namen auf die beiden Stelen übertragen. Entsetzliche Grabstätten. Die Toten sind nur noch Matrikelnummern.

Ich steige einige Stufen hinauf und bleibe auf gut Glück

vor einem Grab stehen. Warum möchte ich plötzlich die Identität der Nummer 34 kennen? Ich habe das Gefühl, einen Einbruch zu begehen, zumindest aber das Schweigegebot zu brechen, das anscheinend über dieses Tal verhängt wurde. »Nummer 34, Boshoff ...«

Das Motorgeräusch eines Wagens, das Geräusch zuschlagender Türen. Zwei Stimmen nähern sich. Ich glaube eine von ihnen an ihrem herrischen Timbre und dem einschmeichelnden Tonfall zu erkennen. Es sind meine beiden Engländerinnen. Man könnte meinen, sie verfolgen mich.

»Wie Sie sehen, sind wir unzertrennlich geworden«, gurrt die gebieterische Lady mit ihrem betörenden Lächeln. »Doch was muß ich sehen, bester Freund, Sie sind Ihrem Napoleon untreu geworden. Haben Sie genug von Longwood?«

Wieder einmal sieht ihre Begleiterin verstimmt aus. Sie mißbilligt ganz offensichtlich bei ihrer Gefährtin diesen unbändigen Hang zur Provokation. Mir dagegen gefällt er. Ich mag ihren ein wenig rüden Stil, den sie durch die Eleganz ihrer Haltung und die Leichtigkeit ihres Tons zu mildern weiß. Sie muß eine sehr schöne Frau gewesen sein. Wenn sie aufbraust, blitzt in der Iris ihrer grünen Augen ein goldener Funke auf. Trotz ihrer Hängeschultern versucht sie, sich gerade zu halten, und zeigt in den geringsten ihrer Gesten und Bewegungen eine erstaunliche Geschmeidigkeit. Vielleicht eine ehemalige Tänzerin.

Die Begleiterin ist nicht ganz so ungezwungen, hat aber einen zugleich strahlenden und gewitzten Blick. Sie liest der anderen die Leviten in einem Ton, von dem man nicht weiß, ob er schulmeisterlich oder spöttisch ist. Sie scheinen sich glänzend zu verstehen. Ich habe den Eindruck, daß sie sich auf dieser zu kleinen Insel im Kreis bewegen. Ihre gute Laune finden sie erst am Spätnachmittag wieder, wenn sie an der Bar des Consulate vor einem Glas Whisky sitzen.

»Nun, was halten Sie von diesem Friedhof? Empörend, nicht wahr? Das sind Buren-Gräber. Während des Transvaal-Kriegs waren hier bis zu sechstausend Gefangene. Darunter auch dreizehn Franzosen, die auf der Seite der Buren gekämpft hatten. Das habe ich in meinem Führer gelesen.«

»Wer hat sie auf Sankt Helena eingepfercht?«

»Na wer schon? Die Engländer natürlich, das wissen Sie doch ganz genau. Wir haben gegen diese Leute Krieg geführt.«

»Und diese Gräber?«

»Gefangene, die während einer Typhusepidemie gestorben sind. Sie waren auf dem Deadwood-Plateau in der Nähe von Longwood ›eingepfercht‹, wie Sie sagen. Fürchterliche sanitäre Verhältnisse … Hundertachtzig Gefangene sind gestorben.«

Jetzt ist es an mir, sie auf die Palme zu bringen.

»Ihr Engländer seid wirklich unübertrefflich in der schäbigen Behandlung von Gefangenen. Nach Napoleon die Buren … Und diese numerierten Gräber, wie in einem Konzentrationslager. Keine Spur von Großmut.«

»Sie übertreiben … Was kann ich dafür?« stottert sie.

»Nichts, natürlich. Diese Ereignisse haben zu Beginn des Jahrhunderts stattgefunden. Aber auf dieser Insel muß ein Fluch lasten.«

»Ein Fluch? Sie glauben an solchen Blödsinn?« unterbricht sie mich streng.

»Alle Besucher sprechen von der unheimlichen Atmosphäre der Insel.«

»Richtig, Sankt Helena stimmt nicht besonders fröhlich. Wir erwarten ungeduldig die Ankunft des Schiffes. Aber trotzdem, wir haben Flecken entdeckt, die veritable irdische Paradiese sind.«

»Irdische Paradiese, hier!«

»Aber ja. Vor allem im Westteil der Insel. Ich glaube zu wissen, daß Ihr Kaiser diese Gegend nicht kannte. Er weigerte sich, sie zu besuchen. Er war ein komischer Gefangener, das kann man wohl sagen. Aus Stolz hat er sich freiwillig in seiner Klitsche eingeschlossen.«

Sie ist ganz offensichtlich auf ein Streitgespräch aus. Aber ich habe keine Lust und auch nicht die Courage, mich mit ihr anzulegen. Außerdem will sie immer recht behalten. Mein Schweigen ärgert sie nicht, im Gegenteil, sie strahlt. Sie glaubt, ich habe kapituliert.

»Besuchen wir doch zusammen den Friedhof«, schlage ich schließlich vor.

»O ja«, sagt sie huldvoll und zieht ihre Begleiterin am Arm mit.

Sie macht sich erbötig, uns die Informationen aus ihrem Führer vorzulesen.

Der stagnierende Geruch des Vergessens steigt mir hier viel kräftiger in die Nase als in Longwood. Das Haus des Gefangenen hat es verstanden, die giftigen Dünste der Erinnerung hinter der Pracht seiner Gärten und der Kompliziertheit seiner Galerien zu verbergen, während dieser tote Hügel welk und kraftlos den Atem der Niederlage und des Exils verströmt. Die Besiegten landen immer auf Sankt Helena. Warum haben die Sieger ihren Gefangenen einen so engen Raum zugewiesen? Um sie zu erniedrigen? Der Kraftakt ist bemerkenswert: Man hat es fertiggebracht, eine grandiose Landschaft kleinzukriegen. Man möchte meinen, daß diese winzigen Grabstätten Homunculi enthalten. Die Zeit hat die Trauerkränze bis auf die Drahtgestelle entblößt. Mit ihren weißen schlecht gefügten Einfassungen sehen die Gräber wie die Rahmen liegender Dachfenster aus.

Meine energische Freundin erzählt mir die Geschichte des Generals Cronje, eines Widerstandskämpfers gegen den britischen Aggressor. Nach seiner Gefangennahme wurde er nach Sankt Helena gebracht, wo er im Kent Cottage am Fuß des ehemaligen Forts High Knoll wohnte. Im Unterschied zu Napoleon, der jede Eskorte ablehnte, bestand General Cronje darauf, bei seinen Ausritten von Garden zu Pferd begleitet zu werden.

Hoffentlich will sie nicht wieder die Diskussion über Napoleons Hochmut in Schwung bringen ... Aber nein, sie deklamiert weiter. Nach Abschluß des Friedensvertrags im Jahr 1902 durften die Gefangenen in ihre Heimat zurückkehren. Die beiden Obelisken wurden 1912 errichtet. Ich erfahre, daß vor den Buren ein Zuluhäuptling namens Denizulu von den Briten nach Sankt Helena deportiert worden war. 1915 wurden der Sultan von Sansibar mit seiner Familie in einem Haus bei Jamestown interniert. Schließlich und endlich wurden drei Männer, die versucht hatten, den Herrscher von Bahrein zu ermorden, 1957 nach Sankt Helena geschickt.

»Schauen Sie, *wire birds*«, ruft sie.

»Wire birds?«

Sie zeigt ganz aufgeregt auf langbeinige Vögel, wie ich sie vorhin gesehen habe.

»Eine sehr seltene Art«, fährt sie begeistert fort. »Sie heißen Drahtvögel wegen ihrer Beine.«

Zwei Reiter sprengen aus der Talmulde. Sie haben wohl die Drahtvögel aufgeschreckt. Einer der beiden trägt weiße Breeches und eine rote Kappe. Er feuert den anderen an, der Mühe hat zu folgen. Sie reiten im Galopp an uns vorbei. Der Nachzügler ist eine Frau. Kurzer Blick auf ein Gesicht mit sanften Zügen und temperamentvollem Ausdruck. Der Mann grüßt uns zeremoniös. Er schaut unsicher auf seine Begleiterin. Ich finde, er hat den gleichen von Schmerz gezeichneten und abwesenden Gesichtsausdruck wie der Napoleon von Gros.

»Haben Sie das Gesicht der Frau gesehen. Ihre glühenden

Wangen! Sie hat ausgesehen wie jemand, der bei einer Verfehlung ertappt worden ist«, flüstert die Begleiterin.

»Was dichtest du jetzt wieder zusammen? Eine Ehebruchsgeschichte, möchte ich wetten. Du lebst wirklich hinter dem Mond. Das ist seit langem kein Grund mehr, daß einem die Schamröte ins Gesicht steigt.«

Sie werden sich jetzt wohl wieder eine gute halbe Stunde lang zanken. Gedankenverloren betrachte ich die beiden Reiter, die in der Ferne hinter Brown's Hill verschwinden. Ein Hund folgt ihnen, umkreist die Pferde und erschreckt sie durch sein Gebell.

2

Als Napoleon sich anschickt, 1812 in Rußland einzufallen, hält er sein Pferd vor dem Njemen an. Er schaut auf die Wasser des Flusses. In einigen Augenblicken werden die Würfel gefallen sein. Plötzlich taucht ein Hase auf und läuft zwischen die Beine des Pferdes, das hochsteigt und den Kaiser abwirft. Ein böses Omen, das nicht unbemerkt bleibt.

Zu Beginn der Gefangenschaft reitet Napoleon fast jeden Vormittag aus. Gourgaud, der zum Oberstallmeister ernannt worden war, begleitet ihn. Aber die Zwölf-*miles*-Grenze geht dem Gefangenen, der den Eindruck hat, sich in einem Tattersall zu befinden, schnell auf die Nerven. Von 1816 an verzichtet er auf diese Übung und fährt nur noch in der Kalesche* aus. Er läßt um vier Uhr nachmittags anspannen. Madame Bertrand oder Albine de Montholon nimmt an seiner Seite Platz. Die Brüder Archambault – sie gehören zu den zwölf Dienern, die den entthronten Kaiser begleiten

* Sie wird bei der Beerdigung des Kaisers 1821 als Leichenwagen dienen und befindet sich heute im Invalidendom.

durften – peitschen das Gespann. Die sechs Pferde rasen in gestrecktem Galopp um den Park herum. Der Weg ist sehr holprig. Napoleon befiehlt, in höchstem Tempo zu fahren. Zum großen Schrecken der Damen, die in alle Richtungen fliegen, schweben die Räder der Kalesche manchmal in der Luft. Die Damen sind so durchgerüttelt, daß sie beim Aussteigen nach Luft schnappen. Die Ausfahrt hat kaum länger als eine Viertelstunde gedauert. Der Gefangene ist entzückt, und die verstörten Züge seiner Mitfahrerinnen belustigen ihn höchlichst. In Longwood, wo die Zerstreuungen dünn gesät sind, amüsiert man sich eben, so gut man kann. Das Jahr 1816 bringt viel Ärger mit sich.

Das dritte Zusammentreffen mit Hudson Lowe findet am 16. Mai statt. Napoleon legt lange Gesprächspausen ein. Er fixiert seinen Kerkermeister wortlos zwei oder drei Minuten. »Wenn Lord Castlereagh* Ihnen befohlen hat, uns alle zu vergiften oder sonstwie umzubringen, dann tun Sie es so bald wie möglich«, schreit der Gefangene. »Monsieur«, antwortet Lowe, »ich bin nicht hergekommen, um mich beleidigen zu lassen.« Bei seinem Weggang begegnet der Gouverneur dem Großmarschall Bertrand. Er berichtet ihm von dem schwierigen Gespräch, das er mit dem »General« geführt hat. Dabei macht er über seinen Gefangenen, im Gegensatz zu sonst, eine ziemlich zutreffende Bemerkung. »Die Dinge sollen immer so sein, wie er sie haben will. Er hat ein imaginäres Spanien, ein imaginäres Polen geschaffen. Jetzt legt er sich ein imaginäres Sankt Helena zurecht.«

Laut Abkommen der Alliierten von 1815 sollten nach Sankt Helena Kommissare entsandt werden, die jede der Großmächte vertraten. Die Bewachung des Gefangenen war zwar England anvertraut worden, aber die Kommissare hatten die Aufgabe, sich »der Anwesenheit Napoleons zu ver-

* Britischer Außenminister seit 1812.

sichern«. Sie landen am 17. und 18. Juni 1816 auf der Insel. Graf Balmain war von Rußland ernannt worden, Baron Stürmer von Österreich und der Marquis de Montchenu von Frankreich. Preußen hatte niemand entsandt. »Sankt Helena ist der traurigste, der unzugänglichste, der unangreifbarste, der ungeselligste, der armseligste, der teuerste und vor allem der für den vorgesehenen Zweck geeignetste Ort der Welt«, schreibt der russische Delegierte an seinen Minister. »Grauenhaft«, lautet das Urteil des Franzosen.

Die drei Kommissare sind nicht zu beneiden. Hudson Lowe schikaniert sie, weil er dafür hält, daß sie ihm nur seine Aufgabe erschweren. Sie sind völlig sich selbst überlassen und kriegen den Gefangenen niemals zu Gesicht. Nicht ohne Ironie läßt Napoleon ihnen eines Tages ausrichten, er biete ihnen gerne die Bücher seiner Bibliothek an, wenn sie glaubten, daß die Lektüre ihnen über ihre Langeweile hinweghelfen könne.

Nach einer rein formellen Zusammenkunft am 20. Juni kommt Hudson Lowe am 16. Juli zum fünften Mal nach Longwood. »Zehn Minuten vergehen, ohne daß der Kaiser ein Wort sagt.« Dann plötzlich bricht er in »bittere Vorwürfe« aus. Das ganze Sündenregister kommt dran: die Schikanen, die Schäbigkeiten des »Büttels«.

»Ich kann also niemand zum Diner einladen. Wenn ich eine Mätresse hätte, dürfte ich sie nicht kommen lassen.«

»Sie haben keine«, quengelt Lowe.

»Aber ich darf eine haben.«

»Oh, das werde ich der Regierung melden.«

»Sie haben keine«, sagt der Kerkermeister, der sich seiner Sache anscheinend sicher ist. Er ist ganz offensichtlich über das Intimleben seines Gefangenen unterrichtet. Durch wen? Wahrscheinlich durch gewisse Domestiken. Im Oktober 1816 zählt Longwood zweiunddreißig Diener, darunter zwölf Franzosen, denen acht Inselbewohner zur Hand gehen, zehn Soldaten und zwei Chinesen. Die kleine französische Kolonie wohnt so eng zusammen, daß eine Liebesaffäre sich augenblicklich herumspricht. Gourgaud ergeht sich unentwegt in Andeutungen, die vermuten lassen, daß Madame de Montholon die Mätresse Napoleons ist. Was diesen so ärgert, daß er eines Tages vor Bertrand bemerkt: »Das stimmt nicht, sie ist zu häßlich.« Und er fügt hinzu: »Das könnte in den Gazetten erscheinen und Schaden anrichten.« Er ist sehr auf sein Image bedacht und möchte nicht, daß sich ganz Europa über irgendein Liebesabenteuer lustig macht. Zudem ist er immer noch der Gatte Marie-Luises. Daß er alles über ihre Liaison mit Neipperg weiß, ändert daran nichts. Vielleicht will er dem österreichischen Hof gegenüber untadelig erscheinen. Sein Schwiegervater, der zum Lager der Sieger gehört, hat die Macht, seine Lage zu ändern. Napoleon hat die Hoffnung nicht aufgegeben, eines Tages nach Europa zurückzukehren.

3

»Ist Napoleon auf Sankt Helena keusch gewesen? Antworten Sie.«

Meine Engländerin läßt nicht locker. Merkwürdig: Sie scheint meine Gedanken lesen zu können.

»Sie sind ja sexbesessen.«

»Oh! Tun Sie doch nicht so scheinheilig. Das ist doch eine Frage, die jedermann brennend interessiert. Zuallererst die, welche behaupten, das gehöre zur »petite histoire«, wie ihr Franzosen sagt. Die Melancholie Napoleons und alles, was Sie mir da erzählen, das ist ja schön und recht. Aber wenn er traurig war, so ganz einfach, weil er keine Frau hatte.«

»Die Erklärung ist ein bißchen simpel, finden Sie nicht? Ich habe Ihnen doch alles darüber gesagt.«

»Alles«, antwortet sie indigniert. »Wie kann man denn alles über diese Frage wissen?«

Sie legt einen komischen Nachdruck auf das Wort *alles*. Sie ist zäh, meine alte Lady. Ihre Begleiterin nimmt sie am Arm und will sie fortziehen, um ihre Aufmerksamkeit abzulenken. Sie stößt sie fast brutal zurück.

»Sie sind ... Sie sind ein Puritaner! Weiter nichts«, stammelt sie.

Ich versuche ihr zu erklären, daß Napoleon in puncto Liebe sich kaum noch Illusionen machte und in sich jegliches Begehren abgetötet zu haben schien.

Sie höhnt: »Jegliches Begehren in sich abgetötet ... Sie haben eine Art, von diesen Dingen zu sprechen ... Er hatte keine Lust mehr zu bumsen, das ist alles ... Das ist doch das Wort, das ihr Männer unter euch verwendet, stimmt's?«

»Stimmt. Ich persönlich verwende es selten. Ich bin ein Puritaner ...«

Sie lacht schallend und bestürmt mich mit Fragen.

»Hat er in Longwood von seinen vergangenen Liebschaften erzählt? Und diese Albine de Montholon, was soll man davon halten? Joséphine scheint eine erfahrene Frau gewesen zu sein.«

Ich zitiere einige vertrauliche Bemerkungen des Gefangenen. Insbesondere eine, die er Gourgaud gegenüber gemacht hat: »Ich habe nie aus Liebe geliebt, ausgenommen vielleicht Joséphine, ein wenig, und auch das nur, weil ich siebenundzwanzig war, als ich sie kennenlernte.«

»Aber wissen Sie, die Liebe war trotzdem das große Thema in Longwood.«

»Ah, also doch ... Ich wußte ja, daß Sie mir gewisse Dinge verheimlichen«, jammert sie.

»Nein, nein, Sie sind schon wieder auf dem Holzweg. Die Liebe hat nicht Napoleon, sondern den Junggesellen wie Gourgaud zu schaffen gemacht. Marchand, der Kammerdiener des Kaisers, machte einer Zofe der Montholon zuerst den Hof und dann ein Kind. Ali war hinter den Eingeborenenfrauen her, versuchte eine andere Zofe der Montholon zu erobern, verliebte sich dann in die Gouvernante der Kinder von Bertrand. Napoleon ließ sich alle diese Geschichten erzählen, erteilte reihum Rügen, machte sich anheischig, als Schlichter zu fungieren. Er neigte sicher zum Voyeurismus. Gourgaud, mit dem er sehr unzufrieden war, weil er von Zeit zu Zeit Frauen mit auf sein Zimmer in Longwood nahm, las er die Leviten: ›Ah, die Liebe ist eine merkwürdige Sache, denn sie macht einem zum Tier.‹«

»Wollen Sie damit sagen, daß auch er schließlich ein Puritaner war?« fragt die Engländerin nachdenklich.

Ich habe mich von Anfang an gehütet, ihr von einer merkwürdigen Entdeckung zu berichten, die ich bei der Durchsicht von Alis* Aufzeichnungen machte. Als unermüdlicher Vielschreiber hat der Bibliothekar des Kaisers mit seiner feinen Schrift Hunderte von Seiten über Sankt Helena bedeckt. Diese Seiten, die von Wiederholungen, Einfügungen, Zusätzen und Widerlegungen strotzen, bilden ein wüstes Durcheinander, das für eine Veröffentlichung erst chronologisch geordnet werden müßte. Ali ist, um es nochmals zu sagen, das Auge, oder, wenn man so will, das fotografische Gedächtnis der Gefangenschaft. Seine Beobachtungen hat er erst lange nach seiner Rückkehr nach Frankreich niedergeschrieben. Er erinnert sich an die geringsten Kleinigkeiten. Er verbringt seine Zeit damit, die einige Jahre nach dem Tod Napoleons erschienenen Berichte von Las Cases und O'Meara sorgfältig zu überprüfen. Seine Methode ist einfach: Sie besteht darin, eine Anekdote, die ihm ungenau erscheint, zu berichtigen und dann ausführlich zu erzählen. Um das jeweilige Ereignis spinnt er dann seine eigenen Erin-

* Stiftung Jourquin, unveröffentlicht.

nerungen. Diese Befruchtung des Gedächtnisses ist manchmal schwindelerregend, denn sie scheint keine Grenzen zu kennen und nimmt hypertrophische Dimensionen an. Doch gerade dieses Unmaß macht Alis Zeugnis so interessant.

In einer langen Beschreibung kann nämlich das Detail, die Geste, die Wendung aufscheinen, die eine verborgene Seite der Gefangenschaft enthüllen. Alis Anmerkungen weisen, wenn nötig, darauf hin, daß die offiziellen Zeugen, die angeblich die geringste Geste des Gefangenen vermerkt haben, über manches hinweggegangen sind. Was findet sich zum Beispiel inmitten den endlosen Auslassungen Alis über die Sitten der auf Sankt Helena lebenden Chinesen? Eine Lappalie, die jedoch zu denken gibt.

»Eines Abends wurde, gegen die sonstige Gewohnheit, ein kleines Mahl vorbereitet, das aus mehreren delikaten und ausgesuchten Speisen und einem hübschen Dessert bestand. Diese ungewöhnlichen Zurichtungen veranlaßten mich, M. nach dem Grund für diese Ausnahme zu fragen. Ich erhielt keine Antwort; später erfuhr ich dann, daß diese Vorbereitungen für den Empfang einer Frau oder eines Mädchens getroffen worden waren, daß dieses weibliche Wesen auch gekommen war, der Kaiser es jedoch zu jung gefunden hatte, seine Jugend und Unschuld respektiert, und es nach Überreichung einer bestimmten Summe wieder weggeschickt habe, wie es gekommen war.«

Eine Bagatelle, wird man sagen. Warum sollte der arme Gefangene nicht Anspruch auf ein paar Tröstungen haben? Überraschend ist nur, daß kein anderer Gefährte die geringste Anspielung auf diesen Besuch macht. Es steht zu vermuten, daß dies weder der erste noch der letzte war. Nun kann man zwar anführen, daß derartige Nebensächlichkeiten die Suite des Kaisers kaum interessieren konnten. Die Frage nach der Favoritin – und nicht nach einem Mädchen, das man aus der Stadt kommen läßt – bewegt die Gemüter.

Trotzdem, das Argument erscheint nicht überzeugend. Wenn es sich um eine bedeutungslose Affäre handelt, warum erwähnt dann Ali nicht den Namen des Mannes, bei dem er sich zu informieren versucht – es handelt sich höchstwahrscheinlich um Montholon? »Ich erhielt keine Antwort«, schreibt er. Dieser Satz bedeutet, daß über diese galanten Beziehungen unbedingt die größte Diskretion gewahrt werden muß.

Das Merkwürdigste daran ist, daß Napoleon nicht zum ersten Mal ein zu junges Mädchen wieder fortschickt. Der Kammerdiener Constant erzählt, daß 1805 in Schönbrunn ein Treffen zwischen dem Kaiser und »einer reizenden Demoiselle« arrangiert wurde, Napoleon »jedoch die Unschuld des Mädchens respektierte und sie wieder zu ihren Eltern zurückbringen ließ«.

4

»Ja, ja, Sie haben mir bereits gesagt, daß Napoleon keine wollüstige Veranlagung hatte. Ihre Art, von diesen Dingen zu sprechen, ist wirklich unbezahlbar. Ich möchte Details«, fordert sie mit ihrem tyrannischen Lächeln.

»Was hätten Sie davon?«

»Aber, mein lieber Freund, nur darauf kommt es an. Er war anscheinend ein ungeduldiger und eiliger Liebhaber«, gluckst sie genießerisch. »Ein Spezialist für Schnellschüsse.«

Woher hat sie diese Deftigkeit? Systematisch verwendet sie die krudesten Ausdrücke, als handle es sich um ein Spiel. Dabei atmet alles an ihr – Manieren, Kleidung, die Art, sich zu bewegen – Eleganz und natürliche Ungezwungenheit. Die Adlernase, das kräftige Kinn verleihen ihr etwas Herrisches. Die Erregung bringt ihre Nasenflügel zu einem ausdrucksvollen Beben, läßt ihre grünen Augen schillern und entzündet das Gold ihrer Pupillen. Ihre Begleiterin hat den gleichen Schick, aber ihr Stil ist gedämpfter.

»So antworten Sie schon«, fordert sie.

»Nun, ich glaube, das ist eine Legende. Mademoiselle George, die Schauspielerin, sagte, er sei ein Liebhaber gewesen, ›dessen Liebe nichts Brutales noch Schroffes hatte‹. Er war sehr zärtlich und sehr schamhaft. Im übrigen war er auch gezwungen, sich standesgemäß zu verhalten. Sie wissen doch, daß in einem Land wie dem unsrigen ein Monarch es sich schuldig ist, Mätressen zu haben. Er mußte sich dem Brauch fügen.«

Sie scheint sich mit meinen Erklärungen abzufinden. Ich denke mit Schrecken an Alis Anekdote. Wenn sie von ihr Wind kriegen würde ... Diese Mädchen hinauszukomplimentieren ist im Grunde nur logisch. Er will damit kundtun, daß er der Souverän bleibt. Einzig der Schein zählt: er schickt sie fort ...

Merkwürdigerweise ist der große Mann in dieser Hinsicht ziemlich prahlerisch. Caulaincourt, der 1812 nach der Rückkehr aus Rußland oft und lange mit ihm allein zusammen ist, bemerkt: »Er sprach gerne von seinen Erfolgen bei den Frauen. Wenn es einen schwachen Punkt in diesem großen und wunderbaren Komplex gab, dann war es die Eitelkeit auf Vergangenes.« Auf Sankt Helena zeugt es nicht gerade von übermäßigem Feingefühl, wenn er Bertrand anvertraut, daß »Joséphine die hübscheste F... hatte, die man sich denken kann«. Er setzt noch eins drauf, indem er diese F... mit »Les Trois-Îlets« vergleicht. Bertrand gegenüber rühmt er sich auch, Marie-Luise in die physische Liebe eingeweiht zu haben. »In der ersten Nacht sagte sie ›noch einmal‹.«

Er war auf Klatsch, auf anstößige Details erpicht. Caulaincourt bestätigt: »Er war oft indiskret.« Ein weiterer

Zeuge, Pons de l'Hérault, der auf Elba näher mit ihm in Berührung kam, notiert: »Napoleon interessierte sich brennend für die vulgären Seiten der ehelichen Haushalte.«

»Ein Nichts amüsierte ihn«, bemerkt Albine de Montholon. Auf Sankt Helena verliert der große Mann sich oft in Nebensächlichkeiten. Er ist pedantisch und indiskret, und will alles über jeden und jede wissen. Dank seiner Fähigkeit, die geringsten Details aufmerksam zu registrieren, ohne jemals den Überblick zu verlieren, hat er die Macht erobert und Europa beherrscht. In Longwood beschäftigt sich sein analytischer Geist nur mit kleinen Dingen. Wenn er auch zu Las Cases sagt: »Die Details von Sankt Helena sind nichts. Daß wir hier sind, das ist der springende Punkt«, so ändert dies nichts an der Tatsache, daß die Gefangenschaft eine Abfolge von bedeutungslosen Vorfällen ist, in denen seine Intelligenz sich schließlich erschöpft. Hat er eine andere Wahl? In einem Detail nachgeben bedeutet kapitulieren. Diesen Standpunkt vertritt er gleichermaßen unnachgiebig gegenüber seinen Kerkermeistern wie seinen Gefährten. Bei den Unterhaltungen in Longwood erfordert es die Etikette, daß man in seiner Gegenwart steht. Er bemerkt sehr wohl, daß Bertrand todmüde ist und Gourgaud sich nur aufrecht halten kann, indem er sich auf den Kamin stützt. Es kümmert ihn nicht. Er muß, wie er selbst sagt, der Mittelpunkt sein.

Privat ist er eher umgänglich. Er war immer wohlwollend gegenüber den Leuten, die ihm nahestanden, gutmütig gegenüber den Domestiken, schwach gegenüber den Seinen: »Man hat oft meine Charakterstärke gerühmt; ich war ein Hasenfuß, wollte niemandem weh tun, besonders nicht den Meinen, und die wußten das ganz genau«, gesteht er Las Cases. Nach einer Auseinandersetzung mit einem Vertrauten will er sich um jeden Preis wieder mit ihm versöhnen. Er hat es nie ertragen, schlafen zu gehen, ohne vorher Frieden geschlossen zu haben. »Der Streit bedrückte ihn wie ein Alptraum«, sagt Pons de l'Hérault. Dieser Charakterzug kennzeichnet auch seine Beziehungen zu Gourgaud. Der Adjutant ist häufig im Unrecht. Er ist unverschämt, sarkastisch, manchmal rüpelhaft, läßt jedoch nach einem Zwist Napoleon den ersten Schritt tun. »Gorgo, Gorgotto, mein Sohn Gorgo«, ruft der Kaiser. Fast väterliche Töne. Er empfindet für den jungen Frechdachs eine zärtliche Zuneigung und läßt ihm alles durchgehen.

Diese Gutmütigkeit, die fast schon Schwäche ist, zeigt die sentimentale Seite seines Charakters. Die er jedoch schleunigst vergißt, wenn es um seinen Rang und seinen Ruhm geht. In Longwood ist die Rangordnung eine Überlebensfrage. Das ist der einzige Punkt, in dem Napoleon kein Pardon kennt. Ali, der alles notiert, selbst Dinge, die ihm nicht zur Ehre gereichen, berichtet von einem kaiserlichen Wutausbruch: »Als ich mich des Pronomens ›Sie‹, statt der üblichen Anrede ›Eure Majestät‹ bediente, gab er mir, um mich für meine Respektlosigkeit oder Impertinenz zu bestrafen, einen Fußtritt und belegte mich mit den härtesten und erniedrigendsten Ausdrücken, die eine lebhafte Mißbilligung einflößen kann.«

Dieser kaiserliche Fußtritt gegen den vortrefflichen Ali gefällt mir sehr. Der ehemalige ungehobelte Artillerieleutnant, der Rabauke schlummert bei Napoleon stets unter der Oberfläche. Er war immer ziemlich »naturbelassen«. Selten täuscht er sich über sich selbst und andere. Erinnern wir uns an das Wort, das er am Tag der Krönung seinem Bruder zuflüsterte: »Joseph, wenn unser Vater uns jetzt sähe.« Und in Eylau, der Anblick des Kaisers, der sich im Biwak unter den Augen der Haudegen seiner Alten Garde mit Kartoffeln vollstopft ...

5

»Woran denken Sie?« fragt die Engländerin.

»An nichts. Nun ja, stimmt nicht ganz, ich dachte an Napoleon, an seine Lieblosigkeit in bestimmten Situationen.«

»Oh, erzählen Sie«, zwitschert sie wie ein kleines Kind.

»Da gibt es nichts zu erzählen.«

»Warum, bin ich vielleicht zu blöd, um zu verstehen? Ihr Napoleon interessiert mich sowieso nicht«, braust sie auf und dreht mir ostentativ den Rücken zu.

»Ich bin entzückt. Dann können wir endlich von etwas anderem sprechen. Von Ihnen, zum Beispiel.«

»Von mir! Ich hab nichts zu erzählen«, kontert sie heftig. »Mein Leben ist banal.«

Sie wechselt wieder die Tonart und säuselt: »Erklären Sie mir doch, warum Sie sich so leidenschaftlich für diesen Menschen interessieren. Sie sind ja förmlich besessen von diesem Napoleon. Immer auf seiner Spur.«

»Aber nein, das ist Zufall. Dem ich allerdings manchmal ein bißchen nachgeholfen habe. Über Napoleon stolpert man auf Schritt und Tritt, wenn man in Europa herumreist. Wohin man auch geht, fast immer ist in der Nähe ein Schlachtfeld, eine Herberge, ein Schloß, wo Napoleon sich aufgehalten hat.«

»Waren Sie auch in Rußland?«

»Ich habe mir Borodino angesehen, aber wegen des Fürsten André.«

»Der Fürst André!«

»Ja, der Held von *Krieg und Frieden.*«

»*Krieg und Frieden.* Aber ich kenne das Buch auswendig«, sagt sie mit einer flammenden Begeisterung, die ich ihr nicht zugetraut hätte.

»Auswendig! Ein Werk von immerhin eintausendfünfhundert Seiten.«

»Na und? Ich liebe *Krieg und Frieden.*«

»Ich auch … Endlich fangen wir an, uns zu verstehen.«

»Aber wir sind doch ein Herz und eine Seele. Außer wenn es um Ihre fixe Idee geht.«

»Du übertreibst, Amy, wirklich«, mischt sich die Begleiterin ein. »Fixe Idee! Du bist nicht ganz bei Trost. Dieser Herr hat doch das Recht zu denken, was er will. Also laß ihn in Frieden. Immer soll alles nach deinem Kopf gehen. Das ist purer Egoismus, Amy.«

Ich erfahre, daß ihr Vorname Amy ist. Und ich sehe, daß Amy geknickt ist.

»Schön, du hast recht. Ich übertreibe.«

Ihre betretene Miene hält nicht lange an.

»Aber kommen wir wieder auf Borodino zurück«, sagt sie und zaubert ein honigsüßes Lächeln auf ihr Gesicht – diese betonte Freundlichkeit hat etwas Unheimliches an sich.

Sanft fährt sie fort: »Erinnern Sie sich an die Schlacht? Fürst André ist allein. Er betrachtet in der Dämmerung einen Birkenwald. Eine Vorahnung quält ihn. Vielleicht wird er morgen getötet? Er sieht seinen Tod. Das Ungewöhnliche dabei ist die Eifersucht, die er beim Anblick dieser Birken empfindet. Er wird sterben, und diese Bäume werden weiterleben. Er stellt sich intensiv vor, wie er aus dem Leben scheidet, während die Birken ihr Leben behalten. Wissen Sie, daß Fürst André Napoleon vergötterte?«

»Ursprünglich, zur Zeit der Schlacht bei Austerlitz, da bewunderte er ihn. Später hat er jedoch seine Meinung geändert.«

»Ich nehme an, Sie sind in Austerlitz gewesen?«

»Ja. Sie werden es mir nicht glauben, aber es war reiner Zufall. Ich besuchte Brünn in Mähren und erfuhr dabei, daß sich das Schlachtfeld ganz in der Nähe befindet. Ich konnte nicht widerstehen.«

»Ich glaube Ihnen nicht. Ich denke, daß Sie das Opfer einer Obsession sind. Ihr Franzosen seid unglaublich, jawohl, das seid ihr! Ihr behauptet, Napoleon nicht zu mögen, und sprecht doch unaufhörlich von seinen Schlachten. Der Kaiser: das ist der Spiegel, durch den ihr euch nur zu gerne seht. Ihr seid die Stärksten gewesen, ihr habt Europa beherrscht. Zum Glück waren wir Engländer da.«

»Sie haben recht, wahrscheinlich sehnen wir uns nach dieser Zeit zurück.«

Sie strahlt. Recht haben ist ihre Lieblingsbeschäftigung.

»Ich möchte wetten, daß Sie auch in Eylau waren. Sie erzählen mir doch pausenlos von dieser Schlacht. Was hat sie denn so Außergewöhnliches?«

Sie besitzt den sechsten Sinn. Ich bin tatsächlich in Eylau gewesen. Zwecklos ihr zu sagen, daß ich auch dort das Schlachtfeld rein zufällig besucht habe. Sie würde mir nicht glauben.

»Wissen Sie, wo Eylau liegt?« frage ich.

»Keine Ahnung. Wahrscheinlich in Deutschland.«

»In Rußland. Aber damals war es in Preußen. Königsberg, sagt Ihnen das etwas?«

»Nicht viel.«

Ich erzähle ihr, daß die 1946 von den Sowjets annektierte Stadt in Kaliningrad umgetauft wurde und daß ich schon immer den Wunsch hatte, die Hauptstadt Ostpreußens zu besuchen.

»Warum denn?«

»Wegen Kant.«

»Versteh ich nicht. Warum soll man sich den Geburtsort Kants ansehen? Ist es nicht besser, seine Werke zu lesen?«

»Man kann beides tun. Ich muß gestehen, daß mich Grenzgebiete immer angezogen haben. Königsberg ist der äußerste Vorposten des Deutschtums in slawischen Landen. Die Stadt des Deutschen Ritterordens. In Königsberg haben sich die Könige von Preußen krönen lassen. Aber man kommt immer wieder auf Napoleon zurück. Nach der Niederlage in der Schlacht bei Jena im Jahr 1806 flüchtete sich der Hof von Berlin in diese Festung, um dort die Revanche vorzubereiten.«

Ich falle ihr ganz offensichtlich auf den Wecker. Sie hört mir zwar fügsam zu und ihre Miene soll Konzentration ausdrücken, aber ich sehe sehr wohl, daß sie in Gedanken ganz woanders ist. Allmählich begreife ich, was sie interessiert. In der Weltgeschichte nur der Klatsch und die Bettgeheimnisse. Aber hat sie nicht einigen Grund für ihre Unaufmerksamkeit? Wir stehen vor dem Buren-Denkmal mitten auf Sankt Helena, und ich spreche von Königsberg und von Preußen.

Ich unterbreche meinen Sermon, um ihr Gelegenheit zu geben, ein anderes Thema anzuschlagen. Im Friedhof ist es wieder still geworden, ein lauer Wind weht vom Tal herauf. Die Begleiterin spitzt die Ohren, als lausche sie auf ein seltsames Geräusch. Die Stille ist wie eine Fläche, die von einem Zittern oder vielmehr von einem Rumoren bewegt wird.

Ich denke an Eylau, an meine Verblüffung, als ich in dem Dorf ankam, das heute Bragationowsk heißt, zu Ehren des Fürsten Bragation, eines russischen Generals, der sich in den Schlachten bei Eylau und Austerlitz auszeichnete und an der Moskwa tödlich verwundet wurde.

Meine Engländerin kann einem zwar auf die Nerven gehen, aber es fehlt ihr nicht an Scharfsicht. Hat sie mich nicht entlarvt? Warum will ich so verbissen das, was tot ist, wieder zum Leben erwecken, warum maße ich mir an, die schweigende Vergangenheit wieder zum Sprechen zu bringen?

Die Liebe zum Irreparablen hat mich nach Sankt Helena wie nach Eylau geführt. Wahrscheinlich bin ich übermäßig leichtgläubig oder vertrauensselig. Diese Naivität bestärkt mich in der Annahme, daß Orte die Erinnerung überleben, daß von der Erschütterung durch ein Desaster oder eine Tragödie eine Spur oder zumindest ein Schauder bleibt, daß eine Stätte mehr aussagt als ein Dokument. Eylau–Sankt Helena, ein geheimer Faden verbindet diese beiden Namen der Tragödie.

6

Ich war frühmorgens in Kaliningrad aufgebrochen und hatte einen guten Teil des Tages damit verbracht, die Spuren des Friedhofs von Eylau aufzufinden. Das Dorf Bagrationowsk ist ebenso ungreifbar wie das ehemalige Königsberg. Kein Wunder in dieser Gegend. Die Seele Preußens irrt inmitten der Überreste der Vergangenheit umher. Es gibt keinen einzigen Deutschen mehr. Aber kann man so alte Zeichen auslöschen? Der Marktflecken Eylau hat also zwei Leben, zweierlei Atem. Die Russen sind an die Stelle der Deutschen getreten. Sie haben ihre Häuser in Besitz genommen, sind aber nie in der Lage gewesen, sie instand zu halten. Der Verputz fällt in großen Stücken herunter, so daß das nackte Mauerwerk der Fassaden sichtbar wird.

In Begleitung eines Führers, der mir zugleich als Dolmetscher dient, befragte ich die Passanten. In der Hand hielt ich eine Reproduktion des Bildes des Barons Gros im Postkartenformat. Die Leute zeigten meist ein verschlossenes Gesicht. Ein Fremder... Der erste, der seit 1945 das Schlachtfeld besucht. Und dieses Foto. Vielleicht erwarteten sie, daß ich ihnen das Gesicht eines Verwandten zeigen würde, dessen Spur ich suchte, aber ein Gemälde ... Ich war in der Tat auf der Suche nach einer verschwundenen Landschaft.

Dabei hatte ich bei meiner Ankunft geglaubt, Glück zu haben, denn ich traf auf einen langen Leichenzug mit einer Blaskapelle am Ende. Der Verstorbene lag mit gefalteten

Händen im offenen Sarg, wie der orthodoxe Ritus es vorschreibt. An der Spitze des Zuges ging ein Mann, der zu meiner Verwunderung den Sargdeckel auf dem Kopf trug. Ich glaubte, ich brauchte nur diesen Leuten zu folgen, um zum Friedhof von Eylau zu gelangen. Aber dieser Friedhof unterhalb des Dorfes konnte nicht der richtige sein. Auf Gros' Gemälde und auf vielen Stichen aus der Zeit liegt der Friedhof bei der Kirche, die an ihrem spitzen Glockenturm erkennbar ist. Ich hatte mir das verfallene Kirchenschiff in der Dorfmitte angesehen: ein dachloses Backsteingebäude, in dem die Vögel nisteten; die Mauern und die Kreuzflügel waren mit Zement verstärkt worden. Aber die Lage entsprach nicht derjenigen der Kirche, die ich suchte.

Ich befragte die Leute am Ende des Zuges. Sie ließen die Reproduktion reihum gehen und schüttelten den Kopf. Sie sahen, wie ich ungerechterweise fand, wie Trottel aus. Plötzlich sagte einer: »Am Dorfausgang wohnt ein ehemaliger Professor.« In den entlegensten Dörfern des alten Europa stöbert man schließlich immer einen alten Amateurgelehrten auf, im allgemeinen einen Lehrer oder – doch das ist seltener – einen pensionierten Versicherungsagenten.

Er war ein alter Mann mit hervorstehenden Backenknochen, hinkebeinig, ziemlich exaltiert, aber unglaublich beschlagen in der Militärgeschichte. Er hatte alles über Eylau gelesen und beeindruckte mich auf Anhieb, indem er eine Passage aus dem *Colonel Chabert* zitierte. Die Leser Balzacs wissen, daß Chabert, den ein Säbelhieb bei Murats berühmter Attacke niedergemäht hatte, für tot gehalten und auf dem Schlachtfeld liegen gelassen worden war. Als er wieder zu sich kam, war er mit Leichen bedeckt und fast am Ersticken.

»Erinnern Sie sich an den Bericht, den Chabert dem Anwalt Derville erstattet hat, Herr Franzose.«

»Ehrlich gesagt, ich erinnere mich nicht daran.«

Er deklamierte nun Sätze, die der Dolmetscher, so gut er konnte, übersetzte. Darin war die Rede von einem »menschlichen Misthaufen«, aus dem der arme Oberst anscheinend versuchte, sich freizustrampeln.

»Das alles, mein Herr, ist hier passiert.«

Nach jedem Satz machte er eine lange Pause, um seinen Ausführungen mehr Feierlichkeit zu verleihen.

»Alles ist hier passiert ... Im Schnee ... Leichen ... Überall ... Genau hier.«

»*Le Colonel Chabert* ist ein Roman«, wendete ich ein.

»Ein Roman, jawohl. Aber Eylau, mein Herr, ist Wirklichkeit.«

Er führte mich dann aus dem Dorf, um mir ein graues Gebäude auf einer Anhöhe zu zeigen.

»Das ist die Stelle, wo die Kirche war. Und hier, genau da, wo wir stehen, befand sich der Friedhof. Alles hat am Fuß der Fabrik stattgefunden, die Sie da sehen.«

Ich konnte dann meine Emotion nicht mehr verbergen, diese geheimnisvolle Entladung, die wie ein Schauder das Rückgrat hinabläuft und eine heftige Verwirrung zurückläßt. Warum war ich so erschüttert? Genau besehen gab es keinen Grund dafür. Die Erde, vom Winterfrost aufgebrochen, zeigte nur ihre armselige und triste Nacktheit. Ein fettiger Geruch nach Braunkohle, eine für die östlichen Länder so charakteristische Mischung aus Ruß und Schießpulver, schlug uns in Schwaden entgegen. So weit das Auge reichte, erstreckte sich die sandige Ebene; von der Nordsee bis zum Ural nichts als Heideland und Torfmoore, da und dort unterbrochen von einem Hügel, einer Zeile Pappeln oder Tannen. Die Geographen bezeichnen diese Spuren der Eiszeit als »Depression«. Treffender könnte man es nicht ausdrücken.

Eylau, fern von allem ... Ich hatte diese komplizierte Reise unternommen, um zu diesem Hügel zu gelangen, auf dem Napoleon am 8. Februar 1807 stand. Doch was soll man von den siebenmonatigen Gewaltmärschen der Soldaten der Großen Armee sagen? »Der ›kleine Kurzgeschorene‹ gewinnt seine Kriege mit unseren Beinen«, grummelten sie. Sie hatten bei Jena und Auerstedt gesiegt, hatten Berlin erobert und waren dann in Polen eingefallen. Sie hatten die Russen, die seit Tagen zurückwichen, verfolgt und Eylau mitten im Winter erreicht. Der im Dorf verschanzte Feind stellte sich endlich zum Kampf. Die ausgehungerten, durch ständige Wendemanöver geschwächten Haudegen der Alten Garde sehnten sich nach einer Ruhepause. Den fünfundachtzigtausend Russen konnte Napoleon nur sechzigtausend Soldaten gegenüberstellen. Fast alle 1804, dem Gründungsjahr des Kaiserreichs, ernannten Marschälle waren mit dabei. Verspürten auch sie den gleichen Überdruß? Wahrscheinlich, aber noch regte sich unter ihnen kein Widerspruchsgeist. Zur Stunde des Kampfes waren die meisten von dem heiligen Feuer beseelt, das sie als Zwanzigjährige vorwärtsgetrieben hatte. Zu Beginn der Revolution war Soult nur Kaporal, Augereau Fechtmeister, Davout Leutnant, Murat Unteroffizier, Ney Kontorist, Bernadotte Hauptfeldwebel. Bessières hatte Barbier werden wollen.

Die Kampfhandlung hatte am 7. Februar abends begonnen. Nach äußerst mörderischen Gefechten rings um den Friedhof war es der Kavallerie gelungen, die Russen zu vertreiben. Der Feind hatte im Lauf der Nacht einen erfolglosen Gegenangriff geführt. Man braucht kein großer Stratege zu sein, um die Wichtigkeit dieses Beobachtungspostens zu erkennen, ein richtiggehendes Belvedere, von dem aus man das Gelände weithin überblickt. Am Morgen des 8. Februar 1807 glich die verschneite Ebene einer weißen Dünung, die gegen Eylau anbrandete. Aus diesem Eismeer ragten wie Inseln einige Sümpfe, auf denen der Schnee sich nicht hatte halten können und geschmolzen war. Das Getrampel und das Blut hatten das Terrain noch nicht in Morast verwandelt.

»Das Furchtbare dabei«, schrieb Hauptmann Parquin, der in der Kavallerie diente, »war ein dichter Schnee, den uns ein Nordwind heftig ins Gesicht peitschte, so daß wir nichts mehr sehen konnten. Die in diesem Land reichlich vorhandenen Tannenwälder verstärkten noch den traurigen Anblick des Schlachtfeldes, das sie säumten. Dazu noch ein verhangener Himmel, dessen Wolken knapp über die Baumwipfel zu streichen schienen: Sie tauchten die ganze Szene in ein düsteres Licht und erinnerten uns unwillkürlich daran, daß wir dreihundert Meilen vom schönen Himmel Frankreichs entfernt waren.«

Ein trostloser, feindseliger Eindruck, den ich an dem Winterende damals auch empfand. Leere, sumpfige, von mageren Büschen unterbrochene Felder, ein harter Wind, der die Vegetation abrasiert zu haben schien, eine unendliche Urlandschaft. Keinerlei Spuren menschlicher Gestaltung, kein Weiler oder Kirchturm milderte die entblößte Erde. Der Geruch nach Schwefelhölzern drang bis zu uns wie eine Brandung. Dieses von Parquin so gut beschriebene Gefühl des Exils empfand Napoleon auf seine Weise. Sein Vormarsch nach Osten entfernte ihn von Versorgungsbasen und schwächte ihn täglich mehr. Die ungünstige Lage Eylaus eignete sich kaum zur Durchführung von Attacken und unvorhersehbaren Bewegungen, die wie in Austerlitz den Gegner verwirren und in eine Falle stürzen.

Die Gegenwart eines Fremden hatte meinen Begleiter richtiggehend angeheizt. Er schlotterte deshalb jedoch nicht weniger als ich. Wir musterten den Horizont am Fuß der verkommenen Fabrik, auf deren Dach der rote Sowjetstern prangte und deren Eingang mit einer Büste von Karl Marx geschmückt war. Wie wir schaute der Autor des *Achtzehn-*

ten Brumaire des Louis Bonaparte mißmutig auf das Schlachtfeld. Seine Mundwinkel waren rissig und verliehen dem Gesicht einen angewiderten Ausdruck.

Warum hatte der alte Professor einige Sätze über Sankt Helena deklamiert? Er legte in mir den Keim zu einer Idee, die mir damals exzentrisch vorkam. »Die Wende von Eylau, die Wende von Eylau«, wiederholte er. Es gelang dem Dolmetscher nicht, das zu übersetzen, was der Professor meinte. Er versuchte es mit den Wörtern »Umsturz« und »Umschwung«, ohne recht zu wissen, worauf der andere hinauswollte. Vielleicht wollte der Alte sagen, daß der Heerführer hier in Eylau, auf dem flachen Land, an seine Grenzen gestoßen war.

Wir betrachteten die weite fließende Ebene, in der sich der große Stratege zum ersten Mal in seinem Leben verfangen hatte. Schwärme von Raben flogen mit schrecklichem, näselndem Gekrächze auf, dessen ohrenbetäubendes Echo an eine Explosion gemahnte. Das Wetter war grau, aus den Sümpfen stieg ein vager Dunst. Diese Verschwommenheit der Formen und des Himmels legte sich keineswegs drückend aufs Gemüt, sondern stimulierte ganz im Gegenteil die Phantasie.

Da zeigte mir der alte Professor linker Hand die Stelle, wo Augereau um 10 Uhr 30 zu der Attacke ansetzte, die Davout entlasten sollte. Augereau, den sein Rheuma plagte, hatte Mühe, sich bei diesem Angriff im Sattel zu halten.

Ich starrte auf das Stück Erde, auf das mein Gefährte wies, und versuchte mir vorzustellen, wie sich die zu Kolonnen formierten Divisionen in Marsch setzten. Und wie sich die Katastrophe vor dem machtlosen Kaiser abzeichnete. Der bleiche, reglose Himmel gerät plötzlich in Bewegung, Schneeflocken schwirren wie Tausende von Insekten. Vom Ostwind getrieben, klatschen sie auf die Gesichter der Soldaten. Die sechstausend Männer Augereaus sind geblendet.

Während sie glauben, in das russische Zentrum vorzustoßen, bieten sie ihre Flanke den zweiundsiebzig Geschützen der russischen Artillerie dar, die sie aus nächster Nähe zusammenkartätscht. Ein kritischer Augenblick: es entsteht ein gähnendes Loch in der französischen Schlachtordnung. Viertausend russische Grenadiere stürzen sich nun in die Bresche, kommen dem Friedhof so nahe, daß viele der Kämpfer den Kaiser sehen können, seine Augen, sein Gesicht, seinen verwirrten Blick. Thiers, der in bezug auf diese Periode über Informationen aus erster Hand verfügte, beschreibt das Verhalten des Kriegsherrn. Napoleon war aufbrausend, cholerisch, selbst wenn alles gutging. »Sobald jedoch die Lage sich ernsthaft zuspitzte, gab er sich ruhig, gelassen und zuversichtlich, denn er wollte der Verwirrung, die sich aus den Umständen ergab, nicht auch noch die Verwirrung hinzufügen, die sein Verhalten auslösen könnte.«

Der alte Professor beunruhigte mich. Ich hatte den Eindruck, daß er sich für Napoleon hielt und höchstpersönlich die Schlacht leitete. Er hinkte, seine trippelnden Schritte wurden immer kürzer und seine Gesten immer ausholender. Er war so sehr in die Probleme der Strategie versunken, daß er auf die Fragen, die ich ihm stellte, nicht mehr antwortete. Im Grunde versuchte jeder von uns beiden auf seine Weise, die Vergangenheit wieder auferstehen zu lassen. Er war in die Rolle des Kaisers geschlüpft, ich, für meine Person, glaubte in der Landschaft noch die Wellen des Erdbebens von 1807 wahrzunehmen.

Denn genau betrachtet war es wirklich ein Erdbeben, das am Nachmittag des 8. Februar die Ebene von Eylau erschüttert hatte. Unter der Führung Murats versuchten zehntausend Reiter, verstärkt durch die berittenen Grenadiere der Garde, die riesige Bresche zu schließen, die Augereau aufgerissen hatte. Es war wahrscheinlich die größte, die maßloseste Attacke der Napoleonischen Geschichte. Sie zeugte von der Gefahr, in der sich der Kaiser damals befand: um ihr zu entgehen, mußte er alle seine Streitkräfte in die Schlacht werfen. Eylau, der Stolperstein ... Nichts verlief planmäßig. Bei Napoleon ist das Manöver immer wichtiger gewesen als die Auseinandersetzung. Diesmal zwang ihn der Kampf auf Leben und Tod zum frontalen Zusammenstoß.

»Murat, Murat«, schrie der alte Professor und schwang seinen Schal wie ein Peitsche.

Er sagte »Miurratt«, wobei er das »r« endlos rollte und sich in den Hüften wiegte. Er wurde immer erregter. Seine Heftigkeit erschreckte mich. Er glich einem Propheten in Trance. Die Raben schienen ihm zu antworten; seine Verwünschungen lösten ein maßloses Gekrächze aus, eine Art heiseres Rasseln, wie das Atemgeräusch von Sterbenden. Der Dolmetscher übersetzte schon lange nicht mehr und versuchte, mir durch diskrete Zeichen verständlich zu machen, daß der Alte völlig übergeschnappt sei. Er hatte nicht ganz unrecht. Heute glaube ich jedoch, daß seine Tollheit, sein Überschwang dazu beigetragen haben, eines der Tore des Labyrinths aufzustoßen. Er hatte mir im unentwirrbaren Netzwerk der Zeit den Ausblick auf einige Bilder eröffnet. Die in Kolonnen angeordneten Schwadronen, die erhobenen Säbel und die Trompeten im Wind, das Getrampel der Hufe auf dem gefrorenen Boden, die Erwartung des Signals, dann das gewaltige Lospreschen der zehntausend Reiter unter dem endlich klaren Himmel.

Der alte Narr hatte mir vielleicht zu erkennen gegeben, daß die Haut der Vergangenheit zerreißen konnte, daß es möglich war, die Toten ins Leben zurückzurufen. Hatte seine Raserei die Gespenster vom Sonntag, dem 8. Februar 1807, wieder auferstehen lassen? Auf alle Fälle hatte er mir anscheinend erlaubt, für einige Augenblicke eine verbotene Richtung einzuschlagen, in den Gefilden der Vergangenheit eine Welle, einen Hauch wahrzunehmen. Es war nichts.

Nur eine vage Präsenz. Etwa die Durchlässigkeit der Erinnerung? Den Friedhof von Eylau im Rücken – diesen Friedhof, den man auf Gros' Gemälde so wenig sieht wie auf den anderen Abbildungen –, ahnte ich, daß das, was geschehen ist, nicht für immer in einen Reliquienschrein eingeschlossen bleibt. Nicht der Fluß der vergangenen Zeit ist faszinierend, sondern ihr momentaner Stillstand. Der einzelne Augenblick, wenn die Dauer eine Pause einlegt. Ich befand mich in einer Zwischenzeit, diesem Intervall zwischen zwei Epochen.

Nichts von dem, was verstrichen ist, ist unzugänglich. Ich fühlte, wie die Präsenz sich festigte, Gestalt annahm, näher kam. Sie hatte mich gestreift, ich hatte ihren eisigen Atem gespürt. Orte wie Eylau schwanken zwischen Leere und Überfülle, zwischen Nacktheit und nostalgischer Illusion. Die Vergangenheit, dieses graue Licht, dem es Farbe zu verleihen gilt, hatte mich wie ein Blitz geblendet.

Zugegeben, ich erwartete angstvoll diese Präsenz, deren ich nie hatte habhaft werden können. Ich hatte meinerseits den Eindruck gehabt, ver-rückt worden zu sein, hin zu einem Durchgang, der zu den Pforten des Chaos führte. Man verrückt nicht ungestraft das, was die Zeit so wohl geordnet hat. Es ist gefährlich, die Harmonie dessen, was vernichtet wurde, zu zerstören. Aus Angst hatte ich allerdings kehrt gemacht. Man darf nicht zu lange in den Zwischenzeiten verweilen.

Das 58. Bulletin der Großen Armee berichtet, daß die Attacke Murats, fortgerissen von ihrem Elan, die erste russische Linie überrannte, dann die zweite. Fast hätte sie auch die dritte eingedrückt, doch es gelang den Russen, sich in ein Gehölz zurückzuziehen. Murats Reiter wendeten und rasten im gleichen Tempo wieder durch die russische Stellung, die sie soeben durcheinandergewirbelt hatten. Das Bulletin der Grande Armée bezeichnet diese Attacke als

»brillant und unerhört«. Diese Glanzleistung, die unter der Bezeichnung »Attacke der achtzig Schwadronen« in die Legende eingehen sollte, hatte zwar einen entscheidenden Einfluß auf den Verlauf der Schlacht, konnte aber die Russen nicht endgültig niederwerfen. Napoleon hatte praktisch keine Reserven mehr, er erwartete ungeduldig Neys Armee, um den Kampf siegreich zu beenden. Doch statt Ney tauchte Lestocq auf, ein preußischer General. Zum Glück gelang es Davout, die Lage zu retten, indem er dem Druck standhielt, bis Ney ankam, der die Russen schließlich zum Rückzug zwang. »Lestocq statt Ney, ist das nicht eine Vorwegnahme von Waterloo, wo anstelle des Franzosen Grouchy der Deutsche Blücher erscheinen wird?« Der Gegner hat fünfundzwanzigtausend Mann verloren. Ein Großteil der fünfzehntausend nach Königsberg evakuierten Verwundeten erliegt den Verletzungen. Die Franzosen zählen zwanzigtausend Tote.

Am Abend des 8. Februar wußte Napoleon nicht, wie die Schlacht ausgegangen war. Völlig angekleidet und gestiefelt hat er sich in einem kleinen Bauernhaus bei Eylau schlafen gelegt. Er schien niedergeschlagen. Am frühen Morgen des 9. bat der Adjutant des Marschalls Soult, vom Kaiser empfangen zu werden. »Sire, der Feind ist auf dem Rückzug.« Erst in diesem Augenblick wußte Napoleon, daß er gesiegt hatte. Oder vielmehr, daß er Herr des Schlachtfelds geblieben war. Sollte er in Jubel ausbrechen? Ihm war nicht danach zumute. Die Ebene von Eylau glich einer apokalyptischen Szene; der zertrampelte, vom Blut gerötete Schnee, das Röcheln der Sterbenden, das Wiehern der verstümmelten Pferde, und vor allem die Leichenberge. Und die Rabenschwärme. »Was ich gesehen und gehört habe, werde ich niemals vergessen«, schreibt der Chirurg Percy.

»Kommen Sie«, befahl der Irre.

Er ging, indem er den Oberkörper ruckartig auf eine Seite neigte, und genau in dem Augenblick, als ich glaubte, er würde fallen, schwenkte er ihn auf die andere Seite hinüber.

Der Dolmetscher wollte sich davonmachen, aber der Professor ließ es nicht zu. Er wiederholte eine Zahl: »14« und das Wort »Regiment«. Er machte das Zeichen, das die Orientalen mit Vorliebe verwenden, um den Tod anzudeuten, diese fast komische Art, mit der flachen Hand über die Kehle zu fahren. Ab und zu übertönte ein langgezogenes kreischendes Geräusch wie von einer Kreissäge das Heulen des Windes. An der Stelle, wo früher der Friedhof war, hat man also ein Sägewerk errichtet, dachte ich. »Ein Sägewerk«, hatte unser Führer pikiert ausgerufen. »Das ist doch unsere hochmoderne Computerfabrik!« Informatik in Eylau. Ein Witz der Weltgeschichte, die Komik, die in jeder Tragödie enthalten ist.

»Kommen Sie«, wiederholte der Professor.

Langsam hatten wir die fünfhundert Meter östlich des Friedhofs zurückgelegt. Er deutete auf einen Hügel und sagte wieder »14«. Ich begriff nun, daß es sich um die Stelle handelte, wo das 14. Linienregiment bei Augereaus unglücklicher Attacke vernichtet worden war. Ich befand mich vor der letzten Spur der Schlacht. Es gab sonst keine mehr. Der Rest war, wie ich wußte, meiner Vorliebe für die historische Taschenspielerei zuzuschreiben – und der Narretei des Professors.

Am 9. Februar 1807 lagen am Fuß dieser Anhöhe Hunderte von Leichen. Bei ihrem Anblick machte Bessières, der Kommandant der Gardekavallerie, der mit Napoleon über das Schlachtfeld ritt, eine stupide Bemerkung: »Sie sind aufgereiht wie Schafe.«

»Sagen Sie, wie Löwen«, berichtigte der Kaiser.

»Bessières bewahrte eine kaltblütige Kühnheit und Ruhe mitten im Feuer«, wird Napoleon auf Sankt Helena von ihm sagen. Auf Gros' Gemälde ist er links vom Kaiser dargestellt, mit bedächtigem Blick und verkrampftem, ein wenig törichtem Gesichtsausdruck. Er war ein mutiger und phlegmatischer Mann. Warum hatte er diese Bemerkung gemacht, die den Mut dieser Tapferen herabwürdigt? Vielleicht um ein Schweigen zu überbrücken? Napoleon seinerseits spricht nur, wenn die Notwendigkeit es erfordert. Redselig wird er erst auf Sankt Helena. Was sagt er am Tag nach der Schlacht bei Eylau? »Was für ein Massaker. Und für nichts!« Schulmeisterlich fügt er hinzu: »Ein Spektakel, so richtig dazu angetan, den Herrschern Liebe zum Frieden und Abscheu vor dem Krieg einzuflößen.« Am Abend lädt er die Artillerieoffiziere zum Diner ein. »Um beim Kaiser zu soupieren, gingen wir durch zwei Leichenberge, zerstückelte Glieder, Arme und Köpfe, die leider von unseren Freunden stammten«, erzählte einer der Eingeladenen. »Niemand hatte Hunger. Noch degoutanter und der Gipfel der Abgeschmacktheit war jedoch, daß jeder, als er seine Serviette entfaltete, darin eine Banknote fand.«

Eine Banknote, um den Schrecken vergessen zu machen. Ein kindischer und höchst taktloser Aspekt des Kriegsherrn. Geld, um sich das Schweigen zu erkaufen! Sicher, Friedland und dann Tilsit werden den verheerenden Eindruck von Eylau schnell wieder auslöschen.

Elektromasten mit zwei waagrechten Teilen, die ihnen das Aussehen von Guillotinen verleihen, Raben, die aus einer schwarzen Zeile von Tannen auffliegen, und ein Hügel, in dem die sterblichen Überreste von sechsunddreißig Offizieren des 14. Linienregiments ruhen: dieser Teil der Landschaft schien geschrumpft zu sein, als habe die Zeit den Raum ausgetrocknet und verengt.

Im Unterschied zu Waterloo stellt das Schlachtfeld von Eylau nichts dar. Darin liegt seine Stärke. Waterloo dagegen ist zu erinnerungsträchtig (zu viele Stelen, zu viele Monumente, zu viele Tafeln, zu viele Dioramen und vor allem: zu nahe an Brüssel). Waterloo ist buchstäblich nichtssagend. Eylau ist roh, ursprünglich, unergründlich wie eine Sphinx. Das hatte mich frappiert, als wir aus dem Hochwald hervortraten. Man hatte einen viel besseren Überblick als vom Friedhof aus. Die freie Sicht erwies sich jedoch als grausam: Es gab nichts zu sehen. Außergewöhnlich war nur, daß das Panorama, das sich vor mir ausbreitete, ungefähr den Raum einnahm, den Baron Gros darzustellen versucht hatte. In der Ferne gewahrte ich rechter Hand die Computerfabrik. Vor mir lagen nur eingezäunte Felder und kleine Gemüsegärten (»ogorod«), wie sie die Russen am Ausgang der Städte und Dörfer anlegen, um ihre Alltagskost aufzubessern.

Der alte Narr, der eine Weile geschwiegen hatte, rief nun aus: »Ganz Bagrationowsk ist ein einziger Friedhof, in dem die Geschichte begraben ist: die Toten, die Vergangenheit. Aber nur vergraben, nicht verschwunden.«

Ich hatte vergessen, daß Eylau heute Bagrationowsk heißt. Doch was wollte er mit »nicht verschwunden« sagen? Offensichtlich hatte der Dolmetscher keine Lust mehr, das Geschwafel unseres Führers zu übersetzen. Er sah beleidigt aus, doch nach einem heftigen Wortwechsel glättete sich seine mürrische Miene. Er sprach von der Tapferkeit der russischen Armee, von dem Erfolg, den sie in Eylau errungen hatte. Mir war plötzlich der Grund für ihre Eintracht klargeworden: der alte Professor hatte den Dolmetscher davon überzeugt, daß diese Schlacht ein russischer Sieg war.

»Aber«, hatte ich bemerkt, »gehört der Sieg nicht dem, der Herr des Geländes geblieben ist?«

»Die Russen haben sich geordnet zurückgezogen. Und ihr Franzosen seid zu erschöpft gewesen, um uns zu verfolgen.«

Das war die reine Wahrheit – ich hatte auch das Spiel des Dolmetschers mit dem »ihr« und dem »uns« bemerkt.

Napoleon war so wenig von seinem Erfolg überzeugt, daß er bis zum 16. Februar in Eylau blieb. Das war ganz gegen seine sonstige Gewohnheit, aber Europa sollte wissen, daß er Herr des Schlachtfeldes geblieben war. Während all der Tage, die auf das Gemetzel folgten, verhält er sich ungewöhnlich. Er diktiert General Bertrand den Text für eine Broschüre mit dem Titel: *Bericht über die Schlacht bei Eylau, von einem Augenzeugen, übersetzt aus dem Deutschen*. Bertrand, der Gefährte im Unglück, der Mann, der ihn nach Sankt Helena begleiten wird, einer der wenigen Meldereiter, die mit dem Leben davonkommen sollten. Napoleon hatte ihn zu Augereau geschickt mit dem Befehl, der General solle das 7. Korps nach vorne werfen. Ein Himmelfahrtskommando. Dann war das 14. Linienregiment an der Reihe. Ein verwirrender Zufall, nicht wahr! Zur Rechtfertigung seiner Anordung sagte er zu dem, der damals sein Adjutant war: »So wird dann die Geschichte sprechen!« Die wirkliche Geschichte kannte Bertrand besser als sonstwer. Was hat er von Napoleons List gehalten und vom Bericht »übersetzt aus dem Deutschen«?

Bertrand wird ein paar Wochen später den Bau der Pontonbrücken über den Njemen leiten. Ist er nicht der Brückenspezialist – Brücke, Ort des Übergangs und der Prüfung? Er ist der Mann, der Bescheid weiß. Macht er sich nicht in Sankt Helena ein diebisches Vergnügen daraus, seinen Herrn und Meister über Eylau auszuquetschen, dieses heikelste aller Themen?

In nicht ganz einer Woche schreibt Napoleon fünf Briefe an Joséphine. Der erste, geschrieben am Tag nach dem Gemetzel (»Ich bin Sieger geblieben, aber ich habe viele Leute verloren«) wurde bereits zitiert. In einem weiteren Schreiben drückt er Gefühle aus, die er nur selten schriftlich äußert: »Das Land ist von Toten und Verwundeten übersät. Dies ist nicht der schönste Teil des Krieges; man leidet und ist beklommen angesichts von so vielen Opfern.« »Beklommen« ist ein Wort, das er nicht einmal auf Sankt Helena verwenden wird. Die schrecklichen Details, die ihm der Chirurg Percy liefert, drücken ihn nieder.

Der Zar beglückwünscht Bennigsen, den Oberbefehlshaber, persönlich dazu, »den besiegt zu haben, der bis dato noch nie besiegt worden ist«.

»Eylau ist also ein russischer Sieg«, hatte ich zu meinen beiden Gefährten gesagt.

Sie protestierten, ebenso laut wie gekünstelt.

»Nein, nein. Sie übertreiben. Kein Sieger, kein Besiegter. Sie sehen doch, Eylau ist heute ein Kartoffelacker.«

Ganz offensichtlich glaubte der Professor nicht, was er soeben gesagt hatte. War er denn wirklich so verrückt, dieses alte Schlitzohr? Es existierte in dieser Gegend das falsche Gleichgewicht einer Erde, die nicht völlig zur Ruhe gekommen ist. Eine undefinierbare Zuckung durchlief den Boden, als habe ihn das Gewitter der Schlacht in eine nicht endende Bewegung versetzt. Nur die Raben, die unverwüstlichen Unglücksvögel, erinnerten an die einstige Verwesung.

Der Besuch Eylaus sollte mich nach Sankt Helena führen – wie ein gebieterischer Ruf, dem ich Folge leisten mußte.

Eylau, ein lästiger, aus dem nationalen Gedächtnis fast getilgter Name. Die Avenue Victor Hugo in Paris hieß von 1864 bis 1881 Avenue d'Eylau. Dann verschwand der Name für einige Jahre und tauchte an anderer Stelle wieder auf, lässig an eine neue Verkehrsader beim Trocadéro gehängt. Eine zurückgestutzte, ja sogar amputierte Straße, da sie ursprünglich bis zur Porte Dauphine verlängert werden sollte. Eine verstümmelte, entstellte, verfälschte Straße, verglichen mit der Kirche, die ihren Namen trägt: Saint-Honoré-d'Eylau hat nichts mit der gleichnamigen Avenue zu tun.

Ich war in Ostpreußen gestrandet, wo die Geschichte sich von den Zeitläuften abgehängt hatte, in einer Bewegung, die ein wenig dem Rückzug der Russen bei Eylau glich: in Bedrängnis, aber wohlgeordnet.

Diese hybride Welt, diese besondere Stille, diese träumerische Tristesse, diese Starre der Vergangenheit, das alles fand ich intakt auf Sankt Helena wieder. Derartige Orte existieren doppelt, sie künden die Absenz, das unablässige Rumoren eines aus der Bahn geworfenen stummen Lebens. Eylau, Longwood, gleiche Schwingungen, gleiches Magnetfeld, ausgerichtet nach einem geheimen Pol, der nichts anderes ist als die Hoffnung auf eine Wiederauferstehung. Wenn man nichts sieht, glaubt man immer Gespenster zu sehen. Aber der alte Narr war kein Gespenst: Er war der Abgesandte, eine Art Stafette aus einer anderen Zeit, in die Gegenwart geschickt, um empfindsame Seelen wie die meine in Bann zu schlagen, Bevollmächtigter des Irrationalen, verirrter Bote, der nicht recht weiß, wem er das tragische Vermächtnis anvertrauen soll.

Im Zentrum von Eylau, vor der Büste des Fürsten Bagration, dem Organisator des russischen Rückzugs, hatte ich mich von dem seltsamen Emissär verabschiedet. Es hatte mir gefallen, daß der in *Krieg und Frieden* so präsente Bagration Zeuge dieses Abschieds war. Tolstoi behauptet, der Fürst habe ein derbes, olivenfarbenes Gesicht und einen stark ausgeprägten georgischen Akzent gehabt. Er ist der Held der Schlacht bei Schöngrabern, die vor Austerlitz stattgefunden hat. Der ernsten Miene der Büste wird durch einen Goldanstrich ein komischer Zug verliehen, der nämliche Zug, den Bagration bei dem von Nataschas Vater im Englischen Club von Moskau organisierten triumphalen Empfang zur Schau getragen hat. »Er hat zwanzig Jahre seines Lebens Krieg geführt«, besagt die Inschrift unter der Büste.

»Denken Sie immer an Eylau, Herr Franzose. Genau hier hat das Schicksal zum ersten Mal zugeschlagen ...«

Nach einem militärischen Gruß an meine Adresse ließ das Hinkebein seinen Schal knallen wie eine Peitsche.

7

Er sitzt in der dunkelsten Ecke des Salons, ein wenig schmollend und sichtlich hin und her gerissen zwischen der Lust zu plaudern und dem Hang zu schweigen.

Eine Nebelwand umgibt das Anwesen. Die feinen Tröpfchen des Nieselregens hüllen das Haus in eine Watte, die alle Geräusche dämpft.

An den Wänden hängen zwei Porträts Napoleons: ein naives Ölgemälde, auf dem er zu Pferd dargestellt ist, und ein Bild, auf dem er in den Tuilerien posiert. Die beiden Gemälde sind faszinierend, denn wieder einmal zeigt sich ganz klar: sie bilden nicht denselben Mann ab. Natürlich ist alles vorhanden, um dem Betrachter zu bedeuten, daß es sich um den Kaiser handelt. Die Uniform, die Titusfrisur weisen ausdrücklich darauf hin. Aber dieses unfaßbare Gesicht birgt ganz offensichtlich immer einen wesentlichen Zug, den die Maler nicht wiederzugeben vermögen. Das Paradoxe dabei ist jedoch, daß Napoleon immer erkennbar ist. Die Serie der Rosenzeichnungen Pierre-Joseph Redoutés – Maler des Jardin des Plantes und Zeichenlehrer Marie-Antoinettes – schmückt ebenfalls die Wände.

»Alles Originale«, kommentiert Michel Martineau, »Sie müssen nämlich wissen, daß mein Vater ein leidenschaftlicher Sammler ist. Dokumente, Stiche, alles muß er kaufen. Ich dagegen bin eher ein Bewahrer. Instandhalten und retten, das ist mein Fall. Für die gefühlsmäßige Seite eines Gegenstands habe ich, ehrlich gesagt, wenig übrig.«

Der Vater brummelt in seiner Ecke. Kantiges Gesicht, Seitenscheitel, hellgraue Weste – der Engländer, wie er im Buche steht. Die vorspringenden Augenbrauenhöcker und der forschende Blick verraten den scharfen Beobachter. Der Salon der Martineau, in dem wir eine Erfrischung zu uns nehmen, bevor wir zu Tisch gehen, befindet sich in dem Teil des Hauses, den einst die Montholon bewohnten.

Es regnete oft in ihr Logis, dessen Dach nur mit einfacher Teerpappe belegt war. Kein Vergleich mit dem jetzigen Zustand. Im Salon, wo ich in einem Louis-quinze-Samtfauteuil sitze, atmet alles Gediegenheit und einen sehr britischen Sinn für Komfort. Gräfin Diana, die zu Gilbert Martineaus Füßen liegt, döst. Sie wacht plötzlich auf, runzelt die Stirn über den durchdringenden Augen. Gräfin Diana ist zwar eine Promenadenmischung, besitzt aber eine majestätische Haltung. Die zutrauliche Hündin, die sich der Liebe ihrer Herrschaft sicher ist, wird in Longwood wie eine Familienangehörige betrachtet.

Michel Martineau hatte mir erzählt, daß sein Vater an den Hudson-Lowe-Papieren arbeite, von denen ein Teil sich im British Museum befindet. Diese riesigen Bündel, in denen die geringste Begebenheit, das geringste Gerücht festgehalten ist, wurden noch nicht völlig ausgewertet und könnten so manche Überraschung bieten.

»Haben Sie etwas Interessantes entdeckt?« frage ich höflich.

»Interessantes? Was meinen Sie damit?« antwortet der Vater spitz.

»Nun, ich weiß nicht, Enthüllungen.«

»Enthüllungen über wen?«

»Über die Gefährten Napoleons, die Domestiken. Cipriani zum Beispiel, welche Rolle hat er gespielt? Hat er möglicherweise Hudson Lowe informiert?«

»Ah, Cipriani ... Merkwürdige Geschichte.«

Sein Ton ist sanfter geworden. Er zögert. Wird er sprechen? Ich weiß, daß ihn die Geschichte des Haushofmeisters leidenschaftlich interessiert. Er fixiert mich kalt mit seinen braunen Augen.

Ich versuche, ihn zu ködern.

»Sie sagen in einem Ihrer Bücher, daß Hudson Lowe ihm so etwas wie Vertrauen schenkte ...«

»Hm, das stimmt.« Er räuspert sich. »Es gibt in der Tat Briefe ... Ja, Briefe aus London, die Hudson Lowe nahelegen, sich Ciprianis zu bedienen. Aber Sie kennen ja Ciprianis Ende. Ein plötzlicher Tod im Februar 1818. Ist er vergiftet worden? Ich muß gestehen, daß ich keine Ahnung habe. Andere Bewohner von Longwood, auch eine Zofe der Montholon, haben dasselbe Schicksal erlitten. Cipriani wurde im Friedhof von Plantation House begraben. Dieser Tod hat mir immer Rätsel aufgegeben. Ich wollte mir Gewißheit verschaffen. Also habe ich die Stelle gesucht, wo er zur Ruhe gebettet worden war. Ich habe Grabungen durchgeführt. Ob Sie's mir glauben oder nicht: Ciprianis Leichnam war verschwunden. Seltsam ...«

Es tut ihm bereits leid, zuviel gesagt zu haben. »Genug damit, gehen wir zu Tisch«, sagte er abrupt.

Das Eßzimmer liegt im O'Meara-Teil des Hauses. Napoleons irischer Arzt wohnte bis Juli 1818 in Longwood und wurde dann von Hudson Lowe nach England zurückgeschickt. O'Meara, der zu Beginn der Gefangenschaft ein doppeltes Spiel spielte, war schließlich ins Lager des Gefangenen übergewechselt. Sein 1822 erschienenes Buch *Napoleon im Exil* hat eine wichtige Rolle in der helenianischen Legende gespielt. Es hat Europa als erstes über die Verfolgungen und Schikanen des Kerkermeisters informiert.

Gravüren, auf denen die Mitglieder der Familie Bonaparte dargestellt sind, schmücken die Wände des Eßzimmers. Ich bemerke auf der Anrichte eine Flasche Château

Batailley, Jahrgang 1986. In meiner Erinnerung taucht das Bild der alten Pinie auf, die fast völlig die Fassade des Schlosses und die anheimelnde Bibliothek des Besitzers Emile Casteja verdeckt. Ich bin immer fasziniert gewesen von der Louis-quatorze-Pendüle, die auf dem Kaminsims thront. Warum kommt mir das Bild des alten Mannes, der eine Sichel in der Hand hält, in den Sinn? Vielleicht wegen der Inschrift »Die letzte Minute tötet«, Symbol der Zeit und ihres unerbittlichen Gesetzes. Ist der Wein nicht die einzige lebende Materie, die sich gegen die irreparablen Schäden der Zeit zu wehren weiß – je mehr er altert, desto köstlicher wird er?

Der Beginn der Mahlzeit ist nicht sehr animiert. Gilbert Martineau schweigt; der Sohn versucht die Rede wieder auf die Hudson-Lowe-Papers zu bringen. Aber der Vater geruht nur das Wort zu ergreifen, wenn mein leeres Glas oder mein leerer Teller ihm dazu Anlaß geben. Er ist mir gegenüber äußerst zuvorkommend, will mir unbedingt nachlegen und nachschenken. Ich mache mir keine Illusionen über diese Zuvorkommenheit, die nur dazu dienen soll, jedes Gespräch über Napoleon im Keim zu ersticken. Trotzdem stellt er mir Fragen. Oder macht vielmehr fragende Andeutungen über die Gefährten des Kaisers, wie zum Beispiel: »Dieser Montholon, was für ein zwielichtiger Bursche, nicht wahr?«, Andeutungen, die ich ergänzen muß ... Natürlich sind das Versuchsballone, um mich zu testen. Er möchte wissen, ob ich meine Lektion gelernt habe. Was mir Gelegenheit gibt, mit meinem frisch erworbenen Wissen zu glänzen. Kunststück. Ich habe auf dem Schiff nach Kräften gebüffelt. Meine Lektüren scheinen ihn zu befriedigen.

»Ja ... Man muß immer die direkten Zeugen lesen«, brummelt er. »Alles andere ist Makulatur! Nun, was halten Sie von dem 1986er Batailley?«

»Exzellent! Noch ein bißchen verschlossen. Trotzdem, schöne Textur.«

Mein Kommentar erheitert ihn.

»Schöne Textur! Ich wußte nicht, daß der Wein etwas mit der Weberei zu tun hat«, meint er ironisch.

»Sie haben das mot juste gefunden. Man spricht tatsächlich vom ›Schuß‹ eines Weins ... Vor allem beim Bordeaux.«

»Sie wissen ja, daß die Engländer Napoleon in Longwood nur mit Bordeaux versorgten.«

»Das ist normal. Im allgemeinen mögen die Engländer den Bordeaux lieber als den Burgunder.«

»Schon, aber Napoleon hatte eine Vorliebe für Burgunder. In Frankreich trank er nur Gevrey-Chambertin. Allerdings mit Wasser vermischt. Er machte sich sowieso nicht viel aus Tafelfreuden.«

Das Thema hat ihn plötzlich gesprächig gemacht. Er holt ein Dokument aus seinem Büro. Es ist ein Brief Lord Bathursts an den Gouverneur. Er liest vor, was der englische Minister an Lowe schreibt. »Ich weiß, daß Napoleon eine Vorliebe für Burgunder hat, aber ich weiß auch, daß dieser Wein den Transport nicht verträgt: Der Burgunder braucht nur sauer in Sankt Helena anzukommen, und schon wird er schwören, daß ich ihn vergiften will!«

»Woher stammt diese Mär, daß der Bordeaux den Transport besser verträgt als der Burgunder?«

»Das liegt an den Gerbstoffen. Der Bordeaux ist äußerst gerbstoffreich. Daher diese Härte, wenn er jung ist. Man fuhr ihn deshalb lange auf Schiffen herum, um ihn milder zu machen. Dieser Bathurst war ein Kenner ...«

»Vielleicht. Aber er war auch ein Misthund.«

Wir sprechen von der beträchtlichen Menge Flaschen, die in Longwood geleert wurden. Gilbert Martineau zitiert Gourgaud, der in seinem *Journal* immer wieder die Verschwendung herausstreicht, die im Hause herrschte. »Ich behaupte, daß die Domestiken sorglos wirtschaften und daß wir unmöglich an einem Tag siebzehn Flaschen Wein trinken oder achtundachtzig Pfund Fleisch und neun Hühner essen können: das macht uns angreifbar. In unserer Lage sollten wir uns mit möglichst wenig begnügen.« Eine Notiz Hudson Lowes verzeichnet einen täglichen Konsum von neun Flaschen Bordeaux, vierundzwanzig Flaschen Wein vom Kap und sechs aus Teneriffa, Graves und Konstanz, eine Flasche Madeira plus sechzehn Flaschen Champagner und vier Flaschen Porto pro Monat.

»Ich habe mich damit amüsiert, den Weinkonsum einzig für das letzte Trimester des Jahres 1816 auszurechnen«, sagt Gilbert Martineau. »Die Menge ist beeindruckend: 3724 Flaschen. Später haben sie sich mit einem Durchschnitt von 3300 Flaschen begnügt.«

»Es wurde also aasig gepichelt in Longwood.«

»Ja, aber Napoleon und seine Gefährten waren mäßige Trinker. Unmäßig gesüffelt haben nur die Domestiken. Im Anrichtezimmer ging es hoch her, das können Sie mir glauben. Lowe war rasend vor Wut, wenn er nach Longwood kam. Er hatte verlangt, daß die leeren Flaschen zurückgegeben werden sollten. Aber die Diener Napoleons machten sich einen Spaß daraus, sie zu zerschlagen, um Lowe zu ärgern. Rings um Longwood war der Boden mit Flaschenscherben übersät.«

Gilbert Martineau kommt immer mehr in Fahrt. Er glaubt, die Geschichte habe Hudson Lowe zu schlecht gemacht. Seiner Meinung nach war Lord Bathurst, seines Zeichens Kolonialminister und als solcher für den Häftling Bonaparte verantwortlich, ein viel üblerer Geselle als der Kerkermeister. Er empfand ein fast krankhaftes Ressentiment gegen den ehemaligen Herrscher und erließ von London aus mit manischer Sorgfalt Vorschriften und Anordungen, die keinen anderen Zweck hatten, als den Gefangenen zu demütigen und ihm das Leben schwerzumachen.

Der mißtrauische, unintelligente und engstirnige Lowe führte sklavisch die Befehle des Ministers aus. Der »Büttel«, wie der Gefangene ihn nannte, hatte das Profil eines idealen Sündenbocks. Seine Dummheit und Boshaftigkeit verdrängen aus dem Gedächtnis der Nachwelt die erdrückende Verantwortung der »englischen Oligarchie« – ein Lieblingsausdruck Napoleons. Die Niedertracht, die Grausamkeit, die Schikanen gehen zuvörderst vom Londoner Kabinett aus, das für zwei grundlegende Entscheidungen verantwortlich ist: die Wahl Sankt Helenas und die des Kerkermeisters.

Wir diskutieren über das sechste und letzte Zusammentreffen zwischen Napoleon und Hudson Lowe, das am Sonntag, dem 18. August 1816, stattfand. Es herrschte abscheuliches Wetter. Am Nachmittag, als eine leichte Besserung eintrat, beschloß der Kaiser, einen Spaziergang in den Gärten zu machen. In diesem Augenblick kommt der Gouverneur. Napoleon ist sehr verärgert. Lowe verkündet, er habe den Befehl erhalten, die Ausgaben Longwoods zu beschränken. Das Gespräch nimmt sehr schnell eine scharfe Form an.

»Sie sind das Instrument des blinden Hasses von Lord Bathurst«, schreit der Gefangene.

»Lord Bathurst, Monsieur, kennt keinen blinden Haß«, gibt Lowe zurück.

»In fünfhundert Jahren wird der Name Napoleon hell strahlen, während die Namen Bathurst, Castlereagh und der Ihre nur noch durch die Schande und Ungerechtigkeit ihrer Träger mir gegenüber bekannt sein werden.«

Napoleon fügt hinzu: »Wenn Sie mir nichts mehr zu essen geben wollen, nehme ich meine Mahlzeiten am Tisch der Offiziere des 53. Infanterieregiments* ein. Oder mit den Soldaten.«

»Das alles gleitet zum Glück an mir ab«, erregt sich der Gouverneur.

* Das 53. Infanterieregiment war in Longwood stationiert und mit der Überwachung des Gefangenen beauftragt.

»Das glaube ich Ihnen aufs Wort. Der Henker lacht über den Aufschrei seiner Opfer.«

Diese Auseinandersetzung sollte die letzte sein. Der krebsrote Lowe dreht sich grußlos um. Er wird seinen Gefangenen erst fünf Jahre später wiedersehen, tot, am Morgen des 16. Mai 1821. Dieser letzte Streit macht dem Gefangenen zu schaffen, der bedauert, sich so ereifert zu haben. »Das war das zweite Mal, daß ich es mir mit den Engländern verdorben habe. Ihr Phlegma bringt mich in Rage, und ich sage mehr, als ich sagen dürfte. Ich hätte ihm besser überhaupt nicht geantwortet.«

Las Cases gesteht er, Lowe »sehr schlecht behandelt« zu haben, und gibt zu, daß dieser »ihm eigentlich nie den schuldigen Respekt versagt habe«. (»Es fehlte ihm nicht an einem gewissen natürlichen Wohlwollen«, bestätigt Octave Aubry, den man sicher nicht der Nachsicht gegenüber dem Kerkermeister verdächtigen kann.)

»Hudson Lowe ist der ideale Prügelknabe«, befindet Gilbert Martineau. »Jeder kann nach Herzenslust sein Mütchen an ihm kühlen. Dabei hat er gute Verwaltungsarbeit geleistet. Wissen Sie, daß er die Sklaverei auf Sankt Helena abgeschafft hat? Es liegt mir fern, ihn zu verteidigen, aber unter uns gesagt, was wäre die Legende ohne die Verfolgung? Was wäre die Passion und die Erlösung von den Sünden ohne den Henker?«

»Das Verhalten des Kerkermeisters erklärt oft das Verhalten des Gefangenen.«

»Ganz recht. Und dann: sein Bienenfleiß, seine Detailsucht kommen Leuten wie mir zugute, die über die Gefangenschaft arbeiten. Stellen Sie sich vor: 104 Bände im British Museum! 98 davon betreffen die Verwaltung von Sankt Helena. Eine wahre Fundgrube für Sammler von Informationen.«

Plötzlich wechselt seine Miene. Er runzelt die Stirn,

preßt die Lippen zusammen. Das ganze Gesicht verkrampft sich.

»Warum sage ich Ihnen das alles?«

Er klingt unzufrieden, hat wieder sein unwirsches Aussehen angenommen. Ich kenne nun seine Stimmungsumschwünge. Wie viele Menschenverächter ist er geschwätzig. Diese Eigenbrötler öffnen gern die Schleusen, wenn sich der Redefluß zu lange angestaut hat, bereuen dann aber ihr Mitteilungsbedürfnis.

Ein langes Schweigen tritt im Eßzimmer ein. Der Himmel ist grau. Ein mürrischer Regen fällt bösartig auf die Gärten. Der Wind schlägt gegen die Türen, ein bohrendes Pochen, begleitet von der ewigen Klage des Passat. An diesem Spätnachmittag verrinnt die Longwoodsche Melancholie sanft, tropfenweise, wie der dumpfe Aufschlag des Regens, der vom Dach auf den Boden fällt. Allmählich gewöhne ich mich an dieses unendliche Rieseln, diesen Singsang von Longwood. Er dringt in die Menschen ein wie eine friedliche Verstimmung, eine fast wohltätige Qual.

Manchmal erfaßt mich eine süßlich-fade Mattheit, ein Überdruß, eine Regung, die plötzlich aufkeimt und nicht andauert. Doch die Longwoodsche Melancholie ist beileibe nicht das Vergnügen, traurig zu sein, sie ist vielmehr der Ekel vor dem immer angekündigten Rückfall, die Qual der ewigen Wiederkehr. Geschwätzigkeit des Windes, Geleier des Regens, Routine der Wörter, die ewig dieselben Geschichten über die Gefangenschaft abspulen. Gestern, morgen, immer. Napoleon selbst hat das Martyrium der Wiederholung erlitten. Jetzt läßt er mit einem gewissen Sadismus sein Gefolge darunter leiden. Die Diktate sind Wiedergekäue, sie singen die immer gleiche deprimierende Melodie – glücklicherweise kippt der Ton oft über, und diese Diskordanzen sind das Beste in diesem kaiserlichen Miserere. Im Gegensatz zu Eylau, über das er sich beharrlich ausschweigt, kaut er ohne Unterlaß die Niederlage von Waterloo durch. Ein Beispiel unter vielen aus den Aufzeichnungen Montholons: »Der Kaiser nimmt sich mit Gourgaud zum zehnten Mal die Arbeit über Waterloo vor. Am Abend sagt er zu uns: ›Ich begreife immer noch nicht, wo die Schlacht verlorengegangen ist‹« (20. Mai 1817). Ist dieses immer gleiche Geleier der Grund für die Misanthropie des alten Martineau?

Wiederholungen hängen ihm zum Halse heraus. Er weiß nicht, was ich von ihm weiß. Mir ist bekannt, daß er der Welt den Rücken gekehrt und aus freien Stücken das Exil gewählt hat. Warum diese Entscheidung für ein Leben in Abgeschiedenheit? Nach dem Ersten Weltkrieg war Martineau eine wohlbekannte Erscheinung in den Pariser Salons. Die literarische Gesellschaft warf ihre letzten Glanzlichter. Er ging jeden Donnerstag zu den Rostands, verkehrte mit Cocteau. »Eine wortkarge, undefinierbare, ein wenig strenge Gestalt, die den Hang zur Frivolität unserer Bande tadelte« (Mitteilung Eric Olliviers an den Autor). Er hat lange bei Nagel gearbeitet, zahlreiche Reiseführer herausgegeben, kam dabei mit Jean-Paul Sartre in Berührung, da einige Werke des Philosophen bei Nagel veröffentlicht wurden.

Was mir Rätsel aufgibt, sind die beiden Jahre, die er auf Korsika bei den Marineluftstreitkräften in Aspretto verbracht hat. Aspretto, das Trainingslager der Kampfschwimmer, das Nervenzentrum der Geheimkommandos. Welche Rolle hat er dort gespielt? Offiziell war er der »Chef der Allgemeinen Dienste und operativen Maßnahmen«.

Eines Tages war er der Sache überdrüssig. Was hat ihn veranlaßt, nach Sankt Helena zu gehen? Während des Essens wetterte er einen Augenblick gegen »die Raffgier, die Gleichgültigkeit, die Eigensucht«.

Er zündet seine Zigarre an, seufzt und erklärt dann barsch: »Den Kaffee trinken wir im Salon.«

Ich bemerke unter den Branntweinen einen Cognac Napoléon, dessen Etikett mit dem berühmten Hut geschmückt ist. Hat er meinen Blick abgefangen? Er lächelt und greift nach der Flasche.

»Den müssen Sie probieren«, befiehlt er. »Dieser Cognac ist ein Teil der Atmosphäre, von der Sie sich durchtränken lassen wollen. Und das wollen Sie doch, nicht wahr?«

Mir gefällt diese Prise Spott, mit der er seine Bemerkungen würzt und die ihm wohl erlaubt, die anderen und sich selbst auf Distanz zu halten. »Ich bin von Natur aus extravagant«, zitiert er Byron. Michel hat mir erzählt, daß sein Vater sich damit amüsiert hatte, die Memoiren eines Hundes namens Marmaduke zu schreiben. Die Menschen und ihr lächerliches Gehabe aus der Sicht eines Cockers. Marmadukes Herrchen ist ein Diplomat, der auf einer Insel Dienst tut. In seinem Vorwort scheint Martineau den geneigten Leser darauf hingewiesen zu haben, daß sein Buch ein »humoristischer Bastard« sei und deshalb niemals einen Verleger finden werde.

»Das Menschlichste am Menschen ist sein Hund«, behauptete ein englischer Humorist. Martineau scheint sich diese Ansicht zu eigen gemacht zu haben. Mir fällt eine weitere Bemerkung seines Sohnes ein. »Mein Vater hat alle Illusionen verloren. Aus seiner Ernüchterung hat er auf Sankt Helena eine Lebenskunst gemacht.« Sein Buch über Byron evoziert die Enttäuschungen eines Lebens, das im Jünglingsalter »zu erträumt« war. *Der Fluch des Genies* ist nichts anderes als die Geschichte eines »naiven, aber anspruchsvollen, begabten, aber kapriziösen, zartfühlenden, aber gerissenen, stürmischen, aber zerbrechlichen, fröhlichen, aber sarkastischen« jungen Mannes. So stelle ich ihn mir in den dreißiger Jahren vor – er ist 1918 geboren.

Im Video-Zimmer hauste einst Gourgaud. Michel Martineau zeigt mir Holzstücke: es sind die letzten Überreste des ursprünglichen Bodens. Ich wiege die von Termiten zerfressenen Eichenfragmente in der Hand und betaste sie. Wie immer bei mir diese neurotische Verehrung der Reliquien, die Illusion, daß sie Mana besitzen. Dabei weiß ich doch, daß ihnen keine übernatürliche Kraft innewohnt, und ich bin auch nicht so arglos zu glauben, daß ich diese Holzstücke nur fest in meinen Fäusten zu drücken brauche, um aus ihnen wieder den Originalboden herauszupressen. Und doch ertappe ich mich manchmal dabei, auf der Suche nach dieser verlorenen Naivität zu sein ... Geliebte Gegenstände, die Zeit hat euch nicht zerstört, denn ihr bergt die unschuldige Sehnsucht im Herzen der Menschen, dieses Körnchen Ewigkeit, das nichts anderes ist als eine Kindheitserinnerung.

Die unmögliche Rekonstruktion ... Das unerreichbare Pittoreske. Ich liebe den aussichtslosen Kampf.

Anders als unsere Museen, in die man wahllos eine Menge Gegenstände pfropft, ist Longwood unersetzlich, denn die wenigen aus dem Schiffbruch geretteten Trümmer sind nie bedeutungslos. Sie haben einen Sinn. So erzählen die wurmstichigen Holzstücke, die ich in der Hand halte, von einer Rettung. Longwood wäre beinahe verschwunden, das Opfer einer Plage geworden, die um die Jahrhundertwende die Insel heimsuchte: Termiten.

Michel Martineau erzählt mir das Abenteuer eines Ingenieurs aus Bordeaux, der 1935 nach Sankt Helena geschickt wurde, um Longwood vor dem Termitenfraß zu retten. Diese Sanierungsmaßnahme war vom Außenministerium auf Veranlassung des Vereins der Freunde von Sankt Helena getroffen worden. Das angewendete Verfahren kann man als revolutionär bezeichnen. Der Antitermitenspezialist blieb ein Dutzend Tage in Longwood und reiste dann nach Frankreich zurück. Mehrere Briefe des damaligen Konservators, Georges Colin, bestätigten ihm den Erfolg der Behandlung. In Wahrheit setzten die Termiten ihr tückisches Zerstörungswerk fort, so daß man 1945 zu der Einsicht kommen mußte: Longwood war einsturzgefährdet.

»Das Haus des Kaisers war in einem verheerenden Zustand«, mußte Georges Peugeot, der Nachfolger Georges Colins, 1947 feststellen. König Georg VI. und seine Familie konnten sich, als sie auf Sankt Helena Station machten, von den riesigen Schäden überzeugen, welche die Termiten verursacht hatten. Longwood mußte für Besucher geschlossen werden. Die Restaurationsarbeiten wurden erst 1950 in Angriff genommen. Sie sollten fünf Jahre dauern. Aufgrund eines Vermessungsfehlers bei der Wiederherstellung des Billardsaals mußte alles nochmals von vorne begonnen werden.

Ich lege die Holzstücke behutsam auf den Tisch. Michel Martineau hat meine Marotte sehr wohl begriffen. Er amüsiert sich darüber, spielt jedoch mit exquisiter Urbanität mit. Die ausgesuchte Höflichkeit, die er dabei an den Tag legt, ist seine Art, Distanz zu bewahren. Dieser phlegmatische Koloß mit dem durchdringenden Blick beobachtet meist schweigend, was um ihn vor sich geht, und runzelt die Stirn, wenn seine Aufmerksamkeit erregt wird. Die Anfälle von Galligkeit seines Vaters belustigen ihn eher, wie eine gut eingeübte Zirkusnummer. Er kennt sicher alle Techniken, alle Tricks der väterlichen Darstellungskünste, hütet sich aber einzugreifen. Man unterbricht nicht das Spiel eines Künstlers. Gilbert Martineau ist ein Klotz. Ein ungehobelter Klotz? Auf seinem Felsen legt es der alte Misanthrop darauf an, Rätsel aufzugeben, Interesse zu wecken. Er hat sich freiwillig hier vergraben, aber nicht als ein Unbekannter. Er repräsentierte Frankreich. Zugleich verabscheut er es, sich in Szene zu setzen. Ich weiß, daß er die Rolle des alten Gelehrten haßt, in die ich ihn hineinzwänge.

Er ist zu uns ins Video-Zimmer gekommen, mit einer Zigarre im Mund und einer Miene, die undurchdringlicher ist denn je. Wie immer mit der Welt zerfallen, brummt er vor sich hin, daß das Wetter sich aufzuklaren scheint. Ich bemerke unter den Hunderten von Kassetten Musikaufnahmen (*La Bohème*, *La Traviata* mit Ileana Cotrubas, viel Beethoven) sowie eine Menge Videoaufnahmen der Kabarettsendung *Grosses Têtes* (Eierköpfe). Es überrascht mich in keiner Weise, daß er sich gern diese Art Sendungen anschaut, diese Mischung aus Jux und Gelehrsamkeit. Mir ist bei ihm eine gewisse Deftigkeit der Sprache aufgefallen, die den ehemaligen Marineoffizier verrät. Er hat vorhin erzählt, daß er vorübergehend die Marineakademie besucht habe. Ich erfuhr, daß er sich 1940 der Freiheitsbewegung *France libre* angeschlossen hat. Er war Obergefreiter an Bord eines englischen U-Boots, Dolmetscher, wurde 1943 nach Port-Etienne geschickt und war bei der Befreiung Leutnant zur See. Dieser Mann aus der Charente ist ein Inselnarr. Er hat lange ein Haus auf der Île de Ré besessen.

»Was treibt ihr denn«, fragt er uns.

»Wir haben von den Termiten gesprochen, Dad«, antwortet Michel Martineau.

»Ah! Die Termiten. Wißt ihr, daß man angesichts der verheerenden Schäden nach dem Krieg geplant hat, Longwood völlig abzureißen und an seiner Stelle ein Denkmal zu errichten? Los, machen wir einen Spaziergang durch die Gärten, das Wetter klart auf.«

Wir sind an einem Agapanthus-Beet stehengeblieben, genau an der Stelle, wo am 18. August 1816 das letzte Treffen zwischen dem Gefangenen und seinem Kerkermeister stattgefunden hat.

Warum überläuft mich jedesmal, wenn ich die blutroten Mauern des Hauses betrachte, der gleiche Schauder? Woher kommt diese Verwirrung beim Anblick dieser Baracke? Das Gebäude und die Wolken, die über Longwood dahinrasen, als sei der Teufel hinter ihnen her, erwecken zugleich den Eindruck von Energie und Apathie. Der Ansturm des Windes auf das Plateau, dieser maßlose Überfall, gleicht einer Kavallerieattacke. Die Nebelschleier verschlingen den Raum, streifen die Dächer, fliegen in reißender Geschwindigkeit zum Diana's Peak.

Nichts ist von Dauer, und doch ist alles von Bestand ... Ich denke an dieses Haus: Es hat weiterexistiert, selbst als es niemand mehr besuchte. Fern von den Blicken der Beschauer hat es sich gegen das Unmaß der Zeit verteidigt, gegen die Mächte der Nacht, gegen das schreckliche Wüten des Sturms. Nach dem Tod des Gefangenen wurde Longwood wieder ein Bauernhof. Die dunkle Kammer diente als Stall, der Salon als Gerstenmühle. Das widerstandsfähige und zerbrechliche »Papphaus« versinnbildlicht aufs schönste die Majestät des Realen. Um zu überleben, bedurfte es nicht der Bewunderung. Es ist ohne die Liebe und den Besuch seiner Verehrer ausgekommen. Das Reich des Schmerzes und des Todes hat auf wunderbare Weise dem Zerfall und dem Nichts widerstanden.

Eine Allee des Gartens trägt den Namen Paul und Édith Ganière. Der Autor von *Napoleon auf Sankt Helena* ist 1954 zum ersten Mal nach Longwood gekommen. Die Gärten waren nackt, das Haus zerfallen. Als Arzt wollte er an Ort und Stelle den »kranken Mann« untersuchen. Die Summa, die er über die Gefangenschaft geschrieben hat, ist das Werk eines Historikers, der Napoleons Aufenthalt auf der Insel eratmet, erspürt, mit allen Sinnen erfahren hat. Eine kleine Steinpyramide bezeichnet die Grabstätte eines französischen Kapitänleutnants, der 1850 auf Sankt Helena verstorben ist. Einige Steinbänke ... Besänftigende, arkadische Mausoleumsvision. Unaufdringliche Theaterlandschaft.

Ich mag, vor allem bei Gärten, diese Idee der »Wiedererstehung.«

Die Blumenbeete, die Alleen, das Wasserbecken waren verschwunden. Die alten Pläne wurden wiedergefunden. Mit ihrer Hilfe und viel Geduld ist man an die Neugestaltung gegangen.

»Man kann sagen, daß die Gärten seit 1990 wieder zum Leben erweckt wurden«, erklärt Michel Martineau. »Wie Sie sich vorstellen können, ist das nicht von alleine gegangen. Wir haben vornehmlich Tropenpflanzen verwendet, die wenig Wasser brauchen. Sie werden es mir nicht glauben ... es regnet kaum in Longwood. Wir sind zwar ständig in Feuchtigkeit und Nebel getaucht, doch die Wolken, die sich über dem Plateau ballen, entladen sich im allgemeinen über Hutt's Gate. Die Gärten, die Sie jetzt sehen, entsprechen den Plänen von 1821. Zu Beginn der Gefangenschaft war die Umgebung von Longwood wüstenartig. Die einzigen Bäume waren Gummibäume. Es gab nur ein kümmerliches Gärtchen vor der Schlafkammer und dem Arbeitskabinett des Kaisers.«

»Wir haben die Wahrheitsliebe nicht so weit getrieben, die auf Befehl Hudson Lowes ausgehobenen drei Meter tiefen Gräben zu rekonstruieren«, scherzt der Vater. »Wie Sie wissen, hat er rund um Longwood richtiggehende Befestigungsanlagen erbauen lassen.«

Er ist wieder zugänglich geworden. Das will nicht heißen, daß er normalerweise unhöflich ist, er macht sogar den Eindruck eines urbanen Mannes. Er trägt eine Maske und weiß nicht, ob er sie ablegen oder aufbehalten soll. Dabei ist er doch hierher auf die Insel gekommen, um sich ihrer zu entledigen. Ich habe ihn vorhin von der »minuziösen Grausamkeit der Welt« sprechen hören. Wahrscheinlich bildet er sich ein, daß ich zu dieser grausamen und konformistischen Welt gehöre. Er weiß nicht, für welche Haltung er sich mir gegenüber entscheiden soll.

»Trotzdem, diese Araukarien, die Norfolktannen, diese

Zedern gab es doch hier nicht zur Zeit Napoleons. Was soll das? Longwood macht den Eindruck eines Refugiums, kostbar eingefaßt in Laub- und Pflanzenwerk, während sich Napoleon bitter über den Mangel an Schatten beklagte.«

»Es gab einige Bäume«, berichtigt Michel Martineau. »Ich kann Ihnen zwei davon zeigen.«

Er deutet auf zwei windzerzauste Kiefern. Diese beiden Veteranen sind etwas schwächlich, verfügen aber noch über gute Reflexe. Sie vegetieren, aber man sieht ihnen an, daß sie nicht gewillt sind, den Geist aufzugeben. Ich berühre die rissige bemooste Rinde. Die rauhe Haut ist von Rinnen durchzogen, die wie Kannelüren wirken. Ich stelle mir vor, daß eine dieser Kiefern auf dem von Marchand gemalten Aquarell zu sehen ist. Vielleicht der Baum rechts von dem Gärtner, der die Erde umgräbt?

»Ich würde es nicht beschwören«, antwortet Michel Martineau. »Aber wenn es Ihnen Spaß macht ... Man soll sich nicht um seine Illusionen bringen. Sehen Sie sich auch diese Steineiche an, zusammen mit den beiden Kiefern dürfte sie die Gefangenschaft überlebt haben. Das ist nicht ironisch gemeint. Ich habe Ihnen bereits gesagt, daß ich mich bemühe, zu erhalten, zu bewahren. Soweit es in meiner Macht steht ... Das Überleben ... Vielleicht ist das meine spezielle Art, an die Unsterblichkeit zu glauben. Dabei mag ich Reliquienjäger nicht.«

»Kommen viele nach Longwood?«

»Napoleon scheint bei den Leuten einen merkwürdigen Fetischismus hervorzurufen. Kein Mensch kümmert sich um das Hemd Ludwigs XIV. oder um das Bett, in dem er geschlafen hat. Napoleon ist die einzige historische Persönlichkeit Frankreichs, die eine derartige Schwärmerei auslöst. Eines Tages habe ich jemanden ausgestreckt auf dem Fußboden überrascht, genau in der Stellung, in der Napoleon gestorben ist. Viele Besucher wollen von Longwood

Erde oder eine Pflanze mitnehmen. Wir müssen das Haus überwachen. Es gibt Leute, die nicht zögern, sich ein Stück Billard buchstäblich unter den Nagel zu reißen. Ich erhalte regelmäßig Briefe, die an Napoleon adressiert sind! Zum Wahnsinnigwerden! Man bittet den Kaiser um seine Ansicht über den Golfkrieg. Man will ihm zu einem Schäferstündchen verhelfen. Ich weiß nicht, warum der Briefträger diese Post bei mir ablädt.«

Die Steineiche, vor der wir nun stehen, ist ebenfalls ziemlich zerzaust. Sie scheint in einem weniger guten Zustand als die beiden Kiefern, denn sie ist mit einer Krücke abgestützt.

»Sie ist invalide. Sieht aus wie ein Haudegen der Alten Garde, ein alter Mann, der nicht sterben will.«

»Amüsant, was Sie da sagen. Ein merkwürdiger Zufall ... Das ist nämlich der Name einer endemischen Pflanze von Sankt Helena: ›Old father live for ever‹. Ich werde Ihnen ein Exemplar zeigen. Ich versuche, sie hier zu ziehen, aber das ist nicht einfach: sie gedeiht nur an trockenen Orten.«

Wir bleiben vor einem Blumentopf stehen. Sieht aus wie eine Geranie mit Luftwurzeln.

»Auf Sankt Helena gibt es an die zwanzig endemische Pflanzen wie diese. Kommen Sie, ich zeige Ihnen die ›Babyzehen‹.«

»Der Maler spricht mit Begeisterung von seinen Modellen«, bemerke ich feinsinnig.

»Der Maler! Da bin ich mir nicht so sicher. Im Grunde bin ich ein Botaniker, der sich in die Malerei verirrt hat. Aber ich habe noch keine ›Babyzehen‹ gemalt. Schauen Sie, das ist etwas Besonderes.«

Er zeigt auf eine Pflanze, deren zahlreiche Stengel wie Zehen aussehen. Die hellgrüne Haut ist glatt, die Formen sind rund, prall, sie erinnern in der Tat an die Zehen eines molligen Babys.

Eine strahlende Sonne läßt nun aus dem Boden einen berauschenden, leicht hautgouthaltigen Duft aufsteigen, der von der Zersetzungskraft der Tropen zeugt. Die leuchtenden Irisbeete, die verschwenderische Fülle der Agapanthen, die Amaryllis, die Plumbagos täuschen nicht über den subtilen Verwesungsgeruch hinweg, den verborgenen Beweis dafür, daß die Dinge hier schneller als anderswo ihrer Vernichtung zustreben.

Hinter dem chinesischen Pavillon, von dem aus Napoleon die Bewegung der Schiffe beobachtete, in der Schneise der silbrigen Buchen, die als Windschutz dienen, blitzt fernab das Meer wie ein Lazulithstrahl auf. Die Projektion scheint abrupt über dem weißen und glänzenden Metall der Bäume zum Stehen gekommen zu sein.

Der Ozean, die Schattenstimmen, das blendende und schmerzliche Licht. Von diesem Plateau aus kann jeder Traum von der Freiheit nur gegen die lähmende Starre des Blau stoßen.

Sechster Tag

Der südafrikanische Wein im Anne's Place – Die Frau des Attorney General – Las Cases' »Verbrechen« – Arbeiten wir an Waterloo – »Die grünen Bohnen sind gut« – Das Erdbeben von 1817 – Das Biotop Longwood – Wo von einem Bischof die Rede ist – Die Sekten von Jamestown – Wer hat die Vasen im Friedhof wiederaufgerichtet? – Begegnung mit dem Gouverneur von Sankt Helena – Seine Frau Delia – »The Last Phase« von James Sant – Napoleon? Sieht aus wie ein dicker spanischer Mönch – Plantation House, das Anti-Longwood – Der teuflische Anblick der Schildkröten.

I

Ich esse jeden Abend im einzigen Restaurant von Jamestown, Anne's Place, das inmitten des öffentlichen Gartens liegt. Die Stäbe des Gitters, das um die kleine Grünanlage läuft, sind lanzettförmig. Sie stammen von der Einfriedung New Longwoods, einem Haus, das Hudson Lowe für die Unterbringung Napoleons bauen ließ. Der Gefangene weigerte sich jedoch standhaft, es zu beziehen.

Die Spezialitäten des Restaurants sind Fishcake und Curryhuhn. Die Insel lebt einzig vom Fischfang. Die gesamte Produktion wird in das Vereinigte Königreich exportiert.

Zu meinem Essen trinke ich einen kräftigen südafrikanischen Wein, immer denselben. Anne, die Wirtin, ist eine freundliche und zuvorkommende Matrone, die den »Franzosen« unter ihre Fittiche genommen hat. Sie bemüht sich nach Kräften, mir den Aufenthalt auf der Insel so angenehm wie möglich zu machen.

»Schauen Sie sich diese Frau an«, flüstert sie. »Neben ihr, das ist der Attorney General, ihr Mann. Sie sollten sie befragen. Ich glaube, sie ist eine halbe Französin.«

Gemeint ist eine Rothaarige mit lebhaftem und einnehmendem Gesicht, die neben der Kasse sitzt. Anne hat ihr wohl von mir erzählt, denn sie winkt mir leicht zu. Der Attorney neigt den Kopf. Als ich nach Begleichung der Rechnung durch den Saal gehe, fordert mich das Paar auf, mich zu ihnen zu setzen.

Nachdem wir uns einander vorgestellt haben, plaudern wir wie alte Freunde im Licht der Lampions, die Anne in den Zweigen der Bäume hat aufhängen lassen.

»Ich heiße Marian.«

Sie spricht ein vorzügliches Französisch. Ihre Züge sind beweglich, ihr niedliches Gesicht mit dem frischen Teint ist ausdrucksvoll. Es verrät ein zugleich feinfühliges und leidenschaftliches Temperament.

»Ich habe bemerkt, daß die Saints von Natur aus freundschaftlich und offen sind«, sage ich quasi als Einleitung.

»Das heißt auch, daß sie sehr neugierig und klatschsüchtig sind«, gibt Marian zurück. »Aber wissen Sie, wir sind beide keine Einheimischen.«

Der Attorney erklärt mir, daß seine Aufgabe der eines Innenministers entspricht.

»Die Insel ist sehr ruhig. Es gibt hier so gut wie keine Kriminalität.«

Er entschuldigt sich fast und scheint zu befürchten, daß diese Ruhe sein Amt abwertet.

»Aber trotzdem ist es nicht ganz einfach, wenn man aus England kommt«, meint Marian. »Jeder hohe Beamte wird von den Saints mit Argwohn betrachtet. Das ist normal. Man hat sie immer gegängelt. Vor der englischen Regierung war es die Ostindische Kompanie*.«

Wie Nick Thorpe, den ich zu Beginn meines Aufenthalts kennengelernt hatte, bezeichnet sie die Insel als »Museum«.

»Keine Industrie, keine Verschmutzung, kein Fernsehen. Ein wahres Paradies ...«

Halblaut fügt sie hinzu: »Aber manchmal bedauert man, in dieses Paradies eingetreten zu sein ...«

Was will sie andeuten? Daß man sich darin langweilt? Ich wage nicht, sie um eine nähere Erklärung zu bitten. Der At-

* Die Ostindische Kompanie, die Sankt Helena besaß, hatte während Napoleons Gefangenschaft die Verwaltung der Insel der englischen Regierung übertragen. Nach dem Tode des Kaisers nahm sie ihre Nutzungsrechte wieder zurück. 1836 wurde die Insel Eigentum der Krone.

torney hat ein Gespräch mit Gästen an einem Nebentisch angefangen, ich habe den Eindruck, daß er mit einem Ohr zuhört.

»Trotzdem ist es beruhigend«, berichtigt sie. »Die Gewalttätigkeit der Welt ist hier abstrakt. Da es kein Fernsehen gibt, stellen die Saints sich den Krieg wie einen Videofilm vor. Sie können sich zum Beispiel kein wirklich konkretes Bild vom Golfkrieg machen. Ich glaube, für sie war es eine Art Kung-fu, ein Spektakel, für das sich die Saints leidenschaftlich interessieren. Die Welt entwickelt sich schnell, brutal. Sankt Helena ist in sein friedliches Universum gekuschelt.«

»Ein Privileg, finden Sie nicht?«

»Oh, sicher. Sie haben ja Jamestown gesehen. Die Autos, die Geschäfte. Als ob das Leben in den fünfziger und sechziger Jahren stehengeblieben sei. Ich kann nicht leugnen, daß die Lebensbedingungen für uns Engländer aus dem Mutterland sehr angenehm sind. Hausangestellte sind nicht teuer, jede Woche finden Empfänge statt, der Alkohol ist billig. Und man kann sich Verhaltensweisen leisten, die in England oft nicht toleriert würden. Die Beamtenfrauen haben hier nicht viel zu tun, außer Sammlungen zu veranstalten und Gratisunterricht in den Schulen zu geben.«

»Wohltätigkeitsvereinsdamen, wie man so sagt.«

»Nun, ich habe niemals eine dieser Damen sein wollen.«

»Ah! Und was tun Sie?«

»Ich habe das Glück gehabt, im Informationsbüro von Sankt Helena als Chefredakteurin des Lokalanzeigers arbeiten zu können. Unter uns gesagt, ich war die einzige Bewerberin um diesen Posten. Sie können sich nicht vorstellen, welche Probleme ich hatte. So wurde mir zum Beispiel nie ein Einbruch im Pfarrhaus bestätigt, weil die Polizei nicht die geringste Information herausrücken wollte. Außerdem ist man hier der Ansicht, daß eine Beamtenfrau nicht arbeiten soll. Auf alle Fälle ist mir dabei klargeworden, wie frustriert sich die Einheimischen gegenüber den britischen Bürokraten fühlen. Die neigen nämlich dazu, die Big Brothers zu spielen.«

»Betrifft diese Kritik auch Ihren Gatten?«

Sie lächelt, läßt sich aber nicht weiter darüber aus. Der Gatte hat nichts mitbekommen und unterhält sich weiter mit unseren Nachbarn. Von Zeit zu Zeit lächelt er uns zu.

»Sagen wir, daß offizielle Entscheidungen hier oft mit einer gewissen Ungeschicklichkeit getroffen werden«, antwortet sie schließlich. »Es gibt, wie man heute so sagt, ein Kommunikationsproblem. Mit der Folge, daß die Leute sich an alles klammern, was sie auf der Straße hören. Gerüchte und Klatsch haben Hochkonjunktur. Ich persönlich habe oft den Eindruck, in einem Goldfischglas zu hausen, angesichts des Interesses, das mein Privatleben erregt.«

»Schön, wir gehen«, brummt plötzlich der Gatte.

Er hat sich zwar nicht an unserem Gespräch beteiligt, aber die kurzen Blicke, die er pausenlos auf seine Frau warf, scheinen zu bedeuten, daß ihm ihre unverblümte Sprache wenig behagt. Aber vielleicht ist das nur ein Eindruck. Er sieht müde aus, der Attorney. Als sie meine enttäuschte Miene sieht, ruft Marian: »Sankt Helena ist so klein. Wir beenden unser Gespräch an irgendeinem anderen Tag.«

»Für mich gibt es nicht mehr viele Tage. Das Schiff lichtet übermorgen den Anker.«

»Aber zwei Tage, das ist viel. Sie werden sehen ...«

2

Am 25. November 1816 macht der Kaiser einige Rundgänge im Garten. »Der Wind war kalt geworden«, notiert Las Cases, der ihn begleitet. Die beiden Männer beeilen sich, wieder in den Billardsaal zurückzukommen. Wie gewöhnlich betet der Gefangene seine Erinnerungen her. An diesem Tag geht es um seine Hochzeit mit Marie-Luise. Plötzlich hört Napoleon auf zu sprechen. Er hat durch das Fenster eine umfangreiche Abordnung englischer Offiziere gesehen, die mitten im Garten stehen. Ein Diener kommt gelaufen und verkündet, daß Colonel Reade dringend Las Cases sprechen wolle. Der bedeutet dem Domestiken, daß er sich gerade mit dem Kaiser unterhält. Napoleon aber sagt zu ihm: »Sehen Sie nach, mein Lieber, was dieser blöde Kerl von Ihnen will. Aber kommen Sie sofort wieder zurück.«

Das waren die letzten Worte, die Las Cases aus dem Munde Napoleons hörte. Der Autor des *Mémorial* schreibt: »Leider habe ich ihn nicht wiedergesehen! Sein Akzent, der Klang seiner Stimme sind mir noch im Ohr.«

Las Cases wird auf Befehl Hudson Lowes verhaftet und umgehend mit seinem Sohn streng isoliert. Dann verhört ihn der »Büttel« höchstpersönlich. Welches »Verbrechen« hat der Favorit des Kaisers begangen? Eine geheimnisvolle Affäre, die nie vollkommen aufgeklärt wurde: Las Cases hatte als Diener einen Mulatten namens James Scott, einen gerissenen und skrupellosen Burschen. Hudson Lowe, der ihm mißtraute, hatte seine Entlassung erwirkt. Trotz des Verbots des Gouverneurs taucht Scott am 20. November wieder in Longwood auf. Er teilt seinem ehemaligen Herrn mit, daß er sich entschlossen habe, nach England zu gehen, und bietet sich an, Botschaften ohne Wissen Hudson Lowes zu befördern. Las Cases spricht darüber mit Napoleon, der sich wenig begeistert zeigt. Aber der ehemalige Kammerherr ergreift von sich aus die Initiative, zwei Briefe auf den Weg zu bringen, den einen an Lucien, den Bruder des Kaisers, den anderen an Lady Cleveland, seine alte Freundin. Diese auf zwei Stücke weißer Seide geschriebenen Briefe werden in das Futter von Scotts Jacke genäht. Der junge Mann zieht seinen Vater ins Vertrauen, der ihn denunziert. Lowe wird informiert und läßt Las Cases verhaften.

Alle Historiker haben sich über Las Cases' Leichtsinn gewundert. Napoleon ist niedergeschmettert. Das schlimmste ist, daß Lowe Las Cases' umfangreiches Tagebuch beschlagnahmt hat. Der Gefangene ist beunruhigt. Er läßt Ali kommen, der die Aufzeichnungen Las Cases' kennt, da er einen Gutteil seiner Zeit damit verbracht hat, sie ins reine zu schreiben. Er fragt ihn, ob Las Cases auch seine Bemerkungen über den Kerkermeister festgehalten habe: »Schreibt er, daß ich gesagt habe: ›Das ist ein schändlicher Mensch, und sein Gesicht ist das infamste, das ich je gesehen habe?‹« Ali bestätigt es.

»Sagt er, daß ich ihn ›sizilianischen Büttel‹ genannt habe?«

»Ja, Sire.«

»Genau das ist er auch.«

Leichtsinn? Es fällt schwer zu glauben, daß dieser intelligente Mann so unvorsichtig sein konnte. Man muß also wohl oder übel annehmen, daß Las Cases seine Abreise provoziert hat. Dafür hat man verschiedene Gründe angeführt. Die schlechte Gesundheit seines Sohnes Emmanuel, der mit ihm nach Sankt Helena gekommen war, die wachsende Feindseligkeit der Entourage Napoleons ihm gegenüber, vor allem aber die Vollendung seiner Arbeit als Historiograph. Las Cases hatte umfangreiches Material zusammengetragen, er erachtete seine Aufgabe als Memoirenschreiber für beendet. Die Veröffentlichung seines Tagebuchs würde die Sache des Kaisers viel wirksamer fördern als die Verlängerung eines Aufenthaltes, der ihm immer unerträglicher wurde. Er glaubte dem Gefangenen zu nützen, wenn er Sankt Helena verließe und als eine Art Botschafter in Europa herumreise. Lowe mag aber auch Scott geschickt haben, um Las Cases eine Falle zu stellen. Der Gouverneur hatte von den Aufzeichnungen des ehemaligen Kammerherrn erfahren und war begierig, sie kennenzulernen. Die Wahrheit, sollte sie denn jemals an den Tag kommen, dürfte in der Mitte liegen: Las Cases und Hudson Lowe haben Scott zu entgegengesetzten Zwecken benützt: der eine, um sich unter dem Vorwand eines Regelverstoßes repatriieren zu lassen, der andere, um in den Besitz der intimen Aufzeichnungen zu gelangen, in denen er den Hinweis auf einen Fluchtplan Napoleons zu entdecken hoffte.

Der Gefangene, der die Bildung, das Taktgefühl, die respektvolle Haltung seines Memoirenschreibers schätzte, empfand dessen Abreise als sehr schmerzlich. Intellektuell war »der Jesuit«, wie Gourgaud ihn nannte, den drei anderen Gefährten des Kaisers weit überlegen. Napoleon suchte seine Gesellschaft, was natürlich die Eifersucht der anderen erregte. »Die Gunst, die Napoleon ihm erwies, ist leicht erklärlich: Er war erfahren, unterschied sich von Bertrand, der zu sehr in den Banden der Ehe gefangen war, von Montholon, der viel weniger gebildet, und von Gourgaud, der gänzlich unerträglich war«, schreibt Lord Rosebery.

Der November 1816 bringt eine Wende in der Gefangenschaft. Am 31. Dezember beschreibt Gourgaud den Gefangenen als »sehr niedergeschlagen«. Zu Bertrand sagt Napoleon: »Ich bin in einem Grab.« Bei dem kleinen Neujahrsfest erklärt er: »Nur der Tod, den ich herbeisehne, kann meiner Qual ein Ende setzen.«

Diese Klage wird nie mehr aufhören. Sie wird in Longwood bis zum Tod ertönen. Napoleon spürt nun ganz klar das Ende kommen. Die Geburt Arthur Bertrands, des »ersten Franzosen, der ohne die Erlaubnis Lord Bathursts nach Sankt Helena gekommen ist«, wie die Mutter sagt, entlockt dem Gefangenen ein Lächeln, aber er scheint immer tiefer in seine Traurigkeit zu versinken. Gourgaud beschreibt am 15. Januar eine pathetische Szene. Der Kaiser blättert im *Almanach impérial*, um eine Zahl zu überprüfen. Sein Blick bleibt an Namen hängen, die ihm vertraut waren: »Das war ein schönes Reich. Ich hatte dreiundachtzig Millionen Menschen zu regieren, über die Hälfte der Bevölkerung ganz Europas!« Und er fängt, um seine Emotion zu verbergen, zu singen an. Gourgaud ist erschüttert. »Welch ein Mann! Welch ein Mut! Welch ein Sturz! Zu Bett um Mitternacht.«

Wenn in Longwood schlechte Stimmung herrscht, kann man wetten, daß Waterloo nicht fern ist. Am 25. Februar 1817 schlägt Napoleon wieder einmal die Schlacht. »Ich hätte Soult links plazieren sollen … Ich hätte Vandamme nicht einsetzen dürfen …« Alle Sätze beginnen mit dem Konditionalis der Vergangenheit. Am 8. März sagt er nur: »Arbeiten wir an Waterloo.« Gourgaud ist nicht in Form.

Dann ereignet sich ein Vorfall, der ein bezeichnendes Licht auf die Beziehung zwischen Napoleon und seinem Adjutanten wirft. Gourgaud hat bekanntlich während des Frankreichfeldzugs einen Husaren, der sich auf Napoleon stürzte, getötet.

Die ganze Entourage kennt diese Großtat, und der Held rühmt sich ihrer pausenlos. Er hütet sich jedoch, diese Episode vor dem Kaiser zu erwähnen, denn nach seiner Überzeugung weiß Napoleon sehr wohl, daß er ihm das Leben gerettet hat. Doch eines Tages entfährt ihm nach einem Streit eine Anspielung auf diese Heldentat. Erstaunt antwortet der Kaiser: »Daran kann ich mich nicht erinnern.«

»Ich bin sprachlos«, ruft Gourgaud. »Wie, Eure Majestät erinnert sich nicht? Der Generalstab war Zeuge, und noch am selben Abend kam Monsieur Fain (Napoleons Sekretär) zu mir und fragte, ob ich den Kerl mit den kleinen Pistolen erschossen habe, die ich immer in meiner Tasche trage, oder mit den Sattelpistolen. Ganz Paris hat davon gesprochen.«

»Sie hätten es mir sagen sollen.«

»Sire, ich war überzeugt, daß Eure Majestät es gesehen

hat, und ich dachte, wenn ich mich brüstete, Eurer Majestät einen Dienst erwiesen zu haben, Sie mir böse wäre.«

»Ich weiß, daß Sie ein tapferer junger Mann sind, aber es ist erstaunlich, daß Sie sich bei Ihrer Intelligenz wie ein Kind benehmen.«

Gourgaud, der diese Szene schildert, schätzt es nicht, ein Kind genannt zu werden: »Seine Majestät zürnt, und ich schweige.« Eine Bemerkung, die man in diesem Jahr 1817 auf fast jeder Seite des *Journal* findet.

»Kommen Sie schon Gourgaud, spielen Sie. Das wird Sie aufheitern.«

»Nein, Sire.«

Am nächsten Tag insistiert Napoleon.

»Sie sind ein Kind. Sie sollten Waterloo beenden, solange ich in der Stimmung bin, zu arbeiten.«

Fast immer ist es Gourgaud, der provoziert.

»Sie wollen alles durch Gewalt erreichen, Sie wollen wie ich sein«, stößt Napoleon hervor.

Sie geraten sich wegen Geldgeschichten in die Haare. Napoleon begeht die Taktlosigkeit, dem jungen Mann, der arm ist, eine hübsche Summe in Aussicht zu stellen. »Wenn Sie eines Tages nach Frankreich zurückkehren, können Sie sicher sein, daß ich Ihnen mindestens 300 000 Franc schenken werde.«

Von allen Zeugnissen ist Gourgauds Text der spontanste, der lebendigste. Das impulsive Wesen seines Autors verleiht dem *Journal* den Ton unnachahmlicher Aufrichtigkeit. Diese Spontaneität unterscheidet sich grundlegend vom Bombast eines Las Cases und von den glanzlosen Berichten des Großmarschalls Bertrand. Aber die Geradlinigkeit ist nicht frei von kindischen Anwandlungen. Auch Napoleon neigt zu Kindereien. Gourgaud zeigt ihm oft die kalte Schulter. Napoleon rät ihm, sich im Umgang mit den Montholons etwas konzilianter zu zeigen. »Lieber bleibe ich auf meinem Zimmer, in das es hereinregnet«, antwortet Gourgaud verärgert. Der Ton wird gereizter. »Montholon ist mir lieber als Sie«, explodiert Napoleon. Es kommt beinahe zum Bruch zwischen den beiden Männern. Dann verebben ihre Streitigkeiten, Gourgaud gesellt sich wieder zum Longwoodschen Kollegium. »Bertrand diniert mit uns. Die grünen Bohnen sind gut« (23. März). Gourgaud mag noch so unter dem Bann seines Helden stehen, er schont ihn nicht. Manchmal mokiert er sich sogar über den Gefangenen, dem die Meinung anderer so sehr am Herzen liegt. Gourgaud berichtet zum Beispiel von einem Gespräch, an dem auch Bertrand teilnahm. Der Großmarschall bemerkt, Napoleon habe während der Ägyptenexpedition das Wasser des Nils »mit der Kette« messen lassen. Der Kaiser unterbricht ihn: »Reden Sie nicht davon, sonst könnte in irgendeiner Schmähschrift behauptet werden, daß ich nichts von Mathematik verstehe.«

Eines Tages stellt man Napoleon einen englischen Seekadetten vor. Der junge Mann war auf der Fregatte gewesen, die den Besiegten nach Elba gebracht hatte. Napoleon sagt zu dem Kadetten, daß er ihn wiedererkenne, obgleich er inzwischen gewachsen sei. Gourgaud gesteht er dann, daß er sich an den jungen Engländer nicht erinnert, aber so gesprochen habe, um ihm eine Freude zu machen. Er ist nach wie vor der große Faszinierer, der untrügliche Kenner der menschlichen Seele. Gourgaud ist verblüfft. »So führt man Menschen«, seufzt er.

Eines der wenigen bemerkenswerten Ereignisse des Jahres 1817 ist die Übergabe der Büste des Königs von Rom an den Kaiser. Er läßt sie auf den Kaminsims des Salons stellen, bemerkt, daß sein Sohn ein wenig Marie-Luise gleiche, daß er aber glücklicherweise die obere Partie des Gesichtes von ihm habe.

Zwischen dem Gefangenen und Gourgaud wechseln

Streitereien und Versöhnungen einander ab. »Die Langeweile setzt Ihnen zu, Sie bräuchten eine hübsche kleine Frau«, sagt Napoleon. Und Gourgaud notiert in Klammern: »Genau das denke ich auch.«

Das Schwanken der Erinnerung, das alle in ihrer Bewegungsfreiheit beschränkten Gefangenen empfinden, läßt Napoleon allmählich erschlaffen. Er isoliert sich immer mehr, badet lange, nimmt manchmal sogar sein Mittagessen in der Badewanne ein. Am 12. Juni 1817 bleibt er viereinhalb Stunden in seinem Bad. Er taucht sozusagen in das laue Fruchtwasser, fern von Longwood. Der Verbannte ist achtundvierzig Jahre alt.

Das Schuldgefühl überfällt ihn mit solcher Heftigkeit, daß er manchmal die Waffen streckt. Eines Tages läßt er sich die Unterlagen des Rußlandfeldzuges kommen, um zu »arbeiten«. Er hört schnell auf: »Das schmerzt zu sehr, das erinnert mich an zu viele Fehler; gehen wir spazieren« (10. Mai). Gourgaud, der sich beklagt, schreit er an: »Sie mit Ihren Kümmernissen. Und ich! Was habe ich nicht für Kummer gehabt! Was habe ich mir nicht alles vorzuwerfen!«

Mit Waterloo ist es anders. Hier sucht er nicht die Schuld, sondern die Fehler. »Der Kaiser arbeitet mit General Gourgaud zum zehnten Mal an Waterloo. Am Abend sagt er zu uns: »Ich kann immer noch nicht sehen, wo die Schlacht verloren wurde.«

Am 21. September 1817 wird Napoleon durch ein mächtiges Grollen aus dem Schlaf gerissen. Sein Bett bewegt sich. Er schläft wieder ein. Es ist 21 Uhr 48 ... »Es fehlte nur noch ein Erdbeben, um uns den Aufenthalt auf Sankt Helena angenehm zu machen«, ruft der Kaiser, der sich sofort die Geschichte des Erdbebens von Lissabon vorlesen läßt. Der Gefangene bedauert, bei dem Beben nicht umgekommen zu sein. »Es ist ein Vergnügen, in guter Gesellschaft zu sterben«, sagt er trocken zu Gourgaud und den Montholons.

Er verläßt nur noch selten die dunkle Kammer. So viel Zurückgezogenheit erweckt Neugier. Am 4. Dezember 1817 erhält Lowes Stubenmädchen von Napoleons Domestiken die Erlaubnis, den Gefangenen durch das Schlüsselloch zu betrachten.

Der 1. Januar 1818 fängt schlecht an. Erneute Auseinandersetzung zwischen Napoleon und Gourgaud. »Sie beleidigen mich«, ruft der höchlichst erzürnte Kaiser.

Seit drei Monaten verdächtigt Gourgaud Madame de Montholon, Napoleons Mätresse zu sein. Er verbohrt sich förmlich in diese Idee. Er überwacht sie, notiert, wann sie den Kaiser aufsucht und wieder verläßt. In seiner Eifersucht beschließt er, Montholon zum Duell herauszufordern. Napoleon und Bertrand bemühen sich, ihn wieder zur Vernunft zu bringen.

»Selbst wenn ich mit ihr schlafen würde, was wäre schon dabei«, sagt schließlich Napoleon.

»Nichts, Sire. Ich nehme nicht an, daß Eure Majestät einen so abwegigen Geschmack hat.«

Es ist der 2. Februar. Der Bruch ist unvermeidlich. Gourgaud scheint den Kopf verloren zu haben. Schließlich findet Bertrand die Lösung; er schlägt Gourgaud vor, aus Gesundheitsgründen abzureisen.

Am Mittwoch, den 11. Februar 1818, sieht Gourgaud Napoleon zum letzten Mal: »Seine Majestät hat sich beruhigt und mich in die Wange gekniffen: ›Wir werden uns in einer anderen Welt wiedersehen. Nun denn, adieu … umarmen Sie mich.‹«

Später wird Napoleon über Gourgaud sagen: »Tag für Tag wollte er sich gegen meinen Willen mit mir herumzanken.«

Zwölf Tage darauf bringt ein anderes Ereignis die kleine Gemeinschaft völlig durcheinander. Cipriani wird plötzlich unwohl. Er stirbt am 27. Februar. Napoleon, den dieser Verlust sehr mitnimmt, kann sich nun nicht mehr damit begnügen, die traurige Bilanz der Vergangenheit aufzustellen; Longwood leert sich, er muß nun auch Buch führen über die Abreisenden: Las Cases, Gourgaud ... bald O'Meara, dann Albine de Montholon; ganz zu schweigen von den Domestiken: Santini, einer der Brüder Archambault, der Koch ...

In diesem Jahr 1818 ändert sich das Biotop Longwood merklich. Die Häfte der Gefangenschaft ist soeben abgelaufen. Der Wettstreit um die Gunst des Gefangenen läßt in der kleinen Gemeinschaft nach. Wer noch geblieben ist, leidet nicht mehr unter Liebesentzug. Das Ökosystem Longwood, diese Vereinigung von Lebewesen im Feuchtbiotop, funktioniert besser.

Im April kommt Napoleon auf die Idee, eine »Rekapitulation der Fehler« anzustellen. Er zählt deren sieben auf, die sich alle aus dem Rußlandfeldzug herleiten. Einen Monat zuvor hatte er gesagt: »Die Heirat mit Marie-Luise war der größte Fehler. Ich hätte eine Russin heiraten sollen.«

Nach diesem Mea culpa kommt er wieder auf Waterloo zurück, zählt die zahlreichen Schnitzer auf – die der Sieger Wellington begangen hat.

Bertrand ersetzt jetzt Gourgaud. Als gewissenhafter Aktuar notiert er die geringste Äußerung, das geringste Gemurmel.

»Bertrand, wie spät ist es? Wieder ein Tag weniger. Gehen wir schlafen.«

3

Der Wind drückt die Eiben des Friedhofs nieder, wirbelt die Nadeln hoch. Ein Schlachtenhimmel grollt über Plantation House, einer dieser Nahkämpfe, in denen Wind und Wolken sich zu einem Frontalangriff auf die Bäume vereinen.

In dem Getümmel sind die Vasen umgefallen, sie rollen

über die Gräber, schütten Wasser und Blumen aus. Michel Martineau hat mir den französischen Teil des Friedhofs beschrieben, in dem sich Ciprianis Grabstätte befindet. Ich mustere die eingesunkenen moosüberzogenen Platten eine nach der anderen, doch keine von ihnen trägt den Namen des korsischen Haushofmeisters. Viele Kreuze sind umgestürzt, die Vegetation verschlingt allmählich die Grabsteine. In einigen Jahren wird alles unter einem Lianendschungel verschwunden sein.

Ich muß mich vor dem Sturm schützen und stelle mich an eine Mauer der Kapelle.

»Mistwetter, was? Kann ich Ihnen behilflich sein?«

Ein Mann in roter Soutane steht in der Türöffnung. Er trägt ein schweres Brustkreuz, das bei der geringsten Bewegung in alle Richtungen schlenkert. Seine kräftige Kinnlade, sein energisches faltiges Gesicht verleihen seiner Physiognomie etwas zugleich Warmes und Mechanisches. Ein grober Ledergürtel, fast ein Riemen, schnürt seine Taille.

»Ich bin Bischof John Ruston«, sagt der Mann. »Suchen Sie etwas?«

»Nein, doch, ja, die Sache ist etwas kompliziert.«

Ich erkläre ihm Ciprianis Geschichte.

»Ich fürchte, ich kann Ihnen da kaum weiterhelfen. Ich kenne die Geschichte dieses Mannes nicht. Ich bin nämlich erst seit zwei Jahren hier. Es wäre interessant, alle Spuren aus der Zeit Napoleons zu registrieren, eine Art Itinerar aufzustellen.«

»Genau ... Man kann nicht sagen, daß die Helenianer das Andenken des Kaisers übermäßig ausbeuten.«

»Oh! Das liegt nicht in der Mentalität der Inselbewohner. Die Saints machen nicht gern Reklame für sich selbst. Sie mögen und verstehen es nicht, sich in den Vordergrund zu drängen. Wie auch immer, dieser Teil der Geschichte ist ihnen völlig fremd.«

»Ich habe das kleine Museum in Jamestown besucht. Es ist doch bezeichnend, daß kein Gegenstand, kein Dokument an die Gefangenschaft erinnern.«

»Sind Sie sicher? Hm ... Napoleon hielt sich abseits. Ich möchte sagen, daß die Saints ihn erst im Jahr 1840 wirklich gesehen haben, bei der Rückführung der sterblichen Überreste. Der Sarg wurde durch Jamestown transportiert. Sie wissen ja, daß er seit seiner Ankunft im Jahr 1815 nie mehr wieder in die Stadt zurückgekommen ist. Man kann ruhigen Gewissens sagen: Sein Tod wurde hier als Erleichterung empfunden. Sankt Helena lebte in einem richtiggehenden Belagerungszustand.«

Trotz seiner Leutseligkeit läßt der anglikanische Bischof einen Anflug von Antipathie gegen Napoleon durchschimmern. Als ich die französischen Domänen auf Sankt Helena aufzähle, unterbricht er mich.

»Es ist nicht korrekt, von französischen Domänen zu sprechen. Wenn ein Privatmann ein Grundstück oder einen Besitz kauft, dann nimmt dieser Besitz nicht automatisch die Nationalität des Käufers an. Longwood ist *Besitz* des französischen Staates. Die Nuance ist wichtig.«

»Aber es gibt doch einen französischen Konsul.«

»Einen Honorarkonsul ... Wegen Napoleon ...«

Ich hüte mich zu polemisieren. Nach dem letzten Krieg erinnerte der anglikanische Kanonikus im Kirchenblatt immer noch an den Jahrestag der englischen Siege über Bonys Truppen, was unserem Vertreter, Monsieur Peugeot, großen Kummer bereitete. »Für viele Helenianer gilt der Vertreter Frankreichs als Besiegter oder als unerwünschte Person«, schrieb er 1947 traurig an seine Verwaltung.

Zu dem zur Schau getragenen Desinteresse kommt noch, daß die Leute hier in bezug auf die Gefangenschaft ziemlich empfindlich sind. Ein vages Gefühl, in das sich eine gespielte Gleichgültigkeit mischt, der Ärger darüber, von einer Entscheidung ausgeschlossen worden zu sein, die damals von den europäischen Mächten diktiert wurde und Sankt Helena das Image eines Kerkers einbrachte; alle diese verschwommenen, aber komplexen Gefühle lasten heute noch auf dem Gedächtnis der Einwohner. Vielleicht gibt ihnen Napoleons Gefangenschaft das Bewußtsein, gewissermaßen im »Abseits« zu stehen. Der Bischof spricht vom Syndrom der Nicht-Unabhängigkeit.

»Was meinen Sie damit?«

»Eine kuriose Sache. Alle unterstehen derselben Obrigkeit – London. Das bedeutet eine völlig unterschiedslose Abhängigkeit. Diese Gleichheit eint schließlich die Saints. Eine Kolonie setzt die Existenz von Ureinwohnern und Kolonisten voraus. Das trifft jedoch auf Sankt Helena nicht zu. Es gibt keine Ureinwohner. Es gibt zwar alte Familien, aber eine lange Ansässigkeit macht aus ihnen keine den andern Einwohnern überlegenen Patrizier.«

»Sind die Saints eifrige Kirchgänger?«

»Hm ... Das ist ein anderes Problem. 85 Prozent der Bevölkerung sind Anglikaner, aber nur fünf Prozent davon sind praktizierende Anglikaner.«

»Nach den zahlreichen Gotteshäusern zu urteilen, die ich in Jamestown gesehen habe – Baptisten, Adventisten, Zeugen Jehovas und sonstige Riten –, scheinen sie doch einen religiösen Eifer an den Tag zu legen.«

»Ach, wissen Sie, die Fülle der Konfessionen bedeutet nicht, daß die Leute hier besonders religiös sind. Seit einiger Zeit mehren sich überall die Sekten. Sankt Helena bildet da keine Ausnahme. Die Insel tritt auf ihre Weise in die moderne Welt ein ... Aber die Bevölkerung macht keine Schereien: die Isolierung zwingt zur Tugendhaftigkeit. Gut, ich glaube, daß Sie jetzt rausgehen können. Schauen Sie, die Sonne scheint.«

Ich werfe einen Blick nach draußen. Wind und Wolken

sind verschwunden. Die Eiben stehen unbeweglich. Ich finde, sie sehen scheinheilig aus, als wollten sie mit ihrer Ruhe den Sturm von vorhin verheimlichen.

Vasen und Blumentöpfe sind wieder an ihrem Platz. Eine Hand hat sie aufgerichtet, hingestellt, gesäubert. Nur etliche Blumenblätter liegen noch auf den Gräbern.

4

In dem großen Park überzieht ein wie Perlmutt glänzender Sprühregen das Laub der Araukarien. Zwei Riesenschildkröten gehen auf dem Rasen spazieren. Die Feuchtigkeit poliert ihren Panzer, der auf dem Plastron zwei blaue Flecken aufweist. Der Rasen ist kurz geschoren, glatt, so gleichmäßig, daß er wie ein Filzteppich aussieht. Das Haus, das einer portugiesischen Quinta ähnelt, glitzert, sooft die Sonne sich zeigt. Auf der weiß getünchten Fassade funkeln die Einlassungen aus schwarzer Lava.

Der Union Jack, der über dem Frontgiebel von Plantation House weht, zeigt an, daß man sich auf britischem Territorium befindet. Ich gehe durch den im georgianischen Stil gehaltenen Portikus. Der Nachfolger Hudson Lowes, Alan Hoole, sechzigster Gouverneur von Sankt Helena, wird mich gleich empfangen. An den Wänden des Vestibüls hängen Porträts der königlichen Familie, die aus der Anfangszeit ihrer Herrschaft stammen. Dicke, elegant gewebte, elastische Teppiche, die den Druck der Schritte abfedern. Dunkle, glänzende Parkettböden, die von zwei Jahrhunderten perfekter Hauswirtschaft zeugen. Regency-Möbel: Palisandertischchen, inkrustierte Kupferornamente, mit Zierleisten versehene Koromandelkonsolen.

In diesem 1791 erbauten Anwesen hat der »Büttel« gelebt. Nach seiner Ankunft im Jahr 1816 läßt er Plantation

House vergrößern, um darin die Armee von Schreibern und Beamten unterzubringen, deren Aufgabe es ist, die riesige Verwaltungs- und Militärmaschinerie der in einen Bunker verwandelten Insel zu koordinieren. Büros, Salons und auf siebenundzwanzig Räume verteilte Privatgemächer waren unter einem Dach vereint.

»Willkommen im Haus des Henkers!«

Diese unverblümte Einleitung wird zwar liebenswürdig vorgebracht, überrascht mich aber trotzdem. Der Gouverneur ist in einen dieser weiten dunklen Anzüge mit cremefarbenen Streifen gekleidet, wie sie nur die Briten mit Distinktion zu tragen verstehen, während sie jeden anderen wie einen Mafioso aussehen lassen würden. Er hat eine spitze Nase, schmale Lippen, und trägt an der linken Hand einen schweren Siegelring. Der Humor schließt die Vorsicht nicht aus. Mit wem habe ich es zu tun? scheinen seine wachen Augen zu sagen. Kann ich ihm vertrauen? Die Gefangenschaft Napoleons ist ein heikles Gesprächsthema, man kann nie wissen, wie diese Franzosen darauf reagieren.

Der Gouverneur macht zunächst ein Ausweichmanöver, indem er zu einem Vortrag über die Rechtsstellung Sankt Helenas ausholt. Er legt Wert darauf, mir zu erklären, daß der Legislativrat fünfzehn Mitglieder zählt, darunter drei, die von der Krone ernannt werden. Der vom Gouverneur geleitete Exekutivrat besteht aus acht Mitgliedern. Fünf davon gehen aus dem Legislativrat hervor, die drei anderen sind hohe Beamte.

»Wie ist das?« frage ich. »Die Saints sind doch britische Staatsbürger. Warum brauchen sie dann ein Besuchervisum, wenn sie nach England wollen?«

»Ganz einfach. Die Londoner Regierung will die Immigration kontrollieren.«

Die Auskunft des Gouverneurs ist nicht klar.

»Die Saints sind doch keine Immigranten. Sie sind Briten. Oder aber Bürger zweiter Klasse.«

»Zweiter Klasse«, ruft er entsetzt aus. »Das stimmt nicht. Wissen Sie, London investiert kräftig in diese Insel. Neun Millionen Pfund pro Jahr. Das ist kein Pappenstiel, sondern das größte Budget pro Person (er betont das letzte Wort) des Vereinigten Königreichs. Sankt Helena hat keine Minen, keine Industrie. Seine einzige Einnahmequelle ist der Fischfang und, in minderem Umfang, das Holz.«

Eine Frau betritt den Salon. Ihr kupferfarbenes, von gelassener und zarter Schönheit geprägtes Gesicht strahlt Harmonie aus.

»Meine Frau Delia«, sagt der Gouverneur.

Ich erfahre, daß sie Helenianerin ist. »Aus dem Dorf Longwood«, präzisiert der Gouverneur leicht spöttisch. Zu Beginn der achtziger Jahre war Alan Hoole Attorney General von Sankt Helena, wie der Gatte Marians.

Die First Lady von Sankt Helena lächelt schüchtern. Ihr Mann sieht sie zärtlich an. Dann wendet er sich wieder mir zu.

»Ich möchte Ihnen etwas zeigen. In der Bibliothek.«

Er fordert mich auf, in einem Klubsessel Platz zu nehmen.

»Den Raum, in dem wir jetzt sind, hat Hudson Lowe anfügen lassen. Er wurde vom Haupthof abgeknapst.«

Ich glaube die Kuriosität zu sehen, die der Gouverneur mir zeigen will. Ein Bild, das neben dem Bücherschrank hängt. Ein unerwartetes, beunruhigendes Porträt Napoleons. Ich bin verblüfft über den schmerzlichen, bitteren, verwirrten Gesichtsausdruck. Ich muß gestehen, daß ich diese Darstellung des Gefangenen nicht kannte.

»Was halten Sie davon?«

»Von dem Bild, oder von der Tatsache, daß es sich in Hudson Lowes Haus befindet?«

Meine Verblüffung entzückt ihn.

»Was für eine Revanche, nicht wahr?«

»Woher kommt dieses Werk?«

»Es ist eine Kohlezeichnung, die als Vorstudie zu einem Ölgemälde diente, das sich im Museum von Glasgow befindet. Das Bild trägt den Titel *Napoleon, The Last Phase*. Es ist das Werk eines schottischen Malers, James Sant, der für seine Porträts der englischen Aristokratie und der königlichen Familie bekannt ist.«

»The Last Phase! Das ist doch der Titel des Buches, das Lord Rosebery über die Gefangenschaft geschrieben hat.«

»Ganz recht. Das Bild wurde als Illustration für dieses Werk gemalt. Ich glaube, das Porträt wurde 1901 in der Königlichen Akademie ausgestellt. Es gehörte Lord Rosebery, der es dem Museum von Glasgow als Schenkung übereignet hat.«

»Es ist also ein völlig erfundenes Porträt.«

»Erfunden! Das glaube ich nicht. Sie haben es ja sofort als Porträt Napoleons identifiziert. Sant hat es wohl aus der Vorstellung gemalt, sich aber dabei einiger Bilder zeitgenössischer Maler bedient.«

Ich kann ihm nicht entgegenhalten, daß kein Bild des Kaisers wirklich genau ist. Zudem ist hier nicht der Ort, um darüber zu debattieren.

Ich verharre in Schweigen, hypnotisiert von der Physiognomie des Gefangenen. Der Gouverneur steht stumm neben mir. Wir betrachten das leidende Gesicht. Es ist wirklich der auf immer seines Reiches beraubte Saturn, verschlungen von der Zeit, nachdem er seine Kinder verschlungen hat. Ich kenne keine schrecklichere Darstellung der Hoffnungslosigkeit. Alles ist darauf beschrieben. Die Abstumpfung der Seele, das Verblassen der Erinnerungen, die Verkümmerung des Traums. Die Verherrlichung der Vergangenheit ist endgültig dahin. Die »letzte Phase« vor der Gespenstwerdung ist angebrochen. Lord Rosebery hat sich darin übrigens nicht getäuscht. Behauptet er doch, er habe sein Buch geschrieben, um ein Phantom zu beschwören.

In einem Zimmer von Plantation House spukt es: im Westzimmer. Joshua Slocum, dem als erstem die Einhandumseglung der Welt gelungen ist, verbrachte darin mehrere Nächte, um dem Gespenst aufzulauern, sah aber nur »ein an die Tür genageltes Hufeisen«.

Die Schriftsteller, die sich mit Napoleon befassen, haben wenigstens eines gemeinsam: sie sind alle irgendwann bei der Beschreibung ihres Modells starr vor Staunen. Bestürzt. Entsetzt. Sie haben etwas gesehen. Aber was? »In welchem Augenblick sind Napoleons Fähigkeiten aus dem Gleichgewicht geraten?« fragt sich Rosebery – er geht nicht so weit, den Kaiser des Wahnsinns zu verdächtigen.

Am Ende seines Buches treibt der Autor übrigens ein seltsames Spiel. Von einem ehemaligen englischen Premierminister hätte man erwarten können, daß er im Anhang Dokumente über so seriöse Themen wie die Außenpolitik bringt, oder bis dato unveröffentlichte Berichte über die Gefangenschaft. In Wahrheit interessiert den Autor einzig und allein das Aussehen Napoleons. Er registriert Hinweise auf die widersprüchliche und letztlich ungreifbare Beschaffenheit seiner körperlichen Erscheinung. Das Geheimnis, das James Sant so gut entschlüsselt hat, ist in diesen letzten Seiten enthalten. Ich bin überzeugt, daß der Künstler sie sorgfältig gelesen hat, um sie beim Malen desto besser vergessen zu können.

Alle Beschreibungen heben zwei Aspekte hervor: Napoleons Embonpoint und das Mißverhältnis zwischen Kopf und Körper. Lord Rosebery zitiert die Aussagen von Doktor Henry, Chirurg beim 66. Infanterieregiment, der Napoleon zum letztenmal am 1. September 1817 sah: »Er hatte eher den Kopf eines dicken spanischen oder portugiesischen Mönchs als den des Helden der modernen Zeiten.«

Nun ist aber James Sants Napoleon nicht aufgedunsen. Der Künstler hat ganz im Gegenteil ein abgemagertes Gesicht gemalt. Das Fleisch ist erschlafft, eine unangenehme Falte verläuft neben dem linken Mundwinkel, der untere Teil des Kinns ist ausgezehrt. Die fleischliche Hülle schwabbelt. Beginn der »Desinkarnation«. Der Gefangene, der sich genauer als sonstwer beobachtet, bemerkte: »Jeder Tag zieht mir ein wenig mehr von meiner Tyrannenhaut ab.« Am verwirrendsten aber sind die traurigen, glänzenden Augen, die in einem Ausdruck der Reue erstarrt sind, als hätten sie soeben geweint. Diese Augen haben keinen Wunsch mehr. Sie warten auf den Tod. In Eylau wendet der Kaiser den Blick ab, er wolle nicht sehen. Der Napoleon von Sankt Helena dagegen mustert und erforscht eine Macht, die wir nicht wahrnehmen. Der Schmerzenskönig ist ans Ende der Prüfungen gelangt. Der Blick, den er auf den Nachtmahr gerichtet hält, verrät keinen Schrecken, sondern eher eine stoische Aufmerksamkeit. Der Beginn der »Erhebung«. Er schickt sich an, über den Tod hinaus aufzusteigen. Er ahnt, daß die Erlösung nahe ist. Bald wird seine Seele wandern, den Menschenkörper verlassen und sich in ein immaterielles, historisches Wesen verwandeln.

»Was fixiert er? Immer wieder stelle ich mir diese Frage«, murmelt der Gouverneur. »Sooft ich in die Bibliothek komme, sehe ich diesen Blick. Ich kriege noch einen Komplex.«

»Wohl einen Schuldkomplex«, sage ich lachend.

»Schuld? Verstehe ich nicht«, antwortet der Gouverneur beherrscht, aber mit verkniffener Miene.

Ich sollte mit diesen Dingen keinen Scherz treiben. Aber die Provokationslust ist stärker.

»Ich wollte nur sagen, daß das Vorhandensein dieses Porträts im Plantation House auf einen Willen zur Wiedergutmachung hinzuweisen scheint.«

»Was wiedergutmachen? Die englischen Verfolgungen?« (Er ist wieder auf der Hut.) »Das ist eine so alte Geschichte. Übrigens habe nicht ich das Bild hier aufhängen lassen, sondern einer meiner Vorgänger.«

»Nun, sagen wir eben, daß es ein Ausdruck des englischen Humors ist.«

Sein Gesicht hellt sich wieder auf.

»Humor, jawohl, in der Tat«, brummelt er. »Aber was wollen Sie damit sagen?«

»Nichts Besonderes ... Der Humor erleichtert, nicht wahr? Man exorziert und perpetuiert zugleich. Ich weiß nicht mehr, wer gesagt hat: ›Humor ist, wenn man sich aus der Schlinge zieht, ohne sich aus der Affäre zu ziehen.‹ Das ist doch hier der Fall, oder?«

Er wirft einen unsicheren Blick in meine Richtung.

»Wenn Sie meinen ... Wir werden uns also in Sachen Napoleon nie aus der Affäre ziehen?«

Dieser Gouverneur ist wirklich ein freundlicher Mensch. Er hat mich empfangen und mir seine kostbare Zeit gewidmet. Er hat mir dieses überraschende Werk von Sant gezeigt. Und ich suche Händel mit ihm.

Der Gouverneur bricht das Schweigen mit einer quasi vertraulichen Mitteilung: »Wußten Sie, daß einer meiner Vorgänger Franzose war?«

»Gouverneur, wie Sie?«

»Ja, als die Insel von der Ostindischen Kompanie verwaltet wurde. Er hieß Etienne Poirier, ein Protestant. Er hatte Frankreich nach der Aufhebung des Edikts von Nantes verlassen. Er war Winzer.«

»Also ein Bonvivant ...«

»Würde ich nicht sagen. Er war sehr puritanisch und hat äußerst strenge Verordnungen erlassen, weil er fand, daß die Sitten der Bevölkerung sehr lasch waren. Ich glaube, daß er schließlich abgesetzt wurde.«

Ich brenne darauf, mit ihm über einen seiner Vorgänger zu sprechen, John Massingham, der von 1981 bis 1984 Gouverneur war. Er verabscheute Napoleon, in dem er einen gefährlichen Kriegsverbrecher sah. Doch wozu dauernd meinen Gesprächspartner provozieren? Er ist so zuvorkommend. Er bringt die Rede auf den französischen Konsul, den er manchmal im Plantation House empfängt.

»Wir verstehen uns gut«, meint er. »Schließlich befinden wir uns beide im Nirgendwo.«

»Wollen Sie damit sagen, daß die Insel, die Sie verwalten, gar nicht existiert?«

»Das nicht ... Aber wer weiß schon, wo Sankt Helena liegt?«

»Sie haben recht. Sankt Helena trug von Anfang an das Stigma der Täuschung.«

»Der Täuschung!«

»So ist es. Sie wissen doch, daß die Portugiesen falsche geographische Angaben machten, um ihre Entdeckung zu verheimlichen. Ich glaube fest an die Folgen, die aus dem Gründungsakt erwachsen.«

Der Nieselregen hat aufgehört. Wir gehen aus dem Haus zu einem Spaziergang im Park. Plantation House ist das Anti-Longwood. Alles ist hier delektabel; die Lieblichkeit des Ortes, der harmonische Ausblick auf das Meer, das zarte Grün des Rasens stehen im Gegensatz zur unruhigen Rauheit des Plateaus. Longwood ist ein vom Wind, vom Regen und von Gespenstern belagertes Gebäude. Die Gediegenheit des Plantation House, wo alles darauf angelegt ist, seinen Bewohnern ein Höchstmaß an Ruhe und Annehmlichkeiten zu bieten, kontrastiert mit der Longwoodschen Kargheit, diesem zugigen und wackligen Käfig, der schlecht im Boden verankert und allen Unbilden der Witterung ausgesetzt ist. Zu Beginn der Gefangenschaft hatte man erwogen, Plantation House Napoleon und seinem Gefolge zu überlassen. Wie hätte sich die Legende entwickelt, wenn der Gefangene im Anwesen des Gouverneurs untergebracht worden wäre?

Alan Hoole ist stolz auf die beiden Riesenschildkröten. Sie verleihen seiner Residenz einen liebenswürdigen tropischen Anstrich, gaukeln eine Art Eden vor, in dem Tiere und Menschen in aller Unschuld zusammenleben.

»Diese Schildkröten sind sehr alt«, versichert der Gouverneur. »Angeblich sind sie zur Zeit Napoleons nach Sankt Helena gebracht worden.«

Eine der beiden öffnet ihren fleischfarbenen Schnabel und läßt eine dünne Schlangenzunge hervorschnellen. Die kleinen schwarzen Glotzaugen blinzeln, wodurch anstelle der Lider so etwas wie Pestbeulen erscheinen, ein teuflischer Anblick, der plötzlich das Idyll stört.

Die beiden Ungeheuer betrachten mich kalt. Die Verzierung ihres Panzers aus gelben Linien und orangefarbenen Flecken gleicht einem Mosaik. Es heißt, die Schildkröten kämen aus der Unterwelt. Geht nicht das französische »tortue« auf »Tartaros«, die Hölle, zurück?

Siebter Tag

Pétanque-Spieler – Das Gymnasium Marcel Duchamp – Sambo hat gesehen – Wiederauftauchen des Gespenstes – Die dreiundzwanzig Kamine von Longwood – Die Nuklearraketen von Tilsit – Die Brücke über den Njemen – Was bleibt vom Haus des Glücks? – Der Verschluß der Camera obscura – Victor Hugo und Napoleon in Marine Terrace – Mit Quecksilber vollgestopft – Der Auslöser des Kommissars Maigret – »Das Leben, welch eine Farce!« – Rimbauds Besuch in Longwood – Das entwendete Goldene Buch – Anglophil und stockfranzösisch – Zehn Liter Wasser in jedem Zimmer – Bananen-Beignets – Wie man die Farben von Tapeten abstumpft – Die Bilder in der Geschirrkammer – Die Goldköpfchen von Châteauroux – Die Parze der Paradise-Bar – Die Schaukel des Bertrand-Hauses – Hatte Napoleon Sinn für Humor? – Der große Witzbold – Deadwood, das unbestimmte Finis Terrae – Der erschreckte Golfer.

I

Eine hübsche Lindenallee, die gleichen lanzettförmigen Gitterstäbe wie bei Anne's Place. Ein friedlicher Provinzplatz mit Bänken und Granitpfosten, die Autofahrer daran hindern, auf dem Grünstreifen zu parken. Die Allee erinnert an einen Schiffsbug; der Vordersteven scheint das nahe Franziskanerkloster zu berühren.

An der Spitze des »Bugs« hebt ein Militär seinen in eine Fahne gewickelten Degen hoch. Wenn man ihn aus der Ferne sieht, könnte man meinen, er schwinge einen Regenschirm, eine etwas beleidigende Sicht der Dinge, denn der Soldat hat in seinem Tornister … einen Großmarschallsstab.

Henri-Gatien Bertrand, Graf des Kaiserreichs, Träger des Großen Adlerordens der Ehrenlegion, der Mann, der bei Wagram und Lützen eine entscheidende Rolle spielte, wacht seit annähernd hundertfünfzig Jahren über den Sankt-Helena-Platz, Paradies der Pétanque-Spieler und obligatorischer Halt für Hunde, die von ihren Herrchen begleitet werden.

Es ist immer leicht, sich über die bombastische Kitschigkeit solcher Statuen zu mokieren, die mit Taubendreck bekleckert sind und auf ewig in einer unvollendeten Geste verharren. Obwohl es der akademischen Tradition verpflichtet ist, drückt dieses Werk Rudes, des Schöpfers der Reliefs »La Marseillaise« am Arc de Triomphe, ein romantisches Gefühl aus. Der Bildhauer hat hinter Bertrand ein symbolisches Beiwerk plaziert, das den »Vauban des Kaiserreichs« diskret mit der Legende verbindet: ein stilisiertes, die Wogen teilendes Schiff, das die Aufschrift »Sankt Helena 1821« trägt.

Bertrands Kopf ist beinahe kahl. Rude wollte die Bescheidenheit, die Treue, die Rechtschaffenheit, die Sanftheit, aber auch die Grämlichkeit der Person darstellen. Napoleon ließ es sich manchmal einfallen, ihn wegen seiner zu großen Vorsicht zu schütteln, wie in Bautzen, wo Bertrands Mangel an Wagemut dazu beigetragen hatte, daß der entscheidende Sieg nicht errungen werden konnte.

Trotzdem ist Bertrand die einnehmendste Figur in der Tragödie von Sankt Helena. Nichts zwang ihn, dem Besiegten ins Exil zu folgen. Er ist ihm bis zum Ende treu geblieben, immer wohlwollend, ein bißchen langweilig, dickköpfig, depressiv, weise, allzeit bereit, die Spannungen innerhalb des streitsüchtigen Stammes zu besänftigen. Als guter Vater und guter Gatte sagt er zu seinem Gott nein, als dieser ihm befiehlt, sich in Longwood zu installieren. Dieser farblose und unentschlossene Mann war leidenschaftlich verliebt in seine Frau, die schöne Fanny Dillon, eine Kreolin englischer Herkunft, Cousine der Kaiserin Joséphine. Bertrands Briefwechsel mit Fanny, zu der Zeit, als der General durch Europa stürmte, gehört zu den schönsten Beispielen von Gattenliebe. Fast jeder Brief des Generals Bertrand trug den Vermerk »durch Stafette« und wurde im Biwak an den Tagen nach einer Schlacht geschrieben. Die Botschaften enden mit »Bonjour, chère Fanny«, Ausdruck der abgöttischen Liebe, die der Chef des 4. Korps der Grande Armée für seine Frau empfand, eine pikante, kühne, unabhängige Persönlichkeit. »Was für eine Liebe! ... Man hat nichts dergleichen je gesehen«, ruft Napoleon ein wenig neidisch aus.

Auf Sankt Helena bezauberten ihre Vornehmheit und Eleganz die kleine englische Kolonie. Sie unterhielt herzliche Beziehungen zur Frau Hudson Lowes und dem russischen Kommissar Balmain. Ihre perfekte Kenntnis der englischen Gesellschaft war für Napoleon wertvoll. Aber er wußte nicht recht, woran er mit ihr war. Diese unberechenbare, auf ihre Freiheit äußerst bedachte Frau lehnte dauernd die Einladungen nach Longwood ab, was der Kaiser als Affront betrachtete.

Die Place Sainte-Hélène in der Stadtmitte von Châteauroux findet kaum Beachtung. Was dem Ortsfremden jedoch auffällt, ist das Gymnasium Marcel Duchamp, dessen altertümliche und düstere Eingangstür so gar nicht in Einklang mit der radikalen Modernität des Erfinders der Ready-Mades steht. Die gußeisernen Verstrebungen der Bänke um die Place Sainte-Hélène sind jedoch bei näherer Betrachtung industrielle Erzeugnisse, die sehr wohl die Würde von Kunstwerken erlangen könnten. Man bemerkt sie kaum, obwohl sie schön gearbeitet sind. Die Motive wurden zum Ruhme des getreuen Bertrand gewählt: Grafenkrone, das B, Monogramm des Großmarschalls, napoleonischer Adler und Generalslorbeer.

Die Hauptstadt des Département de l'Indre hat einen Teil seiner Erinnerungen dem schätzenswertesten der Gefährten des Kaisers gewidmet. Nach dem Tod seines Helden im Jahr 1821 verläßt Bertrand mit seiner Familie Sankt Helena und zieht sich in seine Geburtsstadt zurück. Nach der Julirevolution wird er zum Abgeordneten seines Départements gewählt und nimmt im Parlament einen Sitz zur Linken ein. Er glaubte zwar fest daran, Sankt Helena nie wiederzusehen, nahm dann aber doch an der Expedition des Fürsten von Joinville teil, der die sterblichen Überreste des Kaisers nach Frankreich überführte. Bertrand starb 1844 und ruht im Invalidendom an der Seite Napoleons.

Das Bertrand-Museum, ein schöner aristokratischer Bau, in dem der Großmarschall wohnte und starb, birgt zahlreiche Andenken an Sankt Helena, von denen die meisten mit Napoleons Sarg nach Frankreich befördert wurden. Das originellste ist ein ausgestopfter Hund, Sambo, Spielkamerad der Bertrand-Kinder.

Sambo hat Napoleon wahrscheinlich beschnüffelt und besabbert. Er hat gekläfft, wenn der Kaiser sich ihm näherte. Man sieht sofort, daß Sambo kein gewöhnlicher Hund ist. Sein geflecktes Fell ist glatt wie das einer Robbe. Seine Augen, zwei schwarze Glaskugeln, sind furchterregend. Das merkwürdigste ist jedoch der Nacken. Sambo hat keine Ohren. Wahrscheinlich wurden sie ihm nach chinesischer Sitte beschnitten. Eine Gruppe von Kynologen hat diesen Hund begutachtet. Sie ist zu dem Schluß gekommen, daß er keinem Typus zugeordnet werden kann, er ist eine Promenadenmischung aus einer asiatischen Rasse und heimischen Hunden von Sankt Helena.

Sambo liegt ausgestreckt mit hochgerecktem Kopf. Die Iris und die Pupille fließen ineinander und verleihen seinen Basiliskenaugen einen zugleich wilden und durchdringenden, fast intelligenten Blick. Er fixiert und mustert. Auch Sambo *hat gesehen*.

2

Gräfin Diana grollt, als ich mich nähere. Michel Martineau hält sie zurück. Sie läßt sich knurrend streicheln. Der Wind hat an diesem Morgen die Wolken verjagt, und die Luft ist von dem Wasserstaub gereinigt, der gewöhnlich über Longwood liegt. Das Blau der Agapanthen und der Iris ist hart, die Feuchtigkeitstropfen auf den Blütenblättern sind erstarrt, wie gefroren.

»Ich zeige Ihnen später mein Atelier. Inzwischen können Sie sich in Longwood umsehen. Wer die Atmosphäre auf sich wirken lassen will, muß allein sein. Ich glaube, Sie mögen das. Welches Zimmer werden Sie heute erforschen?«

»Wie ich sehe, kennen Sie allmählich meine Marotten. Ich habe so ziemlich alle besucht. Heute möchte ich mir das Arbeitskabinett Napoleons genauer vornehmen.«

»Ich bringe Sie hin. Sie können überall frei herumgehen. Ich habe alle Türen aufschließen lassen.«

Das Arbeitskabinett, das kaum größer ist als die angrenzende dunkle Kammer, bekommt sein Licht durch ein Fenster und durch eine nach Norden orientierte Glastüre. Ein Schreibtisch steht an der Wand.

»Sie können sich am Schreibtisch Notizen machen, genau wie Napoleon.«

Während ich mir einen Stuhl heranziehe, sehe ich zu meiner Verblüffung den Napoleon von James Sant an der Wand. Man mag Erscheinungen noch so sehr lieben – und Longwood hat damit seit meiner Ankunft nicht gegeizt –, aber ich frage mich doch, ob die zahlreichen armen Seelen, die in diesem Haus herumgeistern, mich nicht zum besten halten.

»Was ist los?« fragt der Konsul.

»Da, an der Wand ... Ich träume doch nicht?«

»Das ist ›The Last Phase‹.«

»Aber bei meinen anderen Besuchen war es nicht da.«

»Ich verstehe Ihre Überraschung nicht. Es ist schon seit langem da. Mein Vater ist auf die Idee gekommen, es an dieser Stelle aufzuhängen. Sie haben es einfach nicht bemerkt.«

»Das ist mir schleierhaft ... Dieses Porträt zieht doch sofort die Aufmerksamkeit auf sich. Ich bin so überrascht, weil ich es beim Gouverneur gesehen habe. Es löst einen derartigen Schock aus.«

»Ich versichere Ihnen, es ist immer schon da gewesen. Dieses Zimmer liegt fast ständig im Halbdunkel. Bei Ihren vorigen Besuchen waren die Fensterläden nicht geöffnet. Darum haben Sie es nicht bemerkt.«

Ich habe es nicht bemerkt, weil dieses Gesicht in Longwood allgegenwärtig ist. Der Desdichado herrscht hier. Man sieht ihm jedoch an, daß der schmerzliche Aufenthalt sich seinem Ende nähert. Er ist, wie man so sagt, im Geist woanders. Der jupiterhafte Blick, der einst in Sekundenschnelle das Schlachtfeld erfaßte, um zu planen und zu handeln, ist für immer erloschen. »Nirgends begreift man besser als hier, wie sehr er darunter gelitten haben muß, in dieses Loch gepfercht worden zu sein, er, der Besieger Europas«, schreibt Ernest d'Hauterive. Gepfercht ist das zutreffende Wort.

Dieser Teil Longwoods ist ein »In-pace«, ein Verlies. Michel Martineau, der die Maße aller Zimmer im Kopf hat, sagt mir, daß das Arbeitskabinett höchstens siebzehn Quadratmeter groß ist. »Vade in pace« (Gehe in Frieden) ist eine rituelle Formel, die ausgesprochen wurde, wenn sich hinter dem zu lebenslanger Haft Verurteilten die Kerkertür schloß.

»Während der Regenzeit war es hier feucht wie in einer Grabgruft. Napoleon sagte, er habe den Eindruck, einen Keller zu betreten. Man muß wissen, daß das Zimmer keinen Kamin besaß. Mir scheint, sie mögen Kamine ... Wissen Sie, daß es in Longwood dreiundzwanzig Feuerstellen gab, Bertrands Haus mit eingerechnet? Um sie zu unterhalten, wurden manchmal Fässer zerschlagen. Einmal mußte man sogar die Bretter eines Betts zersägen. Ich lasse Sie jetzt in Ruhe meditieren.«

Ich habe mein Notizbuch auf den Schreibtisch gelegt und mache mich daran, die Gegenstände und das Mobiliar des Zimmers aufzuzeichnen. Aber ich bin nicht recht bei der Sache. Ich kann meine Gedanken nicht von dem Kopf über mir lösen. Manchmal scheint es mir, daß der müde Blick auf dem Feldbett ruhe. Es ist haargenau mit dem in der dunklen Kammer identisch. Das Modell, das laut Vorschrift von den höheren Offizieren zur Zeit des Empire benutzt wurde: ein mit Tragriemen versehenes Klappgestell, überragt von einem zeltförmigen Baldachin. Und wieder gebe ich, in Abwesenheit des Konsuls, der Versuchung nach, mich darauf zu setzen. Es scheint mir ebenso wackelig zu sein wie das Bett in der dunklen Kammer. Einen Augenblick befürchte ich, es könnte über mir zusammenschlagen.

Wenn der Gefangene in seiner Camera obscura keinen Schlaf finden konnte, ging er nach nebenan ins Arbeitskabinett und legte sich dort ins Bett. Dem »Weltgeist«, den Hegel in Jena gesehen hatte, fällt es immer schwerer, aufzustehen. Er macht kein Hehl daraus. »Das Bett ist für mich zu einem Ort der Wonne geworden. Ich würde es nicht für alle Schätze der Welt eintauschen. Was für ein Wandel. Wie tief bin ich gestürzt!«

Ich denke unwillkürlich an Tilsit, an seine Bemerkungen über das Glück. »In Eylau habe ich mir Sorgen gemacht ... Jetzt fand ich mich als Sieger wieder, diktierte Gesetze, umgeben von Kaisern und Königen, die mir den Hof machten.«

Ich habe in Tilsit stundenlang die Bewegung des Njemen betrachtet, des Flusses, der die Grenze zwischen Litauen und der russischen Enklave Kaliningrad markiert. Wie konnten sich Zar Alexander und Napoleon auf einem Floß halten, bei einer derartigen Strömung? Zum Glück war da Bertrand. Bertrand, der »Begleiter«, der Kronzeuge. Zugegen beim Höhepunkt, beim Niedergang, beim Ende. Der Mann der Brücken registriert die stärksten Ausschläge der Herrschaft, die vorwärtsstürmende Flut und die zurückweichende Ebbe.

Bertrand läßt mit Hilfe von aneinandergereihten und am Ufer festgemachten Booten einen Steg bauen. Ein »sehr hübsch möbliertes Häuschen« war errichtet worden. Es bestand aus zwei Zelten, das eine für die beiden Monarchen, das andere für den Generalstab. »Sire«, soll Alexander gesagt haben, als sie sich umarmten, »ich hasse die Engländer ebenso wie Sie.« »In diesem Fall ist der Friede geschlossen«, soll Napoleon geantwortet haben.

Kein Denkmal erinnert heute an das Floß von Tilsit. Die Russen, die diese lange verbotene Stadt bewohnen, sind zumeist Militärs, deren Sorge vor allem der Gegenwart gilt. In Tilsit war ein starkes Kontingent von SS-4-Nuklearraketen stationiert. Wäre ein Atomkrieg ausgebrochen und Paris zerstört worden, dann würde die »Floß-Stadt« die mörderische Salve abgefeuert haben.

»Das einzig sichere auf dieser Welt ist der Zufall«, hat der italienische Schriftsteller Leonardo Sciascia gesagt. Tilsit, das Symbol des Napoleonischen Glücks und der russisch-französischen Aussöhnung; die Anspielung auf die Engländer, Vorankündigung der Katastrophe. Ich denke, daß ein derartiges Zusammentreffen nie zufällig ist und daß das Schicksal ein ausgeprägtes Faible für Situationskomik hat.

Am Ufer des Njemen steht zum Ruhme der Binnenschifffahrt ein Anker auf einem Sockel. Das Floß befand sich auf der Höhe dieses Denkmals. Die Deutschen hatten keinerlei Grund, das Treffen von Tilsit zu feiern, das zum Schaden Preußens stattfand und demütigend war für Königin Luise. Die Erinnerung an sie ist in der heute russischen Stadt immer noch lebendig. Die Brücke über den Njemen trägt nach wie vor ihren Namen. Die schöne Königin versuchte unter Tränen, Napoleon zu erweichen, der sich aus ihren Reizen nichts machte. »Ich bin wie ein Wachstuch, an dem alles abgleitet. Es würde mir zu schwer fallen, den Galanten zu spielen«, schrieb er mit einer Prise Rüpelhaftigkeit an Joséphine.

Die Spuren des Kaisertreffens sind spärlich. Ein altes Fachwerkaus diente den Franzosen als Unterkunft. Der Pavillon, in dem Napoleon wohnte, ist abgerissen worden. Ich wollte wissen, wo er gestanden hatte. Man führte mich zu einem vergitterten Grundstück am Fluß. Ich bin später nochmals hingegangen. Ich hatte ein loses Stück Maschendraht ausgemacht, das ich hochhob. Wie in Eylau gab es nichts zu sehen. An der Stelle des Wohngebäudes befand sich ein halb zerstörtes Gewächshaus. Die zerbrochenen Scheiben warfen in der untergehenden Sonne orangefarbene Blitze. In diesem heute zerfallenen Gehöft hatte Napoleon das Glück gekannt. Der Monarch war auf dem Höhepunkt seiner Macht. Üppige Pflanzen mit behaarten Blättern, wie sie auf den Ruinen wuchern, hatten das Haus des Glücks kolonisiert.

Tilsit ist der Ausgleich für Eylau. Nach Tilsit ist der Autokrat nicht mehr derselbe. Marmont hat das in seinen Memoiren gut beobachtet. Der Mann, der 1814 die Kapitulation von Paris aushandelte und sich in die Normandie absetzte, statt den Kaiser zu schützen, zeichnet zwei Napoleons, den *vor* und den *nach* Tilsit.

»Der erste – mager, nüchtern, ungemein aktiv, unempfindlich gegen Entbehrungen, ein Verächter des Wohlbefindens und der materiellen Freuden, nur auf den Erfolg seiner Unternehmungen bedacht, vorausschauend, vorsichtig, sofern die Leidenschaft ihn nicht hinreißt, dem Spiel des Zufalls zugeneigt, unter Beachtung all dessen, was die Vorsicht vorherzusehen erlaubt (...).

Der zweite – fett und schwerfällig, sinnlich und so sehr auf seine Bequemlichkeit bedacht, daß er daraus eine Staatsaffäre macht, unbekümmert und jeder Mühe abgeneigt, blasiert, gleichgültig gegen alles, der Wahrheit nur dann zugänglich, wenn sie in Einklang mit seinen Leidenschaften, seinen Interessen und seinen Launen steht, von satanischem Hochmut und großer Menschenverachtung, voller Geringschätzung für die Belange der Menschheit. (...) Seine Sensibilität war abgestumpft, ohne daß er deshalb bösartig geworden wäre; aber seine Güte war nicht mehr aktiv, sie war passiv. Sein Geist war immer noch der gleiche, der umfassendste, der vielseitigste, der tiefste, der produktivste, den es je gab; aber kein Wille mehr, keine Entschlußkraft und eine Wendigkeit, die an Schwäche grenzte.

Der erste Napoleon hat bis Tilsit geglänzt. Seine Größe und seine Ausstrahlung haben ihren Höhepunkt erreicht. Der zweite hat sich zunehmend in einen verblendeten Hochmut verrannt, als Folge seiner Heirat mit Marie-Luise.«

»Wie tief bin ich gestürzt.« Ich werfe einen Blick ins Nebenzimmer. Ein Lichtstrahl hat den Fußboden der Camera obscura geteilt. Die Fensterläden der Brennkammer sind geschlossen. Die vom Wind geschüttelten Lamellen des Verschlusses blockieren ab und zu den Lichtstrahl. Sowie der Verschluß sich öffnet, wird das Zimmer wie von einem Magnesiumblitz durchzuckt. Die kurze Beleuchtung betont noch die Düsterkeit der Grablegungsatmosphäre. Man muß in die beängstigende Stummheit von Longwood, die ebenso beredt ist wie die anderen Zeugnisse, eintauchen, um aus ihr das geheime Rumoren herauszufiltern, dieses lange, erschreckende Echo, das ein Knarzen in den Bodenbrettern, ein Zischen unter den Türen und diese erstickten Klagen an den Fenstern hinterläßt.

Zur Zeit der Gefangenschaft wurde der Dämmerzustand des Hauses von Ratten gestört, die einen infernalischen Lärm verbreiteten. Diese Nager waren unerhört dreist. Bertrand wurde im Schlaf grausam in die Hand gebissen. Ali erzählt, daß er einmal, als er einen Breiumschlag in einem Topf vorbereitete, für einen Augenblick den Raum verließ. Als er zurückkam, war der Inhalt der Kasserolle verschwunden. Die Ratten hatten ihn gefressen. Auch der

Löffel war nicht mehr da. Er fand ihn vier Tage später im Speicher wieder.

Die Ratte, Komplizin des Teufels und der Hexen. Am 5. Oktober 1853 bringt Victor Hugo in Marine Terrace Napoleon I. zum Sprechen. Der dreibeinige Schemel, den er auf den großen Tisch gestellt hat, fängt an, sich zu bewegen. Nach Marat und Robespierre manifestiert sich der Geist des Kaisers. Natürlich beginnt er unverzüglich zu diktieren. Der Dichter schreibt mit. »O Idee, komm mir zu Hilfe!« ruft Napoleon. Victor Hugo bittet seinen Gast, der zu Lebzeiten eine Leidenschaft für Definitionen hatte, Gott zu charakterisieren. »Ein unendlicher Blick, in einem ewigen Auge«, antwortet der Geist umgehend.

Der Blick, das Auge. Napoleon, der Seher. Der verzweifelte Blick von Eylau und von The Last Phase. Das Arbeitskabinett ist das Double der Camera obscura. Die gleichen Betten. Die gleiche Ärmlichkeit. Die gleiche Kargheit. Das gespaltene Wesen geht, ohne eine Unterscheidung zu machen, von einem Zimmer ins andere, um Schlaf zu finden. Das feuchte Grabtuch ... Die tropische Schlappheit.

Es wird behauptet, Napoleon sei vergiftet worden, Montholon habe ihm Arsen verabreicht. Der Höfling von Longwood hatte es gar nicht nötig, sich so viel Mühe zu geben. Man muß nur ein paar Stunden in der Grabgruft der Erinnerung verweilen, um zu begreifen, daß der Gefangene sich selbst mit seiner Vergangenheit vergiftete. Er hat fünfeinhalb Jahre lang, Tag für Tag, den Becher des Bedauerns bis zur Neige geleert und verzweifelt versucht, die Konsistenz der Ereignisse, die Seele der Dinge wiederzufinden.

Der Eingeschlossene hat sich tagtäglich das Gift der Langeweile eingeimpft, diese schmerzliche Leere, die vergeblich nach Sinn sucht. Zur Zeit seines Ruhms hatte er selbst diese Leere um sich geschaffen, sich abgekapselt. Das Empire ist die Langeweile, hat Michelet behende formuliert. Das strahlende Herz der Welt befand sich nicht mehr in Paris, sondern auf den Schlachtfeldern. »Napoleon erreichte nichts. Diesem neuen König der Welt antwortete einzig die Leere, das Nichts«, beharrt wiederum Michelet. In Longwood herrschte eine steife, militärische, gezwungene, protokollarische, langweilige Atmosphäre. Der Akkumulationsprozeß, der das Hauptmerkmal der Diktate ist, gipfelt oft in einer öden Überfülle, einer Abfolge todlangweiliger Details, einer Anhäufung von uninteressanten Anekdoten.

In seinem Roman *Les Déracinés* (Die Entwurzelten) hat Maurice Barrès den Napoleon von Sankt Helena mit dem König Lear verglichen, der von den Elementen und seinen Töchtern verfolgt wird. »Seine Töchter, das waren seine Ideen, die Erinnerung an seine großen Taten. Er war verliebt in sein Genie.«

Nebenbei gesagt waren alle Bewohner von Longwood mit Kalomel vollgestopft, einem Abführmittel auf Quecksilberbasis, das der Arzt O'Meara systematisch verordnete.

Auf dem Tischchen steht eine Statuette von Vela: *Der sterbende Napoleon*. Er sitzt in seinem Sessel und ist offensichtlich am Abschnappen. An die Lehne gestemmt, mit grotesk verdrehten Augen. Die Skulptur verleiht dem Zimmer eine komische Note, die es dringend benötigt.

Wie viele Tischchen, wie viele Konsolen in Longwood! Würden die Tische sprechen wie in Marine Terrace oder im Hauteville House? Bei Hugo ist das Exil mit Seelen bevölkert; bei Napoleon ist es mit Leichen gefüllt. Die beiden Verbannten waren füreinander geschaffen. »In der ganzen Weltgeschichte hat es keinen Menschen gegeben, der Victor Hugo so gute Dienste erwiesen hat wie Napoleon Bonaparte«, bemerkt Péguy.

Eine Tür knallt in der Nähe des Eßzimmers. Die schlecht ineinander gefügten Räume und Korridore verformen das geringste Geräusch durch einen Nachhalleffekt. Ich erkenne die gemessenen Schritte, das Knarzen der neuen Lederschuhe auf dem Fußboden. Er erscheint, mit friedlicher Miene, zerzaustem Haar, die erloschene Zigarre im Mund.

»Nun, was halten Sie vom Napoleon der letzten Phase?«

»Ein wirklich bestürzendes Bild.«

»Sie haben es, glaube ich, im Plantation House gesehen. Ein Gouverneur von Sankt Helena hat das Bild einmal entfernen lassen. Er haßte Napoleon. Das ist erst unlängst passiert.«

»Sollte es nicht ein gewisser John Massingham gewesen sein?«

»Woher wissen Sie das?«

»Ich kenne die Geschichte. Er verabscheute ihn, weil er, wie er sagte, in Europa eine neue Form des Krieges eingeführt habe ... den totalen Krieg. Darin hat er nicht ganz unrecht.«

»Sicher, aber das ist etwas eng gesehen. Ich habe diesen Massingham gut gekannt. Kein übler Bursche. Ich habe mich mit ihm wegen einer Schaukel herumgestritten. Sie haben doch den Spielplatz am Eingang von Longwood gesehen. Ich habe ihm meine Mißbilligung ausgesprochen.«

Sein Gesichtsausdruck ändert sich.

»Sie suchen doch den Auslöser, wie Kommissar Maigret«, fragt er gespielt theatralisch.

»Ich würde gern seine Intuition besitzen.«

»Meine Anspielung auf Maigret war kein Scherz ... Bei den Leuten herumschnuppern, um sie besser zu verstehen, das ist keine schlechte Methode. Kann man Beethoven richtig spielen, wenn man nicht den Geist der Orte seiner Lebensstationen in sich aufgenommen hat?«

»Sie müssen demnach Napoleon besser kennen als irgendwer, da Sie seit vierzig Jahren bei ihm leben.«

»Oh! Napoleon ist nicht alles. Ich wollte vor allem

Frankreich verlassen, diese alte, in der Arthrose des Wohlstands erstarrte Welt.«

Er brummelt, macht eine Pause; seine Augen sind undurchdringlicher denn je.

»Wir sind doch alle auf der Suche nach dem, was uns klüger und besser macht. Sonst wäre das Leben ja nichts als eine Farce!«

»Haben Sie das, was Sie suchen, auf Sankt Helena gefunden?«

»Eine höchst indiskrete Frage. Ah! Die Zweifüßler«, seufzt er voll Überdruß.

»Die Zweifüßler?«

»Ja, Sie, ich, die Menschen eben.«

Er hat wieder diese kühle Miene aufgesetzt, die mir inzwischen vertraut geworden ist. Dann beginnt er zu zitieren.

»›Ich schrieb Stille, Nächte, ich notierte das Unsagbare. Ich hielt den Taumel fest.‹ Das entspricht doch genau dem Arbeitskabinett, finden Sie nicht? Wer hat das Ihrer Meinung nach geschrieben?«

Er artikuliert die Wörter manchmal mit der Zungenspitze. Der Mund ist dabei fest geschlossen. Diese Art, die Konsonanten zu verschleifen, verleiht ihm einen englischen Akzent.

»Raten Sie.«

»Auf keinen Fall Napoleon ... Das Unsagbare, den Taumel festhalten, das ist nicht sein Stil.«

»Nicht sein Stil! Sie haben doch Bertrands ›Cahiers‹ gelesen. Am Ende vor allem wimmelt es von bizarren Bildern, ungewöhnlichen Metaphern. Schön, es ist nicht von Napoleon; es ist von Arthur Rimbaud.«

»Zwei Seher, kurz gesagt.«

»Wissen Sie, daß Arthur Rimbaud Longwood besucht hat? Er hat das Arbeitskabinett gesehen, in dem Sie jetzt stehen.«

»Wie das? Ich habe nie etwas von einem derartigen Besuch gehört. Zudem verabscheute er das Empire, Napoleon III. ...«

»Stimmt. Und doch ist er 1876 nach Sankt Helena gekommen. Das war zu der Zeit, als er aus der Kolonialarmee Niederländisch-Indiens desertiert ist. Er hat sich auf Java auf einem britischen Segler namens *Wandering Chief* eingeschifft, um nach Europa zurückzukehren. Am Kap der Guten Hoffnung geriet das Schiff in einen fürchterlichen Sturm und hat seinen Mast verloren. Der Kapitän mußte Sankt Helena anlaufen, um die nötigen Reparaturen durchführen zu lassen.«

Gilbert Martineau erzählt mir vom Aufenthalt des Dichters der »Illuminations« auf Sankt Helena. Während die *Wandering Chief* in der Bucht von Jamestown vor Anker lag, ließ sich Rimbaud ins Wasser gleiten, um heimlich an Land zu kommen. Das Betreten der Insel war gebührenpflichtig, und er konnte die geforderte Summe von einem Pfund nicht bezahlen. Sobald er an Land war, machte er sich auf den Weg nach Longwood.

»Hat man einen Beweis dafür, daß er den Ort besucht hat?«

»Ja, er hat sich in das Goldene Buch eingetragen. Damals gab es einen französischen Wärter, einen gewissen Maréchal.«

»Könnte ich dieses Goldene Buch sehen?«

»Leider nicht. Es wurde nach dem letzten Krieg entwendet. Aber ich glaube, seine Spur in Südafrika entdeckt zu haben. Es ist der einzige Beweis, über den wir verfügen. Rimbaud macht keinerlei Anspielung auf dieses Buch, auch nicht auf die Zwischenlandung bei Sankt Helena.«

»Napoleon–Rimbaud, eine kuriose Verbindung.«

»Da bin ich nicht Ihrer Meinung. Man kann beide bewundern. Ich gehöre zu dieser Spezies ... Sagt Ihnen der Name Jean Bourguignon etwas?«

»Sollte das nicht der Mann sein, der die Memoiren Marchands herausgegeben hat?«

»Genau der. Er war die rechte Hand von Paul Painlevé während des Großen Krieges. Und zudem ein bedeutender Konservator des Schlosses Malmaison. Nun, er hatte zwei Passionen: Napoleon und Rimbaud. Er kannte Isabelle, die Schwester des Dichters, sehr gut. Sein Buch über Rimbaud ist ein Standardwerk. Mallarmé hat es über den grünen Klee gelobt!«

Der bisher distanzierte Ton wird immer lebhafter. Er begeistert sich zusehends.

»Napoleon, Rimbaud, zwei Prometheuse. Zwei starke Seelen. Harrar ist das Sankt Helena des Dichters. Nur daß Rimbaud sein Exil selbst gewählt hat.«

»Ein erstaunlicher Vergleich. Auf alle Fälle ist der Blick bei Napoleon von grundlegender Bedeutung. Auch Rimbaud ist *der Mann, der gesehen hat*.«

Michel Martineau kommt ins Arbeitskabinett.

»Verzeihung, wenn ich dieses interessante Gespräch unterbreche. Ihr könnt es, wenn ihr wollt, in meinem Atelier weiterführen ...«

»Ich verlasse euch«, brummt der Vater. »Die Arbeit wartet auf mich. Hab sowieso schon zuviel Zeit verloren.«

Zu liebenswürdig mir gegenüber. Die Stimme ist wieder mürrisch geworden. Der Stirnhöcker zieht sich zusammen, die Augen sind ganz klein, ohne einen Funken Wohlwollen. Er dreht uns unwirsch den Rücken zu. Dabei war er so in Schwung gewesen. Ich hatte ihn vorher nie so gesprächig und entgegenkommend erlebt.

»Verzeihen Sie. Das Gespräch schien ja äußerst fesselnd zu sein ... Hat er Ihnen nicht gesagt, daß er an einer Rimbaud-Biographie arbeitet? Wenn er dazu aufgelegt ist, kann mein Vater ein blendender Causeur sein.«

»Stimmt ... Aber er scheint es sogleich zu bereuen.«

»Was wollen Sie. Das ist seine Art, sich gegen die Widersprüche der Außenwelt zu wehren. Zugleich innen und außen sein ...«

»Hat er deshalb Sankt Helena gewählt?«

»Man müßte ihn danach fragen. Aber er würde nicht antworten. Er ist sehr anglophil und zugleich stockfranzösisch. Sankt Helena ist einer der seltenen Orte, wo er diese Dualität ausleben kann. Die britische Lebensart prägt immer noch diese Insel. Sie haben sich ja selbst davon überzeugen können: Wahrung der Form, ruhige Selbstsicherheit ...«

»Seit meiner Ankunft höre ich, daß Sankt Helena ein Museum ist. Ich habe gesehen, daß man hier noch den Afternoon Tea pflegt, das Samstag-Abend-Tänzchen, die Verabredung an der Holzbar des Consulate.«

»Wissen Sie, mein Vater ist kein Stammgast an der Bar des Consulate«, scherzt Michel Martineau. »Sankt Helena hat er hauptsächlich aus Sehnsucht nach der Vergangenheit gewählt. Irgend etwas empfindet er als besonders schmerzlich, wahrscheinlich den Verlust der ›Grandeur‹. Er hat das Gefühl, die Geschichte habe sich auf Nimmerwiedersehen vom alten Europa verabschiedet. Er glaubt nicht an die Erlösung, er sagt, man könne sich von den Dingen nur befreien, indem man sie akzeptiert. Vielleicht tröstet er sich über diese Enttäuschung hinweg.«

»Wollen Sie damit sagen, daß Sankt Helena ein Relikt der beiden letzten Weltreiche ist? Das britische Empire und das Napoleonische Empire.«

»Das ist eine Sicht der Dinge, die mein Vater wahrscheinlich teilen würde. Er behauptet übrigens oft, daß die Wahrheit immer seltsamer sei als die Fiktion.«

Ich habe in der Tat den Touch »France libre« bemerkt, den der ehemalige Marineoffizier seinen Privatgemächern verliehen hat: Foto von General de Gaulle mit Flaggen auf dem Schreibtisch, einen feierlichen, gedämpften, militärischen und schroffen Anstrich, von dem man noch einige Spuren in unseren Botschaften am Ende der Welt sehen kann. Staatsmystik und ein wenig betonte Nüchternheit der Symbole.

Wir haben uns ein paar Augenblicke im Eßzimmer aufgehalten, dessen einziges Fenster auf Alis Garten hinausgeht. »Das ist der tristeste und düsterste Raum des Hauses«, betont der Konsul. Es riecht nach feuchter Wolle. Dazu eine leicht pfeffrige, pharmazeutische Beimischung, die einem zu Kopf steigt und die ohnehin drückende Atmosphäre des Zimmers noch verstärkt.

Mehr als in allen anderen Teilen von Longwood spürt man hier, daß eine geheime Krankheit die Wände zerfrißt. Die Verwüstungen dieser langsamen Auszehrung spiegeln sich in der Armseligkeit der Tapeten und der Mittelmäßigkeit des Mobiliars. Longwood ist das Logis eines Provinznotars, der dahinvegetiert und trotzdem versucht, den Schein aufrechtzuerhalten. Der große Tisch, der aus New Longwood stammt, die Anrichte mit der weißen Marmorplatte tragen Spuren vergangener Pracht. Diese Möbel betonen noch die Tristesse der Wohnstatt, sie zeugen von den Schicksalsschlägen und zugleich von dem pathetischen Bemühen, standesgemäß zu wirken. Die chinesische Tapete mit goldenem Blumenmuster auf rotem Grund, eine genaue Kopie der 1818 angebrachten Wandbespannung, verstärkt die Höhlenatmosphäre, die in dem Zimmer herrscht.

Am Abend versammelte sich darin die kleine Kolonie zum Diner. In großer Livree öffneten Santini und Cipriani die Türen und verkündeten dem Kaiser feierlich, daß angerichtet sei. Napoleon saß in der Mitte, mit dem Rücken zum Kamin. Auf dem Tisch glänzte ein üppiges Silberbesteck im Lichte von vier Kandelabern, deren Kerzen die Treibhausluft noch unerträglicher machten. Beim Dessert erschien das Vermeil-Gedeck des berühmten Sèvres-Service, das sogenannte »Stabsquartierservice«. Gewöhnlich wurde das Abendessen in einer Viertelstunde hinuntergeschlungen, da es Napoleon widerstrebte, seine Zeit bei Tisch zu vertrödeln. Waren Gäste anwesend, dauerte das Mahl an die vierzig Minuten, selten länger. Die Speisenfolge bestand aus einer Suppe, zwei Vorspeisen, einem Braten und zwei Nachspeisen. Früchte wurden selten serviert, da die Orangen, Aprikosen und Zitronen aufgrund des wechselhaften Klimas der Insel nicht ausreiften. Dagegen verwendete der Pâtissier des Kaisers Bananen, die er in Rum marinierte und zu Beignets verarbeitete.

Michel Martineau legt die Hand auf einen Apparat, der wie ein Heizkörper aussieht.

»Sehen Sie sich das an. Diese Dinger haben wir überall installiert. Jede Nacht absorbiert dieser Entfeuchter zehn Liter Wasser.«

»Zehn Liter! Eine ganz schöne Menge.«

»Die Feuchtigkeit ist das Übel, das Longwood acht Monate im Jahr zusetzt. Sie greift überall an. Dauernd muß der Anstrich erneuert werden, wie auf einem Schiff. Kaum ist man mit der letzten Wand fertig, muß man am anderen Ende wieder von neuem anfangen.«

»Dieser charakteristische Geruch in den Zimmern stammt also von der Feuchtigkeit.«

»Zum Teil ... Ich weiß, daß Sie das sehr interessiert. Er geht vor allem auf die Behandlung zurück, die ich alle drei Monate mit einer Spritze durchführe.«

»Eine Behandlung!«

»Gegen die Termiten. Sehen Sie sich das Parkett an. An den Wänden befinden sich Löcher in einem Abstand von dreißig Zentimetern. Und in diese Löcher werden die Einspritzungen vorgenommen.«

»Dieser Arzneimittelgeruch, den ich mir nicht erklären

konnte, stammt also nur von diesem Produkt, das Sie dem Holz einimpfen.«

Ich möchte mit ihm über Alis Eau de Cologne sprechen – ich habe ein Flakon mit auf die Insel gebracht –, scheue dann aber doch davor zurück, ich habe ihn schon zu sehr mit meinen Marotten belästigt.

»Die Ursache des typisch Longwoodschen Geruchs ist weiter nichts als ein Termitenvertilgungsmittel. Prosaisch, nicht wahr?«

»Und die Tapeten? Ich kann mir vorstellen, daß man sie oft auswechseln muß.«

»Die Tapeten sind genau die gleichen wie zur Zeit Napoleons. Das Auswechseln ist ein wahres Geduldsspiel. An der Wand dürfen die neuen sich nicht von den alten abheben. Bevor sie geklebt werden, setze ich sie der Sonne aus, damit die Farben abstumpfen. Das ist ein sehr heikler Vorgang, den man auf die Minute genau überwachen muß. Schön, aber wir wollten uns doch mein Atelier ansehen.«

Wir durchqueren einen Innenhof, um zur ehemaligen Geschirrkammer hinaufzusteigen.

»Hier ist mein Reich! Es ist komfortabler als zur Zeit Napoleons. Damals konnte man es nur über eine Hühnerleiter erreichen.«

Ein Bild, das einen Blumenstrauß darstellt, steht auf der Staffelei. Wie in allen Malerateliers herrscht ein Durcheinander von Pinseln, Bürsten, vielfarbigen Stoffetzen, Mixturen und Tuben.

»Wissen Sie, ich bin wie Marchand. Ich nehme mich nicht ernst.«

Die Pinselführung ist fein und sorgfältig. Licht und Schatten vereinen sich zu einer zugleich exakten und mysteriösen Darstellung. Die Detailgenauigkeit, die strenge Wiedergabe der Realität haben etwas Traumhaftes. Der Maler stellt seine Blumen ins Halbdunkel, damit sie ihre Leuchtkraft um so besser entfalten können.

»Was halten Sie davon?«

»Sie sind ein falscher Naiver.«

»Will heißen?«

»Ihre Einfachheit ... die genau besehen höchst kunstvoll ist.«

»Nicht doch, die Bilder stecken voller Ungeschicklichkeiten, die ich liebe. Sie sind wie ich.«

Er zeigt mir weitere Bilder. Die Blumensträuße, die Fruchtkörbe stehen fast immer auf realistischen Requisiten wie Regalen, Sekretären, unaufgeräumten Buffets. Der Gegensatz zwischen der perfekten vegetabilischen Anordnung und diesem Durcheinander beschwört die Atmosphäre der Vanitas-Darstellungen des 17. Jahrhunderts herauf.

»Sie scheinen perplex zu sein.«

»Ich sagte mir, daß diese Malerei stark von der Zeit der Gefangenschaft beeinflußt ist.«

»Wie bitte?«

»Wenn Napoleon sich seine Vergangenheit ins Gedächtnis zurückruft, gedenkt er gern der privilegierten Momente. Er war äußerst empfänglich für den ›reinen Augenblick‹. Ihre Bilder geben die Textur des Augenblicks sehr gut wieder. Zugleich markieren sie die Dauer.«

»Sie haben recht. Malen ist für mich ein Mittel, um gegen die Zeit anzukämpfen. Als ich die Gärten nach den Originalplänen wiederhergestellt hatte und die ersten Blumen aus dem Boden sprossen, wollte ich sie malen.«

»Da sehen Sie es; sie wollten diese Blumen vor dem Vergessen und vor dem Tod bewahren. Doch eines fällt mir auf: Der Mensch hat keinen Platz in Ihrem Werk.«

»Mein Werk. Ein großes Wort. Aber Ihre Bemerkung amüsiert mich. Ich muß Ihnen gestehen, daß die Napoleon-Fanatiker meine Blumen nicht besonders mögen.«

»Wieso denn?«

»Das ist leicht zu verstehen. Die Blumen von Sankt Helena entsprechen ganz und gar nicht dem Bild des Leidens, das man sich von Longwood machen soll. Sehen Sie sich diese Astern an, diese Taglilien, diese Amaryllis. Das ist viel zu fröhlich.«

»Zu fröhlich, das würde ich nicht sagen, diese Stilleben haben etwas Beunruhigendes.«

»Wissen Sie, man braucht nur zu malen, was man sieht, um in den Bereich des Ungewöhnlichen zu geraten.«

»Wer hat Sie beeinflußt?«

»Ich habe Ihnen schon gesagt, daß ich Autodidakt bin. Sicher, die Entdeckung der Blumenstilleben im Oxforder Ashmolean Museum hat bei mir ihre Spuren hinterlassen. Sie sehen also, die Engländer sind für mich sehr wichtig gewesen. 1993 haben sie mich sogar gebeten, einen Satz von fünf Briefmarken für die Post der Insel anzufertigen.«

»Der französiche Konsul, der die Briefmarken von Sankt Helena entwirft, das ist höchst bemerkenswert.«

»Um so bemerkenswerter, als sich unter den Blumen Immortellen befinden, ein Symbol der Gefangenschaft. Wie Sie wohl wissen, war Lady Holland im Jahr 1819 auf die Idee gekommen, Napoleon diese Blumen zu schicken. Sie haben sich großartig akklimatisiert und blühen und gedeihen heute überall auf der Insel.«

Die Immortellen von Sankt Helena sind, wie ihr Name sagt, unsterblich … Ich erinnere mich an meine Rührung im Napoleon-Museum von Habana, das die schönste Sammlung von Andenken an das Empire außerhalb Frankreichs enthält. Diese Gegenstände, die ein steinreicher Napoleon-Verehrer vor der kubanischen Revolution zusammengetragen hat, sind in einer im toskanischen Stil gehaltenen Villa ausgestellt, deren Pracht von der Verkommenheit der Altstadt absticht. Im zweiten Stock zeigt eine Wärterin einige auf Sankt Helena gepflückte Immortellen, die in einer Phiole eingeschlossen sind. Der Glanz der Goldköpfchen ist kaum verblaßt. Ich habe die flaumige Umhüllung und die kleinen, an den Rändern aufgerollten Blätter wiedererkannt. Im Museum La Pagerie auf Martinique sowie in Châteauroux trifft man ebenfalls auf die Immortellen von Sankt Helena. Sie sind das Erkennungszeichen des Exils und das Attribut des Mitgefühls.

»Sie sagen, daß es hier überall Immortellen gibt. Wo sind sie? Im Garten?«

»Nein, in Deadwood.«

»Deadwood! Das ist doch der Ort, wo sich die englische Garnison befand, die mit der Überwachung Napoleons betraut war. Wo ist das?«

»Westlich von hier. Ich zeige es Ihnen. Es gibt dort auch einen Golfplatz. Eine ziemlich windige Ecke, wie Sie feststellen werden.«

Longwood, das früher nur ein Bauernhof auf einem gottverlassenen Plateau war, hat sich allmählich zu einem Dorf entwickelt, von dem man jedoch kaum etwas sieht, wenn man sich innerhalb der französischen Umfriedung befindet. Die Grünoase ist nicht nur von der Außenwelt abgeschirmt, sie ist auch ein geheiligter, unantastbarer Ort. Das französische Longwood hält sich abseits vom Trivialen. Die Tankstelle, der Kramladen, die Paradise Bar am Eingang des Staatsbesitzes werden sorgfältig auf Distanz gehalten.

Das Paradise: Gegensatz zur Hölle der Gefangenschaft? Kaum. Die Bar hat nichts Paradiesisches. Eine alte Frau sitzt am Eingang. Sie hat hochstehendes Kraushaar und strickt. Ich finde, sie sieht wie eine der drei Parzen aus; sie wirft mir einen mütterlich-einladenden Blick zu und läßt eine Schimpfkanonade los, als ihr klar wird, daß ich nicht in ihr düsteres Paradies eingehen will.

Wir kommen zu einem einsamen Cottage, dessen Fassade von einer riesigen Kamelie verdeckt wird. Das elegant proportionierte Haus steht auf einem Sockel mit einer Veranda.

»Das ist das Bertrand-Haus«, bemerkt der Konsul. »Die ganze Familie hat sich hier im Oktober 1816 installiert. Von den Fenstern des Salons aus hat man einen sehr schönen Blick auf Deadwood. Das Napoleon-Haus ist nur fünfzig Meter entfernt. Der Kaiser kam manchmal auf Besuch, um sich die von der englischen Garnison veranstalteten Paraden oder Pferderennen anzuschauen. Niemand konnte ihn sehen. Wie in Longwood hatte er auch hier Löcher in die Fensterläden bohren lassen, in die er sein kleines Fernglas steckte.«

Seit Gourgauds Abreise kommt Napoleon gern zu den Bertrands auf Besuch. Gerührt betrachtet er die Schlingel des Großmarschalls, deren Spontaneität, Temperament und Fröhlichkeit er schätzt, wenn diese letztere auch äußerst lärmend ist. Das ist einer der unerwarteten Aspekte seiner Persönlichkeit, den er schon bei Betsy Balcombe gezeigt hatte. Er genießt die Gesellschaft von Kindern. »Man kann Napoleon Härte, ja sogar berechnendes Verhalten gegenüber seinen Gefährten vorwerfen, den Kindern gegenüber zeigt er jedoch eine große Gutmütigkeit, eine wahre Freundlichkeit, wahrscheinlich weil er bei ihnen nicht auf seinen Rang hinweisen, Vertraulichkeiten abwehren, sowie Haltung und Worte im Hinblick auf die Nachwelt kalkulieren muß«, meint Octave Aubry.

Für diese kleinen Teufel kennt seine Nachsicht keine Grenzen. Er läßt von seinem Pâtissier Pierron Kuchen und Zuckerzeug für sie herstellen und amüsiert sich stundenlang mit ihnen.

Im Exil tritt Napoleons Neigung zur Provokation und

Eulenspiegelei wieder zutage. Mit großem Vergnügen entwischt er seiner Bewachung, versteckt sich, um Hudson Lowe zu ärgern. Eine seiner Lieblingszerstreuungen besteht darin, die Domestiken in Bedrängnis zu bringen, indem er Zweifel an der Treue ihrer Gefährtinnen sät. Die Vorliebe für Possenreißerei nimmt übrigens in dem Maße zu, wie seine Melancholie wächst. Die düsteren Grübeleien und die damit einhergehende Desillusion setzen bei ihm manchmal eine rachsüchtige Verve frei. Ein Kübel Spott, der Welt, die ihn fallengelassen hat, ins Gesicht geschüttet. So kann er seine Verwirrung meistern und gegenüber dem Unglück sowie der menschlichen Natur, die er verachtet, eine distanzierte und herrische Haltung einnehmen. Seine Ausfälligkeiten verschonen kein Mitglied des kleinen Hofstaats. Bertrand ist ein »Rindvieh«, Montholon ein »Nichtsnutz«. Er verspottet die Eleganz ihrer Gemahlinnen, die er mit »Wäscherinnen« vergleicht. Das will nicht besagen, daß er bösartig ist. Er hänselt aus Langeweile. Diese Derbheit, die nur er allein lustig findet, war für ihn ein probates Mittel, seine Getreuen aus der Fassung zu bringen. Als Las Cases noch in Longwood war, konnte Napoleon der Versuchung nicht widerstehen, ihm Streiche zu spielen, indem er zum Beispiel Briefe zusammenbastelte, die den ehemaligen Kammerherrn in Ratlosigkeit stürzten. Und genau das war beabsichtigt. Von einem Versteck aus beobachtete der große Witzbold Las Cases' Reaktionen. Als Bertrand sich eines Tages weigerte, Napoleons Argumenten beizupflichten, sprang er ihm an die Gurgel und schrie: »Geld oder Leben. Aristokrat!«

Eine Schaukel, auf den Stufen herumliegendes Spielzeug und Geplapper weisen darauf hin, daß das Bertrand-Haus das Reich der Kinder geblieben ist. Wir gehen am Mäuerchen von Longwood und dann an einer Schule vorbei. Der

Golfplatz ergießt sich wie ein grüner Abstich zum Meer hinunter. Ein desolater Anblick. Der Ansturm des Windes plättet den Rasen: Der harte Passat hat die Vegetation abrasiert. Schwarze, ins Violett spielende Felsen vor dem Hintergrund des auberginefarbenen Ozeans: schmucklose, karge Erde. Deadwood, das unbestimmte Finis Terrae, das sterile Landesende, das in die bewegungslose Lymphe des Meeres ragt.

Die beiden Massen des Flagstaff und des Barn, die der Gefangene von den Fenstern seiner Schlafkammer aus sieht, schließen den Horizont ein. Flagstaff, der Spionageberg. Auf seinem Gipfel stand ein Semaphor, der Hudson Lowe über das Tun und Treiben des Gefangenen unterrichtete: »Alles in Ordnung«, »Der General ist krank«, »Er hat die Viermeilengrenze überschritten«, etc. Die blaue Farbe, das Schreckgespenst des Kerkermeisters, bedeutete: »Der General ist verschwunden.« Sie war nie benützt worden. Das Dach des Barn (der »Scheune«), dieses zyklopischen Bunkers, erdrückt den Horizont.

Die Heide ist mit kleinen goldenen Büscheln übersät. Ich erkenne Lady Hollands Immortellen mit ihren gelben Köpfchen. Der Konsul pflückt eine Blume und läßt mich daran schnuppern. Sie riecht nach nichts. Vergebens versuche ich den betäubenden Curry- und Honiggeruch wahrzunehmen, der im Sommer den korsischen Maquis und die Heide der bretonischen Inseln erfüllt. Die Hitze, die Feuchtigkeit der Tropen haben dem pikanten und pfeffrigen Duft den Garaus gemacht. Sankt Helena rottet nicht aus, was von anderswoher kommt, es begnügt sich damit, abzuschwächen, zu zersetzen, zu sterilisieren. Die Feuchte weicht alles auf, um es dann um so besser verfälschen zu können. Zur Zeit Napoleons ist die Sterblichkeit der in Deadwood stationierten Soldaten viermal höher als in den anderen Teilen der Insel.

»Wo sind die berühmten Gummibäume, von denen Las Cases unentwegt spricht?«

»Es gibt praktisch keine mehr auf der Insel. Ich werde Ihnen einen der letzten überlebenden zeigen.«

Mitten auf dem Golfplatz kümmert ein flach liegender Baum vor sich hin. Das magere Laubwerk stöhnt im Wind. Ein Mauerstein und eine Krücke stützen den Stamm, der horizontal in Richtung des Passats liegt. In der Ferne hört man die Wellen dumpf gegen die Steilküste prallen.

Ein einsamer Golfer hat seinen Caddy abgestellt und versucht, den Ball zu plazieren, der unter dem Ansturm der Böen zittert und hin und her rollt. Zwischen zwei Windstößen gelingt es ihm, den Ball zu treffen, der sich in der Luft dreht, zurückweicht und wie ein Blatt hochgewirbelt wird. Dann erfaßt ihn eine Bö, und er fliegt blitzschnell auf das Meer zu.

Erschreckt verstaut der Golfer seinen Schläger im Überzug. Sein Gesicht ist bleich.

Im Jahr 1676 landet der englische Astronom Edmond Halley, nach dem der berühmte Komet benannt ist, auf Sankt Helena, um dort eine grundlegende Abhandlung über die Wetterkunde zu schreiben. Durch die Beobachtung der Passate von Sankt Helena gelang es ihm, die Herkunft der Winde zu entdecken und eine Theorie über die weltweiten Luftbewegungen aufzustellen. Er verbrachte zwei Jahre auf der Insel, fasziniert von der Seltsamkeit des Wetters. Das Sankt-Helena-Hoch, das ebenso unberechenbar ist wie das Azorenhoch, prägt die Physiognomie des Felsens. Alle Landschaftsarten existieren nebeneinander, ohne daß eine von ihnen sich durchsetzen konnte.

Bevor ich wieder nach Jamestown hinuntersteige, besuche ich das Polizeirevier von Longwood, ein bescheidenes Häuschen mit einem Blechdach und einer Holzschranke am Eingang. Ein dunkelhäutiger Mann in Uniform empfängt mich. Seine Mütze mit dem schwarzweiß gewürfelten Schirm sitzt sorgfältig auf der Mitte der Stirn. Er heißt George Merlin und hat über den illustren Nachbarn, der auf dem Plateau wohnte, nicht das geringste zu sagen. Ihn interessiert einzig der Bau des Flughafens. Er möchte gerne, daß die Wahl des Standorts auf die Prosperous Bay im Osten der Insel fällt.

»Wenn das klappt, wird Longwood der wichtigste Ort auf Sankt Helena«, begeistert er sich.

Wie alle Inselbewohner sagt er *Heleeena*, nach Art der Portugiesen. Die Saints haben einen ganz speziellen Akzent: So sagen sie zum Beispiel *dar* für *there*, *noin* für *nine*, *dur* für *door*.

»Wissen Sie, vor Napoleon existierte Ihr Dorf überhaupt nicht. Erst als er und die zu seiner Überwachung abgestellten Soldaten kamen, entwickelte sich die Ortschaft.«

»Sie sagen das, weil Sie Franzose sind«, prustet er los.

»Nein, nein, das ist die Wahrheit. Sie können es nachprüfen.«

»Schön, ich weiß nicht, ob er unglücklich gewesen ist. Ich weiß nur eines: Das Wetter in Longwood ist miserabel. Ich mag sie nicht, diese Wolken ...«

Er lächelt nicht und starrt mich an, anscheinend ohne mich zu sehen.

»Man ist hier aus der Welt ... Aber auch nicht im Himmel.«

Achter Tag

Die Angelpartie in der Rupert's Bay – Amys Sonnenbrille – Ihre herrische Art – »Herr Schlaukopf« – Das Leben auf Belle-Île beenden – Noch ein Gespenst! – Gefangen im Teufelskreis – »Die kleine Karawane« – Napoleon gärtnert – Marchand hat das Unsichtbare gemalt – 1820, das undurchdringliche Jahr – Die unmenschliche Ewigkeit der Sandy Bay – Letzter Ausflug nach Mount Pleasant – Die Pforten des Chaos – Das Phormium Tenax – Hercule Poirot oder Maigret? – »Napoleon war ein Schwindler« – Besuch bei Radio Sankt Helena – Amy widerspricht – Mein letzter Besuch in Longwood – Die Wippe – Ich öffne das Flakon Eau de Cologne.

1

Die steigende Flut schiebt sich lässig über die schwarzen Kiesel, die wie nasse Kohle glänzen. In der Rupert's Bay bei Jamestown angeln drei Männer. Ein vierter sitzt auf dem Felsen unweit der verfallenen Festungsanlage und beobachtet gelangweilt das Schauspiel. Die drei Angler stehen nebeneinander wie Wachsfiguren, sie bewegen sich nur, wenn die Leinen sich verwickelt haben. Dann kommt es zu Streit. Obwohl sie sich keine Mühe geben, beißt der Fisch gut, und die Plastiktüten, die als Körbe dienen, füllen sich zusehends.

Die drei Angler sind Häftlinge, der vierte ist der Gefängniswärter. Der Holländer, Kapitän der *Frontier*, die mit ihrer Ladung Cannabis erwischt worden war, ist nicht mit von der Partie. Daß Häftlinge keine besonders glücklichen Mienen zur Schau tragen, ist nur natürlich, aber diese drei da machen einen besonders trübseligen Eindruck. Einer von ihnen, der eine Baseballkappe trägt, müht sich vergebens, den Angelhaken zu lösen, und zerfetzt schließlich wütend den Kopf des Fisches. Ich befrage ihn über die Haftbedingungen.

»Nicht schlecht«, sagt er verdrossen.

»Nicht schlecht, aber wir sind halt nicht frei«, ergänzt der zweite.

»Offenbar können Sie das Gefängnis verlassen, wann immer Sie wollen.«

»Ja schon … Aber es gibt eine Hausordnung.«

»Stimmt es, daß Sie auch im Meer baden dürfen?«

»Ja, ja, das stimmt alles. Wir genießen viele Freiheiten.

Wir lernen schwimmen wie in der städtischen Badeanstalt. Auf dem Sportplatz der Schule können wir Fußball spielen. Das alles kann man Freiheiten nennen, aber Gefangene sind wir trotzdem.«

»Viele Häftlinge würden Sie beneiden.«

Er gerät in Zorn, stottert, weist mit einer vagen Handbewegung entmutigt aufs Meer.

Ich beginne zu begreifen, daß diese Häftlinge in der gleichen Lage sind wie Napoleon. Der Kaiser konnte sich nach Belieben auf Sankt Helena bewegen – eine Erlaubnis, von der er nie hatte Gebrauch machen wollen. Diese Freiheit war keine, da die Isoliertheit der Insel aus ihr eine regelrechte Mausefalle machte. Meine Angler sind zur Freiheit innerhalb eines Kerkers von 122 Quadratkilometern verurteilt.

»Eine Insel ist immerhin geräumiger als eine Zelle«, sage ich.

»Zellen haben wir auch.«

»Aber Sie sind tagsüber nicht darin eingesperrt.«

»Wie man's nimmt ... Nein, nein, wir beklagen uns nicht«, stottert er mit unglücklicher Miene.

»Hallo! Was für eine Überraschung ...«

Die herrische Stimme läßt sich hinter meinem Rücken vernehmen. Meine beiden Freundinnen begrüßen mich überschwenglich. Amys Gesicht ist sonnengebräunt, sie trägt eine elegante Sonnenbrille, wie Greta Garbo in ihren späten Jahren. Ihre Gefährtin hat einen Turban auf. Beide sind offenbar in Hochform, geradezu aufgekratzt, so entzückt darüber, mir zu begegnen, daß ich Hemmungen habe, ihnen die kalte Schulter zu zeigen.

»Wir sind ja so froh ... Morgen heißt es adieu, Sankt Helena. In meinem ganzen Leben habe ich keinen so deprimierenden Ort gesehen.«

Ich möchte wetten, daß die andere jetzt sagt: »Du übertreibst, Amy.«

»Du übertreibst schon wieder, Amy. Manches war doch auch ganz nett. Du bist so ungeduldig ...«

»Na und«, erwidert Amy scharf. »Stellen Sie sich vor, sie wollte unbedingt nochmals nach Longwood. Ich habe sie allein losziehen lassen. Diese Hütte ein zweites Mal aufsuchen ... Zudem hat sie gar nicht gewagt, hineinzugehen. Was hat dich bloß angefochten?« murrt sie, an ihre Gefährtin gewandt, als sei diese ein Kind, das bei einer Unartigkeit ertappt wurde. »Ach, sie ist so sentimental. Mein Gott, sie geht mir auf die Nerven mit ihrem Napoleon!«

Die andere beherrscht sich. Dann verändert sich plötzlich ihr Gesichtsausdruck.

»Sei doch endlich still«, platzt sie heraus. »Seit einer Woche durchstreifen wir die Insel, und du hast nichts gesehen. O Amy, du bist so egoistisch, so abscheulich ..,«

Die drei Sträflinge haben aufgehört, ihre Angelschnur auszuwerfen, und betrachten die Szene mit amüsiertem Staunen. Der Wärter wirkt nicht mehr gelangweilt. Ich kenne die Nummern der beiden alten Engländerinnen auswendig. Anfangs habe ich ihre gespielten Dispute ernst genommen. Als ich nun versuche, mich inmitten ihres Streits davonzumachen, fährt Amy mich an:

»Nein, mein Lieber, so werden Sie sich nicht verdrücken. Bleiben Sie doch noch.«

Der schneidende Ton weicht allmählich einer kindlich flehenden und schelmischen Stimme.

»Bitte, bitte.«

»Das Schiff fährt morgen früh ab, und ich kenne von der Insel nur Longwood, Jamestown und Plantation House. Die Zeit drängt ... Ich möchte gern noch rasch zur Sandy Bay hinüber, vielleicht auch noch den Diana's Peak besichtigen.«

»Übernehmen Sie die Führung«, schaltete sich die Begleiterin mit ihrer hellen, ein wenig piepsenden Stimme ein, die sich so sehr von dem affektierten Ton Amys unterscheidet. »Wir werden ganz brav sein«, erklärt sie zu ihrer Gefährtin gewandt, wie um ihr den Mund zu stopfen. »Ich verspreche es Ihnen.«

»Gut, gut, abgemacht«, sage ich resigniert.

Ich lächle der Jüngeren zu, um ihr anzudeuten, daß ich allein ihr zuliebe dieses Zugeständnis mache.

Das Manöver ist Amy nicht entgangen, sie setzt wieder ihre kratzbürstige und hinterhältige Miene auf. Die Adlernase und die schmalen Lippen verleihen ihrem Gesicht etwas Hartes, sie wirkt zugleich beherrscht und wütend.

»Was fischen diese Leute eigentlich?« fragt sie und deutet auf die Sträflinge, die aufs neue ihre Angeln auswerfen.

»Keine Ahnung ... Sie angeln vor allem zum Zeitvertreib. Es sind Gefangene.«

»Gefangene. O nein!«

Ihre Miene verrät eine genüßliche, fast unersättliche Neugier. Sie gafft die Männer so ungeniert an, als wären sie Zirkustiere. Oder Beutestücke. Sie erinnert mich an einen Greifvogel. Ihre herrische Art, ihr liebevoller Grimm haben etwas Unmenschliches.

»Die haben Glück, daß man sie nicht einsperrt. Gefangene, die frei herumlaufen, das sieht man nicht alle Tage.«

»Frei! Das glaube ich nicht. Und ihr Glück ist sehr relativ.«

»Aber sehen Sie sich doch diese Szene an. Die Leute sind wirklich glücklich. Ein Idyll: das Meer, der Wärter, der auf den Klippen döst ...«

»Ja, aber sie sind hoffnungslos gefangen. Der Wärter kann schlafen, weil er weiß, daß es für sie kein Entkommen gibt.«

»Na und« fragt sie ungeduldig.

»Ein Gefangener ohne Hoffnung auf Befreiung ist ein Toter.«

»Was Sie nicht sagen, Herr Schlaukopf. Sie wissen schon rein alles über Napoleon, und jetzt dozieren Sie über die Gefangenschaft. Was verstehen Sie denn davon?«

Ich enthalte mich einer Erwiderung und drehe Amy den Rücken. Die Jüngere wirft mir nur einen merkwürdigen Seitenblick zu.

2

Der Todesstoß kommt aus Aachen, der alten Kaiserpfalz Karls des Großen. Ende September 1818 findet dort der erste Kongreß der Heiligen Allianz statt. Frankreich, vertreten durch den Herzog von Richelieu, erwirkt den Abzug der Besatzungstruppen: Aber was sollte man mit Bonaparte machen? Diese Frage stellt sich den europäischen Großmächten. Den Stoßdegen führt ein Korse, Pozzo di Borgo, der in die Dienste des Zaren getreten und ein geschworener Feind der Familie Bonaparte war. Die Delegierten billigen die Empfehlungen dieses russischen Bevollmächtigten, der alle gegen den Gefangenen ergriffenen Maßnahmen rechtfertigt. Die Gnadenlosigkeit des Kerkermeisters findet die Zustimmung der Teilnehmer, welche die Engländer sogar dazu ermuntern, ihre Wachsamkeit noch zu verschärfen.

Napoleon ist zutiefst getroffen. Er hatte auf diese Konferenz große Hoffnungen gesetzt und Fürsprache von seiten seines Schwiegervaters, des Kaisers von Österreich, und des Zaren Alexander I. erwartet.

Seit Januar 1819 hatten ihn die aus London eintreffenden Zeitungen Schlimmes ahnen lassen. Das Protokoll des Kongresses von Aachen wird ihm offiziell am 26. Mai 1819 zugestellt. Von nun an weiß Napoleon, daß er zu lebenslänglicher Haft verurteilt ist, daß er Sankt Helena nie mehr verlassen wird. Er hatte davon geträumt, seine Tage auf Malta zu beenden, vielleicht sogar auf Belle-Île. Er wird des kostbarsten Gutes beraubt, das jeder Gefangene hegt und pflegt: der Hoffnung. Dieser Hoffnung, die dem Gefangenen bleibt, wenn er alles andere verloren hat. Napoleon bleibt nichts mehr. »Zwanzig glorreiche Jahre münden in dieses Nichts.«*

Die Erinnerungsarbeit, die den Unglücklichen bisher aufrecht gehalten hatte, interessiert ihn von nun an immer weniger. Das Gold der Zeit hat seinen Glanz endgültig verloren. Die Diktate, seine narrative Attacken, haben keinen Schwung mehr. Er ist es leid, den »reinen Augenblick« zu beschwören. Er ist nur noch ein Mensch, eine Rolle, ein Statist.

Mehrmals am Tag setzt er sich in seine Badewanne. Der Stumpfsinn hat von seiner Seele Besitz ergriffen. »Wenn man seine Phantasie nicht betäubt, wird man verrückt«, sagt er zu Gourgaud. Die Nächte des Gefangenen werden immer unruhiger. Sein Gesundheitszustand, der sich um die Mitte des Jahres 1817 verschlechtert hatte, wird besorgniserregend. Die Schmerzen an der rechten Seite, Symptom eines Leberleidens, werden in der Nacht vom 16. zum 17. Januar 1819 unerträglich. Der Kranke verliert das Bewußtsein. Die Krise ist um so alarmierender, als er keinen Arzt mehr hat. O'Meara war im Juli 1818 von Hudson Lowe entlassen worden. Dieser neue Anfall zwingt den Kranken, die Dienste von Dr. Stokoe in Anspruch zu nehmen, des Schiffsarztes der *Conqueror*, die im Hafen von Jamestown vor Anker liegt. Der Chirurg betätigt die von O'Meara erstellte Diagnose: Hepatitis. Aber nach der vierten Visite verbietet Howard Lowe, der den Arzt der Komplizenschaft mit den Franzosen verdächtigt, jeden weiteren Besuch und läßt Dr. Stokoe nach England zurückbeordern.

* Octave Aubry

Captain Nicholls, der diensthabende Offizier, der beauftragt war, sich ständig der Anwesenheit des Gefangenen zu versichern, hat keine leichte Aufgabe. Napoleon ist unsichtbar geworden. Eines Tages zeigt Bertrand dem Captain durch das offene Fenster den Kaiser in seiner Badewanne. Er sitzt bis zum Hals im Wasser. Nicholls findet, er sehe »gespenstisch« aus. Das laue Wasser beruhigt Napoleon. Benommen und schwitzend steigt er aus dem Bad, legt sich auf das Sofa und starrt in den Regen, der über die Fensterscheiben seiner Schlafkammer rinnt.

Madame de Montholon, eine Dame von zarter Gesundheit, macht dem Kaiser begreiflich, daß sie abreisen müsse. Indessen ist es Napoleon gelungen, ihren Gatten zum Bleiben zu bewegen. Albine de Montholon wird mit einem ganzen Bündel von Kreditbriefen auf die kaiserliche Familie ausgestattet. Ein weiterer Beweis von Napoleons Großzügigkeit findet sich in seinen letztwilligen Verfügungen zugunsten der Montholons.

Die Abreise bereitet ihm Kummer. Er hat sich an Albines natürliche Anmut gewöhnt, an ihre Geduld, ihre Liebenswürdigkeit. »Das letzte Lächeln der Gefangenschaft«, kommentiert Aubry.

Am Tag ihrer Abreise, am 2. Juli 1819, dürfte es Napoleon schwergefallen sein, den Aufruhr seiner Gefühle zu verbergen. Hinter einem Vorhang versteckt, beobachtet er Madame de Montholons Aufbruch. Er sieht ihren letzten Blick auf das Haus. Montholon versichert, der Kaiser habe an jenem Tag zum ersten Mal in seinem Leben geweint. Marchand ruft er mit erstickter Stimme zu: »Ihr werdet nach Europa zurückkehren, werdet eure Familien wiedersehen. Montholon wird wieder mit Gattin und Kindern vereint sein, du mit deiner Mutter.« Und todunglücklich fügt er hinzu: »Ich werde von allen verlassen in dieser Einsamkeit sterben.«

In diesem Kummer gibt es nur einen Trost: das Bad. Er entkleidet sich, steigt in das wohlig warme Wasser und beruhigt sich. Dann ißt er allein zu Abend. Zwei Ratten huschen durch das Speisezimmer, um ein Haar wäre er über sie gestolpert. Auf Longwood sind die Ratten eine Plage, an die man sich schließlich gewöhnt hat. Sie sind so zahlreich, daß, wie Marchand sagt, »der Boden schwarz davon ist«.

Octave Aubry schreibt, die folgenden Tage seien »die vielleicht düstersten gewesen, die Napoleon je durchlebte«. Albertine hatte ihn verlassen wie ein sinkendes Schiff. Ihre Flucht markiert eine neue Wende in der Gefangenschaft. Es gibt viele Wenden im Ablauf des Dramas von Sankt Helena. Sie alle streben scheinbar einem Ende zu, während sie in Wahrheit immer wieder zu ihrem Ausgangspunkt zurück führen. Napoleon ist in diesem Teufelskreis gefangen.

Im September 1819 tritt ein Ereignis ein, das eigentlich die Trostlosigkeit hätte unterbrechen müssen: die Ankunft der »kleinen Karawane«, bestehend aus den Abbés Buonavita und Vignali und dem Arzt Dr. Antonmarchi. Der Gefangene weiß bald, was er von diesen Herren zu halten hat, die von Kardinal Fesch, dem Onkel des Kaisers, aus Rom gesandt wurden. »Meine Familie schickt mir lauter Trottel.« Der siebenundfünfzigjährige Buonavita ist ein schlichtes Gemüt, Vignali gleicht mehr einem korsischen Hirten denn einem Kleriker. Und den Doktor Antonmarchi findet Napoleon »jung und anmaßend«. Er vermutet, daß der Chirurgus keine ausreichende Qualifikation zur Ausübung des Arztberufes hat. Die Enttäuschung des Gefangenen ist grenzenlos. Er glaubt, daß er seiner Familie gleichgültig geworden sei.

Dennoch wird auf Longwood eine Art neues Leben einziehen. Zu Beginn seiner Gefangenschaft hatte Napoleon an einem ganz besonders tristen Tag das Fehlen des Sonntagsgottesdienstes beklagt. »Wenn wir einen Priester hätten ... So würde uns wenigstens ein Teil des Tages verkürzt«, seufzte der Gefangene.

Die Messe, die am Sonntag nach der Ankunft der beiden Priester im Salon zelebriert wird, ist ein Ereignis. Später wird sie im Speisezimmer gefeiert. Wenn der Kaiser sich nicht wohl befindet, so folgt er dem Ritual von seinem Sofa im Arbeitskabinett aus.

Antonmarchi, der bei dem Gefangenen einen Mangel an Bewegung festgestellt hat, ermuntert den Patienten zu Spaziergängen und Freiübungen. Er rät ihm zu Gartenarbeit. In der Kadettenanstalt von Brienne hatte der junge Bonaparte begeistert das Beet bepflanzt, das jedem Schüler zugewiesen war. Hat diese Erinnerung bewirkt, daß der Kaiser die Idee freudig aufgreift? Von Oktober bis Dezember 1819 herrscht in Longwood fieberhaftes Treiben. Es wird umgegraben, gepflanzt, gesät, geharkt, Rasen angelegt. »Niemals hat auf Longwood so viel Leben geherrscht wie während dieser Gartenarbeiten«, berichtet Ali. Napoleon entwirft die Parterre, steckt die Gärten ab, tadelt seine Gehilfen. Den größten Spaß macht ihm das Gießen. Mit fast kindlichem Vergnügen betätigt er die Bewässerung, sieht zu, wie das Wasser durch die Furchen rinnt. Am liebsten hält er selbst den Gartenschlauch. Ali bemerkt, niemals sei der Kaiser so gut in Form gewesen. Allmählich aber stellt sich heraus, daß das Gemüse schlecht gedeiht. Dann drohen Dürre und Insekten alles zu verwüsten. Nun verliert der Gefangene das Interesse an dieser Beschäftigung. Longwood versinkt wieder in seine Erstarrung.

Am 1. Januar 1820 überreicht Marchand seinem Herrn als Neujahrsgeschenk ein Aquarell, das er heimlich gemalt hat. Longwood, wie es nach den Gartenarbeiten aussah, ist darauf bis in jede Kleinigkeit aufs genaueste und mit großer Sorgfalt dargestellt. Napoleon steht auf der Schwelle der Veranda. Rechts sieht man die beiden Priester Buonavita und Vignali durch eine Allee wandeln, während links Madame Bertrand ihre Kinder hütet. Ein naives Bild. Zwar ist die Zeichnung unbeholfen, doch als Kolorist besitzt Marchand wirkliches Talent. Warum fühlt man sich von dieser Momentaufnahme so absonderlich angerührt? Unter der äußerlichen Friedlichkeit der Szene spürt man die unmittelbar bevorstehende Katastrophe. Hinter dem bukolischen Dekor lauert unsichtbar der Tod. Sollte die Wirkung von dem in Schwarz gekleideten Unbekannten ausgehen, der sich der Veranda nähert? Die Anwesenheit dieser Gestalt gibt Rätsel auf. Sie hat eine seltsame Ähnlichkeit mit Napoleon. Ist dieser »andere« sein Double, dem er entgegenblickt, der Todesbote? Marchand hat auf seine Weise versucht, die Parze ins Spiel zu bringen.

Wenn wir die Gedanken des Gefangenen lesen könnten, was würden sie uns über dieses Jahr 1820 verraten? Ein Gefühl von Leere, von Niedergeschlagenheit, von Ekel. Die Schatten verdüstern die dunkle Kammer zusehends. Napoleon hatte das Leiden verdrängt, indem er seinen Qualen einen Sinn gab. Jetzt ist seine Hochstimmung verflogen, die Zeit ist erstarrt. Der nachdenkliche Blick, der sich auf die leere Wand oder die Flammen des Kamins richtet, wird kraftlos. Die wankenden Stunden verrinnen, ohne daß er den Faden der Vergangenheit wieder aufzunehmen vermöchte. Manchmal setzt ein Gedenktag die Maschinerie der Erinnerung aufs neue in Gang. Am 18. Juni 1820, dem Tag von Waterloo, zieht er zum hundertsten Male in die Schlacht. »Ich hatte 71 000 Mann in Linie, die Alliierten hatten fast 100 000, und ich stand kurz vor dem Sieg.« Er findet sich nicht mit dem Gedanken ab, daß er geschlagen wurde. Waterloo ist die verlorene, die notwendige Sache. Objekt seines Hasses, krankhafter und unentbehrlicher Genuß, der ihn quält, zerfrißt. Er klagt über Apathie und Magendrücken. Antonmarchi spricht von gastrischen Störungen, was Napoleon wütend macht.

Der Hausherr von Longwood beunruhigt sich nicht nur wegen seiner Gesundheit, er fühlt auch eine nur allzu vertraute Regung um sich herumstreichen: den Wunsch, zu fliehen. Bertrands Frau kann das Leben auf Sankt Helena nicht mehr ertragen, sie will abreisen. »Machen Sie ihr noch ein Kind. Das wird ihre Abreise um ein Jahr hinausschieben und sie auf andere Gedanken bringen«, rät Napoleon brutal. Im Juli ist der Marschall zur Abreise entschlossen, dann verzichtet er darauf. Auch Montholon möchte Longwood verlassen, ergeht sich aber nur in Andeutungen. Napoleon hält große Stücke auf ihn. Bertrand erklärt er eines Tages schonungslos: »Ich setze mein Vertrauen einzig auf Montholon.«

Er wird von Tag zu Tag mürrischer und hütet hartnäckig das Bett. Als Antonmarchi ihn beschwört aufzustehen, erwidert er: »Ach, Doktor, lassen Sie's gut sein, wenn man schläft, ist man glücklich.« Er hat keine Lust mehr, im Garten spazierenzugehen.

»Die Luft tut mir nicht gut«, jammert er.

Von den sechs Jahren der Gefangenschaft ist 1820 das unbekannteste. Longwood hat sich entvölkert. Bertrand führt sein Tagebuch nicht mehr weiter, er nimmt es erst 1821 wieder auf. Die einzigen zuverlässigen Quellen, die über diese Periode zur Verfügung stehen, stammen von Marchand und Ali – das nachträglich niedergeschriebene Zeugnis Montholons ist mehr als zweifelhaft.

1820, das leere, geheimnisvolle, morbide Jahr. Kein Laut dringt aus dem Haus, die Fensterläden bleiben geschlossen, die Wildnis hat Schritt für Schritt die Gärten zurückerobert. Longwood, das Reich der Leere.

3

Sandy Bay. Knochen, Kiesel, Strandgut, Algenstränge auf dem schwarzen Sand. Das feindliche Meer hat nach und nach das röhrenförmige Relief des Basalts abgetragen. Eine Art von Ur-Chaos, von historischer Stunde Null, von vorzeitlicher Gleichgültigkeit. Alle Nuancen von Schwarz und von Grau entfalten ihre Bedeutungslosigkeit. Toter Strand, bleiernes Meer. Die unmenschliche Ewigkeit der Natur. Die Wellen, die sich am Ufer brechen, speien Mengen von Schaum aus. Das milchige Naß klebt am Geröll und zieht auf dem Kieselstrand eine Schleimspur. Die Schaumblasen blähen sich, dann zerplatzen sie und hinterlassen ein silbriges Gespinst.

Napoleon ist niemals in der trostlosen Bucht gewesen, aber er hat vom Mount Pleasant aus das monumentale Amphitheater betrachtet, das zur schwarz gesäumten Sandy Bay abstürzt. Am 4. Oktober 1820 entschließt er sich endlich, das Haus zu verlassen. Er will den Teil der Insel aufsuchen, den er am 6. Januar 1816 zum ersten Mal gesehen hat, an jenem rätselhaften Tag, als er seinen Bewachern entwischt war und allein mit Gourgaud die Küste inspizierte, vielleicht das Verteidigungssystem der Engländer auf die Probe stellte.

Die heutige Eskapade unternimmt er ganz offen, in Begleitung von Bertrand und Montholon. Aufbruch frühmorgens, Napoleon ermüdet sehr bald und bittet den Besitzer von Mount Pleasant, sich in seinem Haus ausruhen zu dürfen. Im Schatten von Zedern und Zypressen wird ein Imbiß improvisiert. Der Kaiser fragt seinen Gastgeber wiederholt scherzhaft, ob er sich nicht gelegentlich betrinke. Durch Bertrand läßt er dieselbe Frage auch an die Gattin des Hausherrn stellen. Man trinkt Champagner. Der Engländer wundert sich über die Leibesfülle des Gefangenen; er findet ihn »so fett und kugelrund wie ein Mastschwein«. Von diesem Ausflug kehrt Napoleon todmüde zurück. Es sollte das letzte Mal gewesen sein, daß er die Einfriedung von Longwood verlassen hat. Er hat nur noch acht Monate zu leben.

Er ist jetzt ein unförmiger, vorzeitig gealterter Mann. Das Gesicht ist aufgedunsen. Die Haut wird immer gelblicher. Er vernachlässigt seine Toilette. Sein Gang ist watschelnd. Er gerät schnell außer Atem. Sogar seine Ausfälle gegen Hudson Lowe haben an Schwung verloren. Napoleon ist müde. Ein scharfer Schmerz in der Seite, den er mit Messerstichen vergleicht, quält ihn. Er übergibt sich häufig und leidet an trockenem Husten. »Ich bin am Ende, ich fühle es. Meine Stunde hat geschlagen. Ich bin nichts mehr, meine Kräfte, meine Fähigkeiten verlassen mich.«

»Oh, Ihre Geschichte ist zum Weinen traurig!« ruft die jüngere der beiden Engländerinnen betrübt aus, als ich ihr den Besuch in Mount Pleasant schildere.

Amy, die im Fond sitzt, schmollt. Sie hat seit unserer Abfahrt von Jamestown den Mund nicht aufgemacht. Neben mir studiert ihre Gefährtin die Karte, sie weist besonnen und zuverlässig den Weg. Wir verfolgen dieselbe Route wie einst Napoleon. Fairy Land trägt seinen Namen zu Recht. Die Gegend ist märchenhaft: ein farbenprächtiger Korb voll Kamelien, Aronstäben, Stechäpfeln. In der Ferne das Meer mit seinen violetten Tiefen. Es wirkt friedlich, fast gesättigt. Absolute Einsamkeit. Die gezackten Berge, die eingestürzten Basalttürme, die schwindelerregenden Abgründe, die Kanonenschläge des Meeres erinnern dennoch an die wahre Natur des Inselkerkers.

Die Begleiterin liest die Namen der Talkessel vor: Pforten des Chaos, Lots Weib, Teufelsgarten. Kahle Wadis, breite Gießbäche geborstener Felsen: die Ruinen eines irdischen Paradieses, auf denen sich noch immer ein paar Blumen und versteinerte Bäume festkrallen. Ich erkenne die quallenartigen »Babyzehen« und ihre weißen Blüten. Sandy Bay hat zwei Gesichter. Hinter der leuchtenden Fassade verbirgt sich eine schwarze Rückseite, von innen heraus verbrannt, plutonisch. Die Ekstase. Das Magma.

Auf der Rückfahrt machen wir am Fuß des Diana's Peak halt, des höchsten Bergs der Insel (820 Meter), der von Pflanzen mit langen spitzen Blätern bedeckt ist.

»Das ist *flax*. Wir haben ihn in Neuseeland gesehen, Amy«, sagt die Jüngere begeistert.

»Flax! Was schwafelst du da. Nie davon gehört«, erwidert Amy unwirsch.

»Doch, doch. Erinnere dich: Phormium Tenax, eine Pflanze, aus deren Fasern man Seile herstellt.«

»Du weißt doch, daß ich mich für diese Dinge nicht interessiere«, erwidert Amy verächtlich.

Der neuseeländische Flachs ... Ich habe bereits in Jamestown davon gehört. Das Goldene Zeitalter auf Sankt Helena. Ein Jahrhundert lang hat diese faserige Pflanze der Insel Wohlstand gebracht. Die abgeschnittenen Blätter wurden gebrochen, gewässert und getrocknet. Danach kamen die Fasern in eine mechanisch betriebene Presse und wurden zu Seilen verarbeitet. Die Erfindung synthetischer Gewebe nach dem Krieg machte den Flachsmühlen den Garaus. Heute verdächtigt man diese Pflanze, bei den Inselbewohnern verschiedene Allergien auszulösen. Ein hoher Prozentsatz der Bevölkerung leidet an Asthma.

Der Konsul hat mir in der Nähe von Longwood die Reste eines aus Tonröhren bestehenden Kanals gezeigt, der vom Diana's Peak ausging. Hudson Lowe hatte ihn anlegen lassen, um Napoleon und sein Gefolge mit Wasser zu versorgen. Ich versuche, die Spuren des Kanals nahe einer Quelle aufzufinden, aber die Vegetation ist zu üppig. Wir steigen wieder ins Auto.

»Was haben Sie denn davon, wenn Sie diese Pipeline wiederfinden?«

Amy geruht endlich wieder zu sprechen, will heißen, sie geht in ihrer üblichen beißenden Art zum Angriff über.

»Ich verstehe Sie nicht. Was soll dieser ... Orts-Fetischismus, diese Jagd nach Relikten. Ich habe Sie von Anfang an beobachtet, o ja! Welche Anmaßung! Für wen halten Sie sich eigentlich? Für einen Hercule Poirot, der seine kleinen grauen Zellen auf eine Zeitreise schickt?«

»Was den Orts-Fetischismus betrifft, haben Sie recht. Aber was Hercule Poirot angeht, haben Sie unrecht. Sicher, die Vergangenheit fasziniert mich, aber eine Vergangenheit, die ich niemals zu fassen bekommen werde, das Bild, das ich niemals werde rekonstruieren können. Begreifen Sie denn nicht, daß es dieses endgültige, irreparable, unzugängliche »Niemals« ist, das mich reizt? Außerdem täuschen Sie sich, ich suche nicht das Indiz, ich suche die Atmosphäre. Kennen Sie den Kommissar Maigret?«

Sie nickt.

»Schön! Also ich gehöre seiner Schule an. Fühlen, wittern. Die Geräusche, die Gerüche, die Bilder in sich aufnehmen. Dieses Gemenge, das sich auf der Vergangenheit niederschlägt, interessiert mich. Die Verfärbung, der Firnis auf Dingen und Orten. Aber die Patina der Vergangenheit läßt sich nicht abtragen. Diese materielle Unmöglichkeit übt die große Anziehungskraft aus. Verstehen Sie diesen Widerspruch?«

»Nein. Aber Ihr Kommissar Maigret gefällt mir. Er ist so französisch! Auch was Sie mir erzählen, ist sehr französisch. Sie müssen um jeden Preis dem gesunden Menschenverstand zuwiderhandeln. Ihre Leidenschaft für das Paradoxe. Auf diese Weise halten Sie sich für intelligent. Typisch französisch.«

»Was wollen Sie damit sagen?«

»Oh! Das wissen Sie genau. Das Falsche für richtig halten, den Irrtum für eine Vorstufe der Wahrheit. Darin seid ihr groß, ihr Franzosen. Nehmen wir zum Beispiel Ihren Napoleon. Sie scheinen zu glauben, ich interessierte mich nur für sein Privatleben. Daß ich eine etwas frivole alte Schachtel sei. Aber ich habe ihn gründlich studiert, Ihren großen Mann. Letzten Endes war er ein Schwindler. Er hat Sie alle betrogen, das wissen Sie sehr wohl, und Sie bewundern ihn dafür. Allerdings haben auch wir Engländer unseren Teil zu dieser Mystifizierung beigetragen, indem wir ihn zum Märtyrer machten.«

Sie schweigt eine Weile.

»Die Vergangenheit langweilt mich«, sagt sie dann mit klagender Stimme. »Oder vielmehr, sie schmerzt mich. Vermutlich weil sie mir den Verfall vor Augen führt … meinen Tod. Ich denke an ihn, stellen Sie sich vor. Verstehen Sie jetzt, warum Longwood mir zuwider ist? Es riecht dort nach Tod. Der Geruch der Melancholie! Daß ich nicht lache! Dieses ganze Brimborium um den Erhalt dieser Klitsche ist mir unerträglich!«

Sie wechselt den Ton und klatscht begeistert in die Hände.

»Sehen Sie nur, Radio Sankt Helena. Halten wir.«

Hoch oben, inmitten der Fichten, erhebt sich ein von Antennen starrendes Bauwerk. Viele Autos sind am Rande der schmalen Straße geparkt.

»Welche Art von Programmen mag dieser Sender wohl ausstrahlen? Es passiert doch überhaupt nichts auf Sankt Helena«, erklärt Amy verächtlich.

Junge Müßiggänger mit geflochtenen Zöpfen lungern auf den Stufen des Eingangs. Wir wünschen den Direktor zu sprechen, der sogleich herbeieilt und uns willkommen heißt.

»Ich bin Anthony Leo«, sagt er.

Die beiden Engländerinnen bleiben im Korridor stehen, der zu seinem Büro führt. Sie stellen sich nicht vor. Er blickt sie verwirrt an und fragt sich wohl, wer die beiden Damen sein mögen. Er bestellt Kaffee, bietet Stühle an. Der Herr Rundfunkdirektor macht ganz auf seriösen Manager. Die bevorstehende Ankunft des Fernsehens bereitet ihm Sorgen.

Ich sage: »Wir sind zu einem wichtigen Zeitpunkt im Leben von Sankt Helena gekommen. Der Bau eines Flugplatzes, das Fernsehen ...«

»Ein Problem«, seufzt er. »Wir diskutieren gerade über die Sendezeit. Eine wahre Revolution. Das Fernsehen wird die Mentalität der Leute verändern. Das heißt, das Gemeinschaftsgefühl wird verlorengehen. Eine Entwicklung, die bereits mit dem Video angefangen hat. Es ist paradox, aber diese Öffnung zur Welt schließt uns noch mehr von ihr ab.«

»Das klingt wirklich paradox. Erklären Sie es etwas näher.«

»Wir sind immer Zuschauer gewesen. Niemals Akteure. Artig betrachten wir von unserem Felsbrocken aus eine Vorstellung und vergessen dabei völlig, wer wir sind.«

Sein Ton wird heftig.

»Ja, wer sind wir?« sagt er.

»Sie sind britische Staatsbürger.«

»Genau. Aber wenn einer von uns in Großbritannien arbeiten will, braucht er eine Arbeitserlaubnis. Die Leute dort fürchten, wie könnten sonst in Massen anrücken, was aber nicht stimmt.«

Er sammelt sich eine Weile schweigend, dann erklärt er mit erhobenem Zeigefinger: »Wir sind wie Gefangene auf unserer Insel.«

»Also ist Sankt Helena noch immer ein Gefängnis?«

»Ja. Und das ist keine gute Sache, denn jeder Gefangene versucht auszubrechen. Mit allen Mitteln ... Die britische

Verwaltung sollte das begreifen. Die Krone hat Sankt Helena behalten wollen, als Andenken an die einstige Größe des Empire. Nun, dann muß sie auch dafür einstehen.«

Amy, die schon eine Zeitlang unruhig auf ihrem Stuhl herumgerutscht ist, mischt sich ein: »Erlauben Sie, daß ich Ihnen widerspreche. Dafür einstehen. Hätten wir das nicht getan, was wäre dann aus Ihnen geworden? Ein unabhängiger Staat? Mit sechstausend Einwohnern! Lächerlich.«

»Wir haben niemals die Unabhängigkeit gefordert, Madam, sondern das Recht, als vollwertige britische Bürger behandelt zu werden. So wie Sie.«

Ich fühle die Spannung, die in der Luft liegt.

»Und Napoleon?« sage ich, um das Thema zu wechseln.

Seine harten Augen beginnen zu leuchten.

»Ah! Napoleon!« sagt er vergnügt. »Er ist ein Teil der Identität unserer Insel. Ohne ihn wüßte kein Mensch, daß es uns überhaupt gibt.«

Dann wendet er sich mit zugleich amüsierter und herausfordernder Miene an Amy: »Letzten Endes hat England auf der ganzen Linie gesiegt. Es hat Napoleon kleingekriegt; und jetzt beugt es uns unter sein Gesetz.«

Ich blicke Amy streng an, um ihr zu bedeuten, daß sie den Disput nicht wiederaufnehmen soll. An ihrer süßsauren Miene erkenne ich, daß sie verstanden hat.

Als wir uns verabschieden, macht Anthony Leo mir ein diskretes Zeichen in Amys Richtung. Er wirft mir einen Blick zu, der zugleich spöttisch, verärgert und, wie mir scheint, mitfühlend ist. Während wir zum Wagen gehen, höre ich die Frauen sich leise zanken. Die jüngere ist erbittert, ihre Stimme klingt zischelnd.

4

In der dunklen Kammer neigt sich der Tag. Ein zitterndes bleiches Licht dringt durch die Klappläden, es schrumpft ruckweise, als weigere sich die Dämmerung, der Nacht zu weichen.

Mein letzter Besuch in Longwood. Die RMS *St. Helena* sticht morgen in See. Die Schatten sterben. Der Kupferstich *Napoleon beim Diktat* verdunkelt sich, auf dem Kaminsims glänzt nur noch schwach Marie-Luises Nase. Das Haus ist erfüllt von knisternden, gluckernden Geräuschen, ähnlich dem dumpfen Anprall der Wogen auf einem Schiffsbug.

In den letzten Monaten der Gefangenschaft schildert Ali eine Szene, die ebenso gewöhnlich wie bestürzend ist. Napoleon, einst so wortgewaltig, spricht schon seit langem nicht mehr. Er will nur noch einen einzigen Menschen um sich haben: Bertrand, auch er stumm wie der Kaiser. Die Fensterläden sind geschlossen. Die Kammer liegt im Dunkeln. Ali berichtet, die beiden Männer hätten sich stundenlang dort aufgehalten, ohne daß einer von ihnen auch nur ein Wort von sich gab.

Der Atem des Windes wird immer gepreßter. Ich höre ihn unter den Türen pfeifen, gegen die Fensterläden schlagen, laut durch die Korridore keuchen. In den Tropen stürzt die Nacht übergangslos herein. Es ist die sterbenskranke Stunde, in deren welker Luft man deutlicher als anderswo den Zerfall der Dinge fühlt. Die Klebrigkeit, die sich über Longwood legt, gleicht einer wattigen, fast schwammartigen Masse. Eine solche Atmosphäre mußte unweigerlich das Auftreten jenes Pilzbefalls fördern, den man Mehltau nennt. Hilflos sah die kleine Kolonie zu, wie sich an den Wänden die grauen und samtigen Flecken langsam weiterfraßen. Die Behausung ist noch immer von einer säuerlichen, ranzigen Feuchtigkeit durchzogen, die in die Haut dringt. Longwood kämpft weiterhin gegen den Moder. Für Lord Rosebery ist er die materialisierte Gefangenschaft. Er behauptet sogar, dieser Moder habe alle Dinge, die Menschen und sogar deren Reden verseucht. Zwischen Tag und Dämmerung atme ich die Dünste des berüchtigten »Laboratoriums der Legenden«, wie es der Autor von *The Last Phase* nennt. Ein Klima, das sich eher für eine Komödie eignet als für Fälschungen. Die subtile Kunst der Inszenierung, verkörpert durch die beiden Ehefrauen Napoleons, die sich in der dunklen Kammer gegenüberstehen.

Die Dunkelheit hat jetzt von Longwood Besitz ergriffen. Das Zimmer ist ein hermetisch verschlossenes Herz geworden, in das kein Licht mehr Eingang findet. Der Wind braust über das Plateau und schlägt auf das Haus aus Pappe ein. Die Sturmböen folgen dicht aufeinander, sie gleichen einem Trommelfeuer.

In den letzten Monaten will der Gefangene das Haus nicht mehr verlassen. Der Wind »machte ihn krank und reizte seine Nerven«. Er kann kein Licht mehr ertragen. Eine Wippe wird im Vorzimmer installiert, damit der Kaiser sich ein wenig Bewegung machen kann. Nach zwei Wochen läßt er sie wieder entfernen. Er rezitiert den lieben langen Tag die beiden Verse aus Voltaires *Zaïre*:

Nie mehr in meinen Leben werd' ich nach Paris gelangen
Ins Grab hinabzufahren ist mein einziges Verlangen.

Er nimmt nur noch Gelees und Suppen zu sich. Es sei über die Maßen erschreckend und ungeheuerlich, meinte Hegel, mit ansehen zu müssen, wie ein immenses Genie sich selbst zugrunde richte. Die furchtbarste Tragödie.

Am 17. März wird der Gefangene von heftigem Erbrechen befallen. »Man hat mir ein Messer hineingestoßen«, sagt er und weist auf seinen Leib, »die Klinge ist in der

Wunde abgebrochen.« Seine Umgebung weiß jetzt, daß die letzte Phase der Krankheit begonnen hat. »Ich leide entsetzlich ... Ich bin nicht mehr der stolze Napoleon«, klagt die einstige Ikone.

Voll Mitleid betrachte ich die armselige Kammer, die zuweilen vom blassen Mondlicht erhellt wird. Silbrige Streifen ziehen sich dann über das schmale Bett und die Möbel; das kurze Aufleuchten erfüllt den Raum wie eine Enthüllung, eine tröstliche Offenbarung.

Ich habe ein Flakon Eau de Cologne de Sainte-Hélène mitgebracht. Ich habe es bis zum Abschied von Longwood aufheben wollen. Die letzte Geruchsspur der Gefangenschaft ... Meine ganz persönliche Methode, die Einbahnstraße der Zeit in der Gegenrichtung zu fahren. Ich bilde mir ein, daß aus diesem Zusammenstoß von Einst und Jetzt, wenn schon nicht eine Enthüllung, so doch zumindest ein haftender, flüchtiger, vielleicht sogar amüsanter Eindruck entstehen könnte. Ein Duft, ein Parfum vermag, wie der Wein, die Idee der einzigen und absoluten Zeit aufzuheben, in einer ewigen Gegenwart zu verharren. Die Düfte sind dafür geschaffen, entschwundene Erinnerungen zurückzuholen.

Das Fläschchen steckt in einem eleganten Etui. Das Etikett trägt das eingeprägte kaiserliche Wappen und die Aufschrift »Eau de Cologne de Napoléon Ier à Sainte-Hélène«. Ich betrete das Badezimmer des Gefangenen und mache Licht. Der große verbeulte Kupferbottich wirft winzige Strahlen. In einer Ecke liegen Rock und Hut des Kaisers. Sie erzeugen den verwirrenden Eindruck einer nicht enden wollenden Gegenwart, die vermutlich die höchste Wahrheit von Longwood ist.

Ich habe das Blatt Papier gesehen, auf dem Ali sorgfältig die Formel niedergeschrieben hat. Das Eau de Cologne ist zusammengesetzt aus dem Extrakt von Zitronen, Zedrat,

Bergamotte-Öl und Rosmarin. Aufgrund dieser Angaben konnte die Osmothek von Versailles, eine Sammlung aller existierenden und verschwundenen Parfums, das Eau de Cologne des Gefangenen originalgetreu herstellen.

Ich tupfe ein paar Tropfen auf mein Handgelenk. Es riecht tatsächlich nach Eau de Cologne. Ein Gefühl der Frische, belebend, schlicht, aber doch mit einer schwülen undefinierbaren Note, etwas fast Orientalisches, Sinnliches. Ich habe den flüchtigen Eindruck einer stetigen, gleichmäßigen Bewegung, einer Art von Gleiten. Nicht in der Zeit, auch nicht im Raum, kurz, von etwas, was ein Mißverständnis, ein Irrtum sein muß. Irgend etwas ist schiefgelaufen. Ich komme mir plötzlich lächerlich vor mit meinem Wunderwasser. Das erhebende Gefühl, das ich mir von ihm erwartet hatte, ist ausgeblieben. Was das Gleiten betrifft, so bin ich einfach ausgerutscht.

Welche Vorstellung kann man aus einem Duft, der zugleich so vertraut und so exotisch ist, herauszaubern? Ich mag mir noch so intensiv vorstellen, daß er von einem Körper eingesogen wurde, daß dieser Körper in einer Badewanne ruhte – kein Trick wird mir verschaffen, was ich erwartet habe. All diese Wegmarken, all diese Kiesel, die ich von Eylau an aufgesammelt habe, ergeben nur einen Haufen Steine, aus denen nie ein Haus entstanden ist. Gewiß, zum ersten Mal seit über hundertsiebzig Jahren duftet dieser Raum aufs neue nach dem Eau de Toilette. Was aber soll's? Inzwischen war da zwar Proust mit seinen Madeleines. Aber das, was ich soeben getan habe, hat nichts mit Proust zu tun, es ist eher eine schlechte Kopie Huysmans'. Des Esseintes in den Tropen? Gipfel der Künstlichkeit.

Michelet berichtet in seinem Tagebuch, sooft die Inspiration ihn im Stich ließ, habe er sich in ein besonders übelriechendes Pissoir begeben. Er atmete in vollen Zügen den pestilenzialischen Gestank ein und kehrte zu seiner Arbeit zurück. Schade, daß Amy nicht da ist. Ihre Verve hätte mich über meine schlechte Posse hinweggetröstet.

Die Badewanne hat sofort meine Neugier erweckt. Bei jedem meiner Besuche werfe ich unwillkürlich einen forschenden Blick auf den kupfernen Trog, der tief ist, asymmetrisch, von mikroskopisch kleinen Ablagerungen gesprenkelt. Mir erscheint er als das einzige noch lebendige Andenken an die Gefangenschaft. Vielleicht wegen des Grünspans, der sich in der Feuchtigkeit gebildet hat. Die schwarze klaffende Öffnung hat etwas Schwindelerregendes. Ein recht einfaches System, bestehend aus einem Ofen, der eine kupferne Rohrschlange erhitzte, lieferte einigermaßen warmes Wasser, das die chinesischen Diener in Eimern herbeischleppten.

Der bleiche Körper ruht im Fruchtwasser ... Die blasse, unbehaarte Haut. Erinnern wir uns an Las Cases und an Napoleons Anspielung auf sein »Embonpoint, das nicht unserem Geschlecht entspricht«. Dem Arzt Antonmarchi zeigt er seinen Körper und tut den verwirrenden Ausspruch: »Sie sehen, Doktor, schöne Arme, gerundete Brüste, weiße und weiche Haut, kein einziges Härchen, ausgenommen ... So manche schöne Dame wäre stolz auf ein solches Dekolleté!«

Jetzt verstehe ich, warum die Badewanne mich fasziniert. Der reglose Leib in seinem Schrein aus Eichenholz ... Lebendige Darstellung des Todes. Das Wasser im Sarkophag. Das Bad der Reinigung, aber auch des Übergangs in die andere Welt. Die Regeneration und das Ende ...

Das Ende. Er wünscht es inbrünstig herbei. Er erwartet es sogar freudig. Der besiegte Caesar, der das Martyrium gesucht hat, gibt sein Leben hin angesichts einer Erlösung, die ihn, wie er weiß, verklären wird.

Die Agonie beginnt am 17. März 1821. Er wird von ständigem Erbrechen gequält. Seit Wochen verweigert er alle feste Nahrung. Was immer er ißt, gibt er wieder von sich. »Er ist so mager wie anno 1800«, schreibt Montholon. Der Gefangene, der sich über den Ausgang seiner Krankheit keine Illusionen macht, weiß, daß er wie sein Vater und seine Schwester Elisa an Magenkrebs sterben wird. Im Angesicht des nahen Todes diktiert er am 15. April sein Testament. Sein Letzter Wille beginnt mit folgenden Worten: »Ich sterbe als Sohn der apostolischen und römischen Kirche, in deren Schoß ich vor mehr als fünfzig Jahren geboren wurde.«

In den folgenden Tagen verändert sich sein Verhalten auffallend. Er läßt die Fenster öffnen und ruft hinaus: »Guten Tag, Sonne! Guten Tag, Sonne, meine Freundin!« Zugleich beginnt er wieder rasch und ungeduldig zu sprechen. Seine tyrannischen Fragen quälen seine Umgebung, besonders den englischen Arzt Arnott, der neben Antonmarchi hinzugezogen wurde. Ein Schwall von Erkundigungen nach völlig irrelevanten Dingen, als wolle er bis zum letzten Moment über alles unterrichtet sein. Bertrand hat diese mechanischen Dialoge protokolliert, die, chaotisch bis zur Absurdität, aufeinanderfolgen und Theaterstücken von Ionesco entnommen sein könnten:

»Was trinken Ihre Matrosen?«

»Bier.«

»Aber wenn sie ihre Heuer erhalten haben, trinken sie vermutlich Wein.«

»Nein, sie trinken Weinbrand.«

»Welche Sorte? Französischen?«

»Im allgemeinen englischen, Korn.«

»Ist der Unterschied im Geschmack groß?«

»Sehr groß.«

»Waren Sie einmal in Paris?«

»Ja.«

»Wann?«

»Nach dem Frieden von Amiens.«

»Wie lange waren Sie dort?«

»Fünf Wochen. Ich wäre länger geblieben, aber der Bruch stand unmittelbar bevor. Ich reiste baldmöglichst ab.«

»Ah! Sie fürchteten, ich würde Sie arretieren lassen.«

»Noch zehn Tage, und es wäre zu spät gewesen.«

»Sind Sie bei Lord Witworth gewesen?«

»Ja.«

»Haben Sie Lady Dorset getroffen?«

»Ja.«

»Haben Sie bei ihr diniert?«

»Nein.«

»Wo haben Sie logiert?«

»Im Hotel Saint-Thomas.«

»Wo haben Sie gespeist?«

»In verschiedenen Restaurants. Ich hatte Freunde, und mit ihnen zusammen bald hier, bald dort gegessen. Im Palais-Royal gab es zwei Restaurants, die von den Engländern frequentiert wurden.«

»Wieviel hat es dort gekostet?«

»Einen oder zwei Dollar, Kost und Logis, alles inbegriffen, pro Tag.«

»In London hätten Sie wohl für die gleiche Verpflegung das Doppelte bezahlt, wie?«

»Ja.«

»Das Leben ist also in London doppelt so teuer wie in Paris?«

»Ja. Ich glaube allerdings, daß man der Wahrheit näherkommt, wenn man sagt, daß das Leben, das man in Paris für drei Dollar führen kann, in London für vier Dollar zu haben ist: entfernt man sich von den beiden Hauptstädten, dann ist das Leben in England doppelt so teuer wie in Frankreich.«

»Ah! Das ist eine Sache der Marktpreise. In England macht man überall Geschäfte, während in Frankreich der Konsum abnimmt, je weiter man sich von den großen Städten entfernt. Was kostet ein Diner in London?«

»In den Gasthäusern ein bis zwei Dollar, Wein inbegriffen.«

»Aber wenn man keinen Wein bestellt?«

»In den Gasthäusern muß man Wein bestellen, sonst bekommt man kein Essen. Am Wein wird am meisten verdient.«

»Welchen Wein trinkt man dort? Claret?«

»Nein, Claret trinken nur die Reichen.«

»Was kostet der Claret oder der Sherry?«

»Fünfzehn Schilling die Flasche.«

»Dann dürften Ihre Soldaten sich in Frankreich oder auf Sizilien, wo die Flasche zwei Sous kostet, reichlich davon gegönnt haben.«

»Ja, sie waren alle immer betrunken.«

»Wie rentiert der Grundbesitz in England?«

»Mit drei bis vier Prozent.«

»Das hätte ich nicht gedacht.«

»Die Preise steigen. In Kriegszeiten war Grund und Boden weniger rentabel, wegen der Income Tax; aber seit ihrer Abschaffung ist der Ertrag so hoch, wie ich sagte.«

»Ah, das hätte ich nicht gedacht. Läßt sich bei diesen Preisen etwas Günstiges finden?«

»Die Pachtverträge laufen sieben bis fünfzehn Jahre; andernfalls könnten die Bauern das Land nicht sinnvoll bestellen.«

»Bezahlen sie regelmäßig?«

»Ja.«

»Kann man die Bezahlung erzwingen.«

»Dafür sorgen die Gerichte.«

Und endlos so weiter.

Diese Dialoge stammen vom 24. April. Bertrand hat alles aufgezeichnet. Bis zu den anstößigsten Details. Gewissenhaft notiert er die Obsessionen des Todkranken in bezug auf Madame Bertrand. »Ich verüble ihr, daß sie nicht meine Mätresse gewesen ist.«

»Wo zum Teufel stecken Sie?«

Die strenge Stimme Gilbert Martineaus dringt gedämpft bis zu mir. Er ist in der Nähe des Salons.

»Was ist hier los? Alles stockdunkel«, grollt er.

Die Schritte zögern. Ich höre ihn tappen.

»Er ist im Badezimmer.«

Ich erkenne die Stimme des Sohnes.

»Ah, da sind Sie ja! Aber warum mchen Sie kein Licht?«

Die beiden stehen jetzt vor mir. Der Vater mit skeptischer Miene. Der Gesichtsausdruck des Sohnes ist herzlich und aufmerksam.

»Das wären also Les Adieux de Longwood. Demnach werden Sie wiederkommen. Auf Les Adieux de Fontainebleau folgten bekanntlich die Hundert Tage«, scherzt der Vater.

»Und danach Waterloo. Nein, nein, nach einer solchen Reise sollte man nicht wiederkommen.«

Wiederkommen. Drei Wochen nach dem Tod des Kaisers gehen Bertrand und die Überlebenden von Sankt Helena an Bord der *Camel*, eines schmutzigen Viehtransporters, der sie nach England zurückbringt. Die kleine Truppe, noch zutiefst bewegt vom tragischen Ende ihres Helden, ahnt nicht, daß sie den Anstoß zur Entstehung des außerordentlichsten Heldenepos des 19. Jahrhunderts geben wird. Die Franzosen werden mit Neugier und Respekt empfangen. Das wahre Leben des Besiegten beginnt … Wie ein Traum. Eine der Darstellungen dieses Traums, der Gestalt annimmt, trägt den Titel »Le Songe de Bertrand«. Horace Vernets Werk, oft kopiert und ebensooft entstellt, hat ein ungewöhnliches Schicksal erfahren. Jedes Napoleon-Museum, das etwas auf sich hält, muß unbedingt eine Version davon besitzen. Dieses Gemälde, auch als »L'Apothéose de Napoléon« bekannt, verherrlicht die Passion und Verklärung des Geächteten. Montholon steht schluchzend über die in Tränen aufgelöste Familie Bertrand gebeugt. Auf dem Grabhügel liegen der Degen und der berühmte Hut, eine zerbrochene Kette symbolisiert die Befreiung des Märtyrers, den der Tod endlich erlöst hat. Vom Ruhm des großen Schlachtenlenkers kündet eine Liste seiner Siege: Rivoli, die Pyramiden, Marengo, Jena. Das Kaiserreich ist zum Wrack eines Schiffes geworden, das am Kerkerfelsen zerschellt. Der Himmel öffnet sich und enthüllt die großen Toten der Epopöe: Lannes, Berthier, Brune, Desaix. Diese Tapferen rüsten sich zum Empfang ihres Feldherrn im kaiserlichen Walhall. Eine äußerst romantische Sicht von Napoleons Leben, die auf dem in Malmaison ausgestellten Gemälde von Girodet beruht: *Die Apotheose der französischen Helden, gestorben für das Vaterland im Freiheitskrieg*. In Vernets Werk sind

Die Apotheose Napoleons. Gemälde von Horace Vernet.

alle Symbole der beginnenden Napoleon-Legende versammelt: Leiden und Erlösung, Niedergang und Apotheose, Exil und glorreiche Rückkehr. Die Überlebenden von Sankt Helena werden als Heroen auf die fluchbeladene Insel zurückkehren. Treue und Aufopferung werden endlich belohnt. Nach neunzehn Jahren schlägt die Stunde der Vergeltung.

Ich beobachte Gilbert Martineau. In der langen Einsamkeit sind seine Züge hart geworden, verschlossen. Allein sein.

Aber im Warten worauf? Man spürt einen unterdrückten Zorn. Enttäuschung darüber, daß er die Phantasien seiner jungen Jahre nicht hat verwirklichen können? Er hat Byrons unheilbare Wunde trefflich beschrieben: der Dichter sah das Leben als eine monströse Ironie. Martineau, der Verwundete und Versteinerte. »Seitdem seine Jugend sich verflüchtigt hatte, war er allein in der Welt«, schrieb er über den romantischen Dichter. Der Mann von Longwood war dreißig Jahre lang allein. In stolzer Einsamkeit. Einsamer noch als Napoleon, dem die Illusion geblieben war, Herrscher über einen kleinen Hofstaat zu sein. Michel ist Mitte der achtziger Jahre zu seinem Vater auf die Insel gekommen.

Er, Gilbert, herrschte über den leeren Schrein Longwood, über seine mürrische Intimität. In dem Halbdunkel, worin diese beiden Männer leben, während der Wind an Fenstern und Türen rüttelt, begreife ich, daß Longwood niemals aus seinem bleiernen Alptraum erwachen wird. Das gemarterte Herz ist in seine Mauern eingeschlossen wie eine unheilbringende Reliquie.

»Gehen Sie ans Werk. Sankt Helena ist ein unbeschriebenes Blatt. Sie können es ausfüllen.«

Seine letzten Worte ... Ich habe den einsamen Mann nicht wiedergesehen.

Neunter Tag

Der Mahagonisarg – Neunzehn Jahre danach – Die Rückkehr Marchands und Bertrands – Die beruhigende Kraft des Grabes – Der nackte Stein – Martha und Maria des Evangeliums – Begegnung mit Marian – »Wie am Krönungstag«.

I

Es ist drei Uhr morgens und es regnet in Strömen, als die Spitzhacken der englischen Sappeure auf die Betonplatte stoßen, mit der die Grabkammer verschlossen wurde. Nach weiteren sechs Stunden wird der Mahagonisarg sichtbar. Nach der Öffnung dieser ersten Truhe sind noch drei weitere Särge freizulegen: der erste aus Blei, der zweite aus Holz, der dritte aus Zink. Der Deckel dieses Zinksargs wird mit größer Vorsicht entfernt. Der Arzt schiebt den weißen Satin beiseite, der Napoleons Leiche bedeckt.

Wir schreiben den 16. Oktober 1840. Prinz von Joinville, Sohn Louis-Philippes, des Bürgerkönigs, ist beauftragt, Napoleons sterbliche Überreste nach Paris zu überführen.

Um den Sarg hat sich eine kleine Gruppe versammelt: Marchand, Bertrand, Gourgaud, Ali und Emmanuel de Las Cases, der Sohn des Verfassers des *Mémorial*. Sie alle hatten nicht geglaubt, Sankt Helena jemals wiederzusehen, als sie vor Jahren die Insel verlassen hatten. Nun warten sie beklommen darauf, den Kaiser sehen zu können. In diesem, die Fäulnis beschleunigenden tropischen Klima befürchten sie alle, die grauenhaften Reste einer verwesten Leiche vorzufinden. Großmarschall Bertrand tut unwillkürlich einen Sprung, als wolle er sich dem Kaiser in die Arme werfen.

Neunzehn Jahre nach seinem Tod ist Napoleon fast unversehrt. Bertrand und Marchand, die ihm bis zum letzten Seufzer zur Seite gestanden hatten, stellen verblüfft fest, daß er noch immer dem Sterbenden gleicht. »Seine Hände sind so weiß und schön, wie sie es immer waren. Die Haut ist von einer Tönung, die nur das Leben hervorbringt«, berichtet ein Zeuge. Der Bartwuchs hat das Gesicht bläulich gefärbt. Die Fingernägel sind gewachsen. Marchand geht so weit zu behaupten, die Leiche habe mehr Ähnlichkeit mit dem Kaiser als der Tote von 1821. »Beim Anblick dieses Toten, der nach so langer Zeit im Grabe dem Lebenden noch so ähnlich war, ergriff uns alle plötzlich eine Empfindung, die sich unmöglich schildern läßt«, gesteht Emmanuel de Las Cases.

Der Konsul hat mir berichtet, Las Cases habe einen Daguerreotyp mitgebracht. Aber die außerordentlich lange Belichtungszeit habe eine Aufnahme unmöglich gemacht. In der Tat blieb die Leiche des Kaisers nur zwei Minuten lang der Luft ausgesetzt.

Der Hüter des Grabes, Adrian Wade, begleitet mich in sein Revier, das drei Kilometer von Longwood entfernt liegt. Die Stille im »Geraniental«, wie man es zu Napoleons Zeiten nannte, hatte es dem Gefangenen angetan. Das Wasser der Quelle hatte er so köstlich gefunden, daß er jeden Tag einen Diener dorthin schickte, um sich für seinen persönlichen Bedarf damit zu versorgen.

Das Grab – welch ein Kontrast zu Longwood! Die Heiterkeit der Natur scheint sich hier zu sammeln, um diesem Tal eine tröstliche Kraft zu verleihen. Die hohen Säulen der Baumreihen, die geneigten Wipfel bilden einen Dom, dessen Gewölbe widerhallen vom lieblichen tausendfachen Vogelgezwitscher. Spinnennetze schlingen sich wie glänzende Stickereien um die Stämme. Bekannte oder unbekannte Besucher pflanzen hier den Baum, den sie mitgebracht haben: eine Olive des Prinzen von Wales, Araukarien, die von den Offizieren der *Jeanne d'Arc* in die Erde gesetzt wurden.

Warum pilgert man noch immer hierher, obgleich das Grab seit 1840 leer ist und der tote Kaiser nur neunzehn Jahre darin geruht hat? Weil es ein »erlöster« Ort ist. Für immer entbunden von den Qualen der Gefangenschaft. Endlich befreit von den Leiden des Exils, der Hilflosigkeit, der Erniedrigung. Vor allem befreit von der Leiche, der toten Materie. Das »Tal des Grabes« trägt keine Trauer. Es besänftigt, lädt zur Entspannung ein, löst eine »lustvolle Melancholie« aus, wie in einem Roman von Bernardin de Saint-Pierre, diesem Autor, den Napoleon sehr schätzte. Die Grabstätte ist einer der wenigen Orte auf Sankt Helena, wo man die Natur aus reinem Vergnügen betrachtet und durchwandert. Ganz anders als das gemarterte Haus. Man sucht Longwood nicht heim, man wird von Longwood heimgesucht, der Geist wird unwiderstehlich hingezogen von der tragischen Kraft der Hochebene und der Klitsche. Hier, im Tal des Grabes, hat der Wind seine schrille Klage eingestellt; ein tiefer melodiöser Atem wiegt träge das Gezweig.

»Viele Besucher sagen zu mir: ›Wie gern würde ich an einem solchen Ort begraben werden‹«, erklärt Adrian Wade.

Er bewohnt ein Häuschen im Talgrund und eilt unauffällig herbei, sobald ein Tourist sich nähert. Seit 1821 hatten die Besucher sich angewöhnt, als Souvenirs Blätter und Zweige der drei Weiden abzureißen, die in wenigen Jahren verschwunden waren.

Die Grabstätte ist ein Phantom. Vorbei mit dem Alptraum! Epiphanie! Die Natur feiert die Auferstehung.

Die Grabplatte, auf der Zapfen der Norfolktannen liegen, ist gewaltig. In Wellen durchstößt das Zirpen der Insekten die Luft – wie die Stiche einer Nadel auf einem dicken Stoff. Keine Inschrift (»Hier ruht, kein Name, fragt die Erde« schrieb Victor Hugo). Montholon hatte gewünscht, man solle »Napoléon, 1769–1821« eingravieren. Aber Hudson Lowe hatte gefordert, Bonaparte anzufügen. Die Franzosen zogen es vor, die Platte leer zu lassen.

Die lanzettförmigen Gitterstäbe, die das Grab einzäunen, sind die gleichen wie die der Place Sainte-Hélène in Châteauroux. An einem der Stäbe hängt ein welker Blumenstrauß: rote und gelbe Gladiolen, gebunden mit einer blau-weißroten Schleife, auf der man noch das Wort »Association« entziffern kann. Frisch geschnittene Eukalyptuszweige verbreiten im Tal einen würzigen, leicht kampferartigen Duft.

2

Die RMS *St. Helena* liegt in der Bucht von Jamestown vor Anker. Um Mittag werden wir auslaufen. Amy und ihre Begleiterin haben sich als erste am Kai eingefunden. Sie haben eine Heidenangst, das Schiff zu verpassen. Amy ist sehr vergnügt und gesprächig. Die Begleiterin erinnert mich an die Martha des Evangeliums. Sie ist sanft, geschäftig, zuvorkommend, unbegnadet. Die gräßliche Amy hat wie Maria den besseren Teil erwählt. Sie überstrahlt ungerechterweise die andere.

Vor dem Gerichtsgebäude sind zwei Männer damit beschäftigt, die rostigen alten Kanonen zu polieren. Ich erkenne einen der Sträflinge wieder, die in der »Rupert's Bay« geangelt hatten. Der andere ist der Holländer, der Kapitän der *Frontier*. Er scheuert lässig an einem Kanonenrohr herum und linst mit einem Auge nach den Passagieren und deren Familien, die auf die Mole zusteuern. Er hat einen grauen Bart und eine listige Miene. Er trägt den Spitznamen »Käpt'n Iglu«, nach einer tiefgekühlten Fischsorte, die auf der Verpackung einen alten Seebären zeigt, dem er offenbar ähnlich sieht.

Marian, die Frau des Attorney, ruft mich in der Hauptstraße an: »Ich habe Ihnen ja gesagt, hier begegnet man sich immer wieder.«

Sie macht mich mit einem Mitglied des Exekutivrats namens Bill Drabble bekannt. Er spricht mir des langen und breiten von Napoleon, dessen Geschichte er gut zu kennen scheint. Von allen Helenianern, die ich bisher getroffen habe, ist er der einzige, der sich wirklich für den Kaiser interessiert. Er war sogar in Paris, um den Invalidendom zu besuchen. »Die Zukunft ruht auf der Vergangenheit. Ohne Vergangenheit gibt es keine Zukunft«, verkündet er feierlich zum Abschied.

Marian begleitet mich ein Stück Wegs.

»Die Menschen hier sind sehr freundschaftlich«, bemerke ich.

»Das haben Sie schon einmal gesagt, als wir uns kennenlernten«, lacht sie.

Sie fügt hinzu: »Die Saints sind freundschaftlich. Aber vor allem wollen sie, daß man sich um sie kümmert.«

»Spielen Sie auf Großbritannien an?«

»Ja, das ist eine komplexe Beziehung, ein wenig wie zwischen Erwachsenen und Kindern. Einerseits wollen sie, daß London sie bemuttert, aber gleichzeitig begehren sie auf gegen diese Bevormundung. Aber schauen Sie das Schiff in der Bucht an. Diese Leute, die friedlich zum Kai wandern. Idyllisch, nicht wahr? Dieses Bild sollten Sie mit nach Haus nehmen. Überschätzen Sie die Vergangenheit nicht.«

Mit ernster Stimme erklärt sie: »Die Vergangenheit bietet keine Aussicht.«

Amy winkt mir vom Zubringerboot aus heftig zu. Ich gehe als einer der letzten Passagiere an Bord.

»Der Prinz läßt den Sarg auf das Zubringerboot tragen, das unter dem Gewicht tiefer sinkt. Die sterblichen Überreste des Kaisers haben zum letzten Male die Erde seines Exils berührt. Von nun an und für alle Zeit sind sie auf französischem Boden. (…) Die Wimpel werden gehißt. Die Klänge von *The March in Saul* verwehen. Die Strahlen der untergehenden Sonne hüllen die *Belle Poule* in einen purpurnen Glorienschein – wie Notre-Dame am Krönungstag.«*

* Philippe de Rohan-Chabot.

Anstelle eines Epilogs

Drei Jahre sind seit meiner Reise nach Sankt Helena vergangen.

Das Fernsehen hat zwei Monate nach meinem Besuch Einzug auf der Insel gehalten. Zuerst CNN, dann Cartoon Network, Super Sport und Discovery.

Marian hat Sankt Helena verlassen und lebt heute in England. Ein neuer Gouverneur folgte Alan Hoole.

Amy und ihre Begleiterin habe ich nicht wiedergesehen. Wir haben bei der Zwischenlandung am Kap Abschied genommen. Sie waren Schwestern, beide verwitwet. Auf dem Schiff ist es mir nicht gelungen, von ihnen etwas über ihr Leben zu erfahren, zum Beispiel wie es zugegangen war, daß Amy französisch erlernt hatte.

In den »Souvenirs« der Madame de Montholon habe ich vergebens nach einer Spur des Gespensts des Dänen gesucht. Unlängst soll die Köchin von Longwood den Geist mit eigenen Augen gesehen haben. Er trug ein weißes Halstuch. Eine Bewohnerin von Jamestown behauptet, ihn kürzlich während eines Besuches in Longwood erblickt zu haben.

Da mir das Gemälde von James Sant, *Napoleon, The Last Phase*, nicht aus dem Sinn gehen wollte, habe ich versucht, vom Museum von Glasgow einige Informationen über dieses Werk zu erhalten. Die Antwort lautete, der Künstler habe sich »allem Anschein nach« von einem Porträt Paul Delaroches inspirieren lassen, *Napoleon im Jahr 1814*. Ich ging zum Invalidendom, wo dieses Gemälde ausgestellt ist, das 1845 entstand, also lange nach Napoleons Tod. Wie Sant hat auch er sein Modell nicht gekannt. Das Geheimnis bleibt gewahrt.

Ein Freund, der wußte, daß ich ein Buch über Sankt Helena schrieb, verschaffte mir eine unveröffentlichte Schrift, worin der Autor, Michel Covin, anhand der rätselhaften Singularität von Sants Gemälde das Problem der »Ähnlichkeit« Napoleons mit seinen Porträts analysiert. »Und wie, wenn wir den wahren Napoleon hier vor uns hätten und alle anderen Abbildungen trügerisch wären?« fragt Covin, und bekräftigt dieses Paradoxon: »Die realistischsten Porträts Napoleons sind nicht von Augenzeugen geschaffen worden.« Er erklärt, daß die Zeitgenossen des Kaisers, wie zum Beispiel Baron Gros, lediglich sogenannte »Serien« reproduziert hätten. Napoleon selbst kümmerte sich kaum um Ähnlichkeit oder Genauigkeit.

Der holländische Kapitän der *Frontier*, der wegen Drogenhandels inhaftiert worden war, ist ein halbes Jahr nach meinem Aufenthalt von der Insel geflüchtet. Die Umstände seiner Flucht sind bis heute ungeklärt. Angeblich hatte er sich das samstägliche Besäufnis zunutze gemacht, um sich an Bord eines Segelschiffes zu stehlen. Als seine Abwesenheit bemerkt wurde, war er schon weit von Sankt Helena entfernt. Die Insel verfügt nicht über Polizeiboote. Er ist in der Geschichte des Eilands der einzige Häftling, dem ein Ausbruch aus der »Kerkerinsel« gelungen ist. »Was Napoleon nicht vermochte, hat Käpt'n Iglu geschafft«, vermeldete eine holländische Zeitung stolz. Der Ausbrecher soll sich jetzt in Brasilien aufhalten und vom Verkauf eines Buches leben, worin er seine Heldentat schildert.

Gilbert Marineau starb am 23. August 1995 in Frankreich. Seine Asche wurde von seinem Sohn vor der Küste von Sankt Helena ins Meer gestreut. Unser Konsul lebt jetzt allein auf dem Plateau. Die Vorschrift des Außenministeriums, seiner Dienststelle, ist unerbittlich: in drei Jahren wird er seinen Posten verlassen müssen. Eine Ausstellung seiner Bilder fand im Februar 1996 in Paris statt. Die Blumen von Longwood erfreuten sich eines lebhaften Erfolgs.

Villa Jamot-Genthieu-Hoëdic, le Vieux Phare.
November 1996

Danksagung

Ohne Éric Préau von der Agentur Sygma hätte diese Reise niemals stattgefunden. Er sei dafür bedankt, sowie auch Yan Méot und das Magazin GEO, und Jean-François Kahn von *L'Événement du jeudi*, die zu ihrer Durchführung beigetragen haben. Vergessen möchte ich auch nicht Stéphane Compoint, Fotograf bei der Agentur Sygma. Seine Umsicht und Kompetenz waren mir eine unschätzbare Hilfe.

Außer den im Buch zitierten Personen – und in erster Linie Michel Martineau – gilt meine Dankbarkeit Françoise Aujogue, Agnès Benetton, Philippe Béra und den Freunden des Napoleon-Museums von Brienne-le-Château, Michel Berthelot, Gérard Boulitt, Michel Cantal-Dupart, Bernard Chevallier, Yvon Chotard, Jean Darnel, Victor Dust-Gonzalez, Édith Ganière, Annie Godefroy, Baron Gourgaud, Olivier Holt, Yves Jeanpierre, Pierre-Yves Jourda, Annie Lorenzo, Éric Ollivier, François Paoli, Nata Rampazzo, Marjan Romain, Hélène Tavera, Jean-Luc Thomas, Jean Tulard und Henriette Walter.

Jacques Jourquin hat mir meine Aufgabe sehr erleichtert. Er hat mir die unveröffentlichten Schriften Alis zugänglich gemacht und das Manuskript gegengelesen. Seine Bemerkungen habe ich berücksichtigt. Ich freue mich, ihm hier meine Dankbarkeit bezeugen zu können.

Beim Team von »La Table Ronde« möchte ich mich dafür bedanken, daß es mich mit so viel Sympathie betreut hat. Eine alte Freundschaft verbindet mich mit Denis Tillinac. Seine Anmerkungen waren mir wertvoll. Durch ihn habe ich auch Olivier Frébourg kennengelernt, dessen immer zutreffende Anregungen die Abfassung des Buches begleitet haben. Bedankt seien auch Marie-Thérèse Caloni, Laurence Caracalla, Réjane Crouzet, Françoise Gaillard und Cécile Guérard – sowie Opere Citato.

Was hätte ich ohne den Beistand Joëlles getan? Sie hat mit mir stoisch den Aufenthalt in der Dunklen Kammer geteilt.

Auswahlbibliographie

Abell, Betzy Balcombe: Napoléon à Sainte-Hélène, Paris 1898

Ali, Louis-Etienne Saint-Denis: Souvenirs sur l'Empereur Napoléon, Paris 1926

Aubry, Octave: Sainte-Hélène, 2 vol., Paris 1935 [dt.: Sankt Helena, Erlenbach-Zürich o. J.]

Bainville, Jacques: Napoléon, Paris 1931

Berthelot, Michel: Bertrand, grand-maréchal du Palais. Dans les pas d'un fidèle, Chateauroux, Chez l'auteur 1996

Bertrand, général: Cahiers de Sainte-Hélène, 3 vol., Paris 1949–1959

Chateaubriand, François René, Vicomte de: Mémoires d'Outre-Tombe, 2 vol., Bibliothèque de la Pléiade, Gallimard, Paris 1951

Ganière, Paul: Napoléon à Sainte-Hélène, 3 vol., Paris 1957–1961

Garros, Louis/Tulard, Jean: Itinéraire de Napoléon au jour le jour, 1769–1821, Paris 1992

Gosse, Philip: St. Helena 1502–1938, Anthony Nelson 1990

Gourgaud, général baron: Journal de Sainte-Hélène, 1815–1818, 2 vol., Paris 1944–1947 [dt.: Napoleons Gedanken und Erinnerungen, St. Helena 1815–1818, von General G. de Gourgaud, nach dem 1898 zum erstenmal veröffentlichten Tagebuch, 10. Aufl., Stuttgart o. J.]

Herre, Franz: Napoleon Bonaparte, Wegbereiter des Jahrhunderts, München 1988

Las Cases, Emmanuel de: Mémorial de Sainte-Hélène, édition par Marcel Dunan, 2 vol., Paris 1951 [dt.: Tagebuch über Napoleons Leben, seit dessen Abdankung, am 15. Junius 1815. Eine treue Übersetzung des Mémorial de Sainte-Hélène, Dresden 1823]

Lowe, Hudson: Mémorial de Hudson Lowe relatif à la captivité de Napoléon à Sainte-Hélène. Paris 1830

Marchand, Louis: Mémoires, 2 vol., Paris 1991
Martineau, Gilbert: Le Retour des Cendres, Paris 1990
ders.: Napoléon à Sainte-Hélène, Paris 1981
Masson, Frédéric: Napoléon à Sainte-Hélène 1815–1821, Paris 1912
Montholon, comtesse de: Souvenirs de Sainte-Hélène, 1815–1816, Paris 1901
Montholon, général de: Récits de la captivité de l'Empereur Napoléon à Sainte-Hélène, 2 vol., Paris 1847 [dt.: Geschichte der Gefangenschaft auf St. Helena, Leipzig 1846]
Nicolson, Nigel: Napoleon in Rußland, Zürich, Köln 1987
O'Meara, Barry E.: Napoléon dans l'exil, 2 vol., Fondation Napoléon, 1993
Paoli, François: Le Docteur Antonmarchi ou le Secret du masque de Napoléon, Paris 1996
Rosebery, lord: Napoléon, la Dernière Phase, Paris 1901
Sieburg, Friedrich: Im Licht und Schatten der Freiheit, Frankreich 1789–1848, Stuttgart 1961
– ders.: Napoleon, Die Hundert Tage, Stuttgart 1956
Tulard, Jean: Dictionnaire Napoléon, Paris 1988
– ders.: Napoléon ou le Mythe du sauveur, Paris 1987 [dt.: Napoleon oder der Mythos des Retters, Tübingen 1978]

Hélène Carrère d'Encausse
Nikolaus II. Das Drama des letzten Zaren
1998. 568 Seiten

Bedeutete die Ermordung der russischen Zarenfamilie in Jekatarinenburg das dramatische Ende einer europäischen Epoche, die sich freilich schon längst überlebt hatte? Oder wurde damit die Chance auf wirksame Reformen verspielt, zu denen die Sowjetunion erst recht nicht in der Lage war und die auch die Möglichkeiten der heutigen russischen Politik überfordern? Hélène Carrère d'Encausses Biographie des letzten Zaren Nikolaus II., die in Frankreich als historisches Meisterwerk gefeiert wird, erzählt das Leben dieses widersprüchlichen Mannes, der mit der traditionellen Autorität seines Amtes versuchte, Reformen durchzusetzen und sein Land gegenüber dem Westen zu öffnen. Sicher ist es kein Zufall, daß gerade in diesen Jahren das Interesse am letzten Zaren wieder zunimmt, in Rußland, wo seine sterblichen Überreste jüngst identifiziert wurden, ebenso wie in Europa. Denn das Leben des Nikolaus II. kreist um eine Frage, die alle Europäer interessiert: ob das Riesenreich in der Lage ist, sich zu erneuern, ohne in Chaos und Barbarei zu verfallen. »Nikolaus der II.« wurde mit dem Prix des Ambassadeurs für das beste politische Buch 1997 ausgezeichnet.

Brillant und anregend!
Le Figaro

Eine meisterhafte politische Biographie.
Le Monde

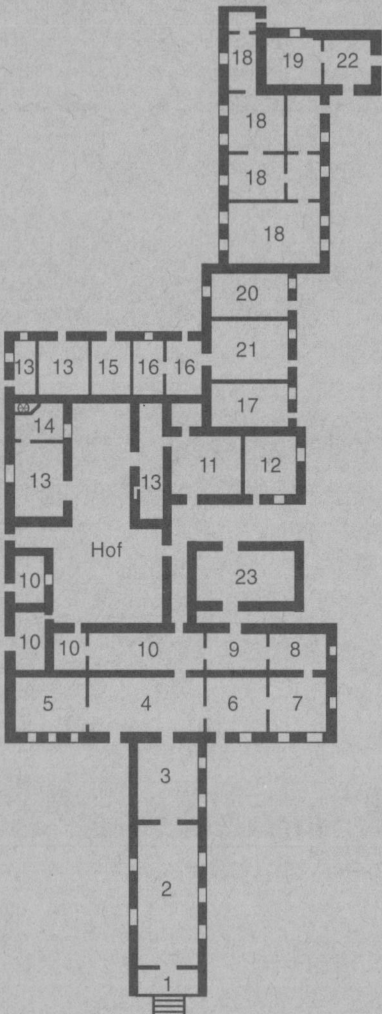

1. Veranda
2. Empfangsraum
3. Salon
4. Speisezimmer
5. Bibliothek
6. Arbeitskabinett
7. Schlafkammer des Kaisers
8. Badezimmer
9. Kammerdiener
10. Anrichtezimmer
11. Küche
12. Wäschekammer
13. Dienerschaft
14. Geschirrkammer
15. Apotheke
16. Las Cases
17. Ordonnanzoffiziere
18. Familie Montholon
19. O'Meara
20. Gourgaud
21. Speisezimmer für O'Meara und den Ordonnanzoffizier
22. Piontkowski
23. Saal der Dienerschaft

Longwood zur Zeit Napoleons